맨땅에서 상장까지

①

맨땅에서 상장까지

맨땅에서 상장까지 1

2025년 10월 30일 초판 인쇄
2025년 11월 6일 초판 발행

지 은 이 ㅣ 이재준
발 행 인 ㅣ 오연관
발 행 처 ㅣ 삼일피더블유씨솔루션
등 록 번 호 ㅣ 1995.6.26. 제3−633호
주   소 ㅣ 서울특별시 용산구 한강대로 273 용산빌딩 4층
전   화 ㅣ 02)3489−3100
팩   스 ㅣ 02)3489−3141
가   격 ㅣ 24,000원

ISBN 979-11-6784-440-8   03320

맨땅에서 상장까지

이재준 지음

SAMIL | 삼일인포마인

1. 김재준(前 한국거래소 코스닥 시장위원회 위원장)

드라마틱한 변화를 한 편의 소설과 같다고 한다.

『맨땅에서 상장까지 : AURION의 우당탕탕 생존기』는 창업에서 상장에 이르는 한 젊은이의 소설 같은 삶을 실감 나게 그려냈다. 어려운 현실 속에서도 유니콘에 도전하는 젊은이들에게 이론과 실무를 겸비한 좋은 지침서가 될 것으로 생각한다.

2. 전화성(초기투자액셀러레이터 협회장)

『맨땅에서 상장까지 : AURION의 우당탕탕 생존기]』는 창업의 이상과 현실, 기술과 숫자, 팀과 시장이 충돌하며 성장하는 스타트업의 진짜 이야기를 담은 책입니다. 창업자의 비전, 팀의 갈등, 투자자의 전략까지 생생하게 담아낸 이 여정은 우리 스타트업 생태계가 나아가야 할 방향을 제시합니다. 현실적인 통찰과 생존 전략이 필요한 모든 창업자와 액셀러레이터에게 이 책을 강력히 추천합니다.

3. 송은강(캡스톤파트너스 대표)

이 책은 불가능해 보이는 꿈을 향해 모든 것을 걸고 나아간 '사람들'의 이야기입니다. 때로는 좌절하고, 때로는 서로 부딪히면서도 결국 함께 정상에 선 AURION 팀의 여정은, 창업가의 고독한 뒷모습을 따뜻한 공감으로 어루만져 줍니다. 창업을 꿈꾸는 당신에게 '어려움 속에서도 절대 포기하지 않는 끈기'가 가장 위대한 자산임을 가슴 깊이 깨닫게 해줄 것입니다. 성공을 위한 지침서이면서, 동시에 가슴을 뛰게 하는 감동적인 휴먼 드라마입니다.

4. 배상원(경남창조경제혁신센터 투자파트장)

이 책은 기술, 자금, 인재, 그리고 시장이라는 네 개의 장벽 앞에서 수없이 흔들리고도 끝내 무너지지 않은 스타트업의 이야기다.

불안과 용기, 좌절과 희망이 끊임없이 교차하는 과정은 결국 모든 창업자의 마음을 닮아 있다. 그 치열한 과정을 따라가다 보면 어느새 독자는 창업 현장의 생생한 온도를 느끼게 된다.

단순한 성공담이나 매끄러운 이론서가 아니다. 실패의 그림자, 예상치 못한 변수, 팀과의 갈등, 투자자와의 대화 같은 날것 그대로의 현실이 담겨 있다. 그래서 오히려 진짜다. 현실감 넘치는 장면 하나하나가 읽는 이의 마음에 오래 남아, 창업이라는 여정이 얼마나 험난하면서도 뜨겁게 가치 있는지 일깨워 준다. 책장을 넘기다 보면, 독자는 마치 자기 자신이 또 다른 주인공이 된 듯한 착각에 빠진다. "그래, 나도 다시 해볼 수 있겠구나." 어느 순간 자연스럽게 속삭이게 되는 이 말은 단순한 위로를 넘어, 도전의 불씨를 다시 살려내는 강력한 메시지다.

5. 양연채(법무법인 율촌 고문, 前 한국거래소 기술기업상장부 팀장)

벤처 창업자들이 셀 수 없는 고비들을 넘기고 마침내 회사를 궤도에 올리고 나면 더 큰 목표를 위해 상장을 떠올린다. 성공하면 자금, 인력, 기술을 확보해 이전과 다른 성장 모멘텀을 만들어 낼 수 있지만, 상장에 이르는 과정은 지난하기만 하다. 이 책은 창업부터 상장에 달하기까지 겪을 무수한 난관들과 해결책, 뼈와 살이 될 조언들을 술술 읽히는 이야기로 엮어 냈다. 수십 년간 자본시장에서 일하며, 어떻게 회사를 키울지 고뇌하는 CEO들을 수없이 보았다. 그분들께 일독을 권한다. 등대 불빛이 되어 더 멀리 갈 용기와 확신을 안겨 주리라 믿는다.

6. 김해광(한국투자증권 IPO 상무)

『맨땅에서 상장까지 : AURION의 우당탕탕 생존기』는 스타트업의 태동부터 성장, 자본시장에서의 안착까지를 그린 재미있는 소설입니다. 동시에 창업을 꿈꾸는 누군가에게는 현실적인 문제들을 풀어낼 Key를 알려주는 가이드이기도 합니다. 문학과 비문학의 경계를 스마트하게 넘나드는 이 책은 스타트업이 마주하는 시련들을 주인공들이 처한 이야기를 통해 아주 현실적으로 그리고 때로는 노골적으로 보여줍니다. 드라마틱한 창업 스토리 속에 녹아 있는 치열한 시장의 법칙과 실전 전략들... 이 책이 주는 색다른 묘미일 것입니다.

주인공 류강준과 그의 팀원들이 이뤄낸 기업의 성공담. 단순해 보이는 플롯이지만, 저자 이재준은 이 책을 단순한 기업의 성장담에서 끝내지 않았습니다. 불확실성 속에서 기업의 비전을 증명하고, 위기 속에서 해법을 찾아내며, 끝끝내 시장의 신뢰를 얻어내는 전 과정을 독자들에게 생생하게 전달해 줍니다. 특히 각 장 뒤에 담긴 '실무 가이드'는 현재 스타트업을 꿈꾸는 또는 준비하고 있는 예비 창업가들에게 바로 현업에 적용할 수 있는 구체적인 인사이트를 제공합니다.

창업을 준비하는 이들에게는 현실적인 로드맵으로, 이미 사업을 운영하고 있는 이들에게는 한 번 더 도약할 성장 전략으로, 그리고 투자자들에게는 유망 기업을 선택하는 안목을 줄 것입니다. 이 책이 시장에서의 생존을, 성장을, 그리고 도약을 고민하는 분들에게 혜안을 열어주길 바랍니다.

7. 김경순(대신증권 IPO 본부장)

저자의 실제 투자 및 상장까지의 과정에서 경험이 묻어나는 디테일 한 구성이 돋보이는 책입니다.

특히, C레벨 직책에 따른 성향까지 현실감 있게 표현되어 있어 실제로 기업을 상장시켰던 과거를 떠올리게 하였고, 상장을 준비하는 관계자(기업, 증권사 등)에게 큰 영감을 주는 책이라고 생각됩니다.

더 나아가 복잡한 금융 환경 속에서 전략적 의사결정이 어떻게 이루어지는지 생생히 보여주며, 투자자와 경영진 모두에게 통찰을 제공합니다.

또한 상장 과정에서 흔히 겪게 되는 시행착오와 극복 스토리가 진솔하게 담겨 있어, 실무자에게는 실질적인 가이드북으로 기능합니다.

현장에서 체득한 경험과 지혜가 응축된 사례집이기에 독자들에게 현실적이면서도 실천 가능한 조언을 건네줍니다.

8. 성주완(미래에셋증권 IPO 본부장)

창업, 투자, 재무, IPO까지 실제 스타트업이 겪는 전략적 의사결정과 실행 과정을 정교하게 풀어낸 생생한 사례서입니다. 창업자와 투자자 모두에게 인사이트를 주는 '비즈니스 리얼 픽션'입니다.

「맨땅에서 상장까지 : AURION의 우당탕탕 생존기」를 시작하며

안녕하세요, 독자 여러분.

스타트업의 시작은 뜨거운 열정에서 출발하지만, 그 끝은 냉혹한 현실의 증명으로 완성됩니다. 수많은 스타트업이 예측할 수 없는 시장의 파도 속에서 도전하지만, 정점에 오르는 기업은 극히 일부에 불과합니다.

그렇다면 이 치열한 여정을 통과해 성공에 이르는 구체적인 '생존 공식'은 무엇일까요?

이 책은 그 해답을 찾아가는 이야기입니다.

「맨땅에서 상장까지 : AURION의 우당탕탕 생존기」는 '인류와 지구의 공존을 기술로 실현하겠다'는 거대한 비전을 품은 창업자 류강준과 그의 스타트업 'AURION'의 이야기입니다. 이 여정은 이상을 현실의 논리로 증명하고, 시장이라는 심판을 통과해 결국 상장이라는 목표에 이르는 과정을 생생히 보여줍니다.

류강준의 길은 안정적인 대기업을 박차고 미지의 세계로 뛰어드는 외로운 발걸음에서 시작됩니다. 불가능해 보였던 아이디어를 천재 개발자 서유진과 함께 현실로 만들어 내고, 수많은 위기 속에서 투자자뿐 아니라, 전 직장 상사, 임·직원, 멘토 등 여러 조력자들의 마음을 움직여 회사를 세워나갑니다.

성장의 속도가 붙으면서 '냉철한 브레인' CFO가 합류하고, 기술과 재무라는 두 축이 충돌하기 시작합니다. 이 미묘한 균열은 시장 1위 경쟁자의 등장으로 이어지고, AURION은 핵심 인력 유출과 기술 탈취라는 위기를 맞이합니다. 그러나 류강준은 팀의 신뢰를 다시 세우고 내적 갈등을 봉합하며 회사를 재정비합니다.

팀의 역량이 완성되자 AURION은 본격적으로 시장에 진입해 정교한 전략과 실행으로 폭발적인 성장을 이룹니다. 하지만 성장은 또 다른 위기를 불러옵니다. 경쟁사의 방해와 기술 탈취 의혹이 IPO 심사 과정에서 치명적인 암초로 다가옵니다. 류강준과 팀은 정면으로 위기를 돌파하며 마침내 상장의 꿈을 현실로 만듭니다.

이 책은 단순한 소설이 아닙니다. 각 장의 이야기 속에는 창업부터 IPO, 그리고 지속 성장에 이르는 실무 과정과 전략적 의사결정의 핵심이 '실무 가이드'라는 이름으로 녹아 있습니다. 소설의 사건들은 뒤에 이어지는 가이드와 완벽히 일치하지는 않지만, 밀접하게 관련되며 실제 비즈니스 현장에서 바로 적용할 수 있는 살아 있는 인사이트를 제공합니다.

상장 이후에도 AURION의 여정은 멈추지 않습니다. 지속적인 IR 활동, 자사주 운영, 글로벌 확장, 신사업 다각화를 통해 초격차 리더십을 유지하며, 마지막에는 팀원들과 휴가를 함께 보내며 재충전의 시간을 갖습니다.

이 책을 더 깊이 즐길 수 있는 두 가지 방법을 제안합니다.

<이야기 속으로의 몰입>

먼저 소설에만 집중해 읽어보세요. 류강준과 AURION 팀의 좌절과 기쁨, 심리와 갈등을 있는 그대로 느끼는 것이 중요합니다.

<통찰의 탐구>

이야기를 모두 읽은 후, 각 섹션 뒤에 이어지는 '실무 가이드'를 함께 펼쳐보세요. 소설 속 인물들의 결정이 실제 원칙과 어떻게 맞닿아 있는지, 그리고 어떤 지식이 위기를 극복하게 했는지를 깨닫게 될 것입니다.

감사의 말씀

이 책이 세상에 나오기까지 많은 분들의 도움이 있었습니다.

격려와 조언을 아끼지 않으신 경남창조경제혁신센터 배상원 파트장님, 한국투자증권 IB본부 IPO 담당 김해광 상무님과 박세훈 팀장님께 깊은 감사를 드립니다.

그리고 언제나 곁에서 든든히 지지해 주고, 어려운 순간마다 힘이 되어준 사랑하는 아내에게도 진심 어린 고마움을 전합니다.

소설 속 AURION 팀의 여정은 허구이지만, 그 속에 창업과 성장을 꿈꾸는 모든 이들에게 현실적 지혜와 용기를 선물할 것입니다. 이 책이 당신의 비즈니스 여정에 길을 밝히는 등대가 되기를 진심으로 바랍니다.

저자 이 재 준

Ⓐ AURION 핵심 내부 인력

1. 류강준

- ▸ **성별** : 남자
- ▸ **나이** : 39세
- ▸ **회사/직책** : AURION Founder / CEO
- ▸ **MBTI** : INTJ(용의주도한 전략가)
- ▸ **주요 역할** : 대기업 연구원 출신으로 AURION을 창업하고 전체 비전을 제시하는 리더. 자금난, 생산, 인사 등 모든 위기 상황에서 팀을 이끌고 최종 의사결정을 내리는 정신적 지주이다.

2. 서유진

- ▸ **성별** : 여자
- ▸ **나이** : 37세
- ▸ **회사/직책** : AURION / CTO
- ▸ **MBTI** : ENTJ(대담한 통솔자)
- ▸ **주요 역할** : 'AI 알고리즘 핵심 개발'과 IPO 기술평가를 주도하는 천재 개발자. 기술적 순수성을 중시하지만, 재무적 효율성을 우선시하는 최강혁 CFO와의 갈등과 경쟁사의 음모로 인한 기술 유출 위기를 겪는다.

3. 최강혁

- ▸ **성별** : 남자
- ▸ **나이** : 46세
- ▸ **회사/직책** : AURION / CFO
- ▸ **MBTI** : ISTJ(청렴결백한 논리주의자)
- ▸ **주요 역할** : 재무와 전략을 총괄하는 브레인. 투자 유치, M&A, IPO 준비 등 굵직한 전략을 수립하여 기업가치를 극대화하고, 류강준의 이상주의를 현실적인 관점에서 보완한다.

4. 이아름

▶ **성별** : 여자

▶ **나이** : 41세

▶ **회사/직책** : AURION / CMO

▶ **MBTI** : ENFP(재기발랄한 활동가)

▶ **주요 역할** : 브랜드 이미지 구축과 B2B/B2G 마케팅 전략을 총괄하는 소통 전문가. 당돌하면서도 확신에 찬 성격으로 팀을 이끌며, 긍정적인 에너지로 분위기를 고조시키고 고객 신뢰를 구축하는 데 핵심 역할을 수행한다.

5. 이현수

▶ **성별** : 남성

▶ **나이** : 39세

▶ **회사/직책** : AURION / 기술영업 본부장

▶ **MBTI** : ESTP(모험을 즐기는 사업가)

▶ **주요 역할** : 뛰어난 설득력과 현장 경험을 바탕으로 영업을 책임지는 전문가. B2B/B2G 고객 발굴, 기술 솔루션 설명, 계약 성사를 담당하며 마케팅 전략을 실행으로 옮기는 인재이다.

6. 김민지

▶ **성별** : 여자

▶ **나이** : 44세

▶ **회사/직책** : AURION / 인사전략 본부장

▶ **MBTI** : INFJ(선의의 옹호자)

▶ **주요 역할** : 인재 채용, 성과 관리 시스템 구축 등 전반적인 인사관리를 담당한다. 특히 M&A 과정에서 조직문화를 통합하기 위한 전략을 수립하였으며, IPO를 위한 인적 자원 측면의 내부 통제시스템을 강화하고 이사회 구성을 돕는다.

7. 김도진

▶ **성별** : 남자

▸ 나이 : 43세

▸ 회사/직책 : AURION / 생산 본부장

▸ MBTI : ESTJ(엄격한 관리자)

▸ 주요 역할 : 제조업 경력의 베테랑 생산 전문가. '패스트 이노베이션' 생산 과정에서 이슈를 해결한다. 인수 후 AURION에 합류하여 미국 법인 설립과 생산 역량 내재화 역할을 수행한다.

Ⓑ 주요 외부 인력

1. 민상훈

▸ 성별 : 남자

▸ 나이 : 41세

▸ 회사/직책 : CoreVentures / 심사역

▸ MBTI : ESTP(모험을 즐기는 사업가)

▸ 주요 역할 : AURION의 Series A 투자를 집행한 투자자로서 AURION의 사외이사로 선임된다. 상장 준비를 위해 이사회 비상무이사직을 사임한다.

2. 최민준

▸ 성별 : 남자

▸ 나이 : 46세

▸ 회사/직책 : 퓨처벤처파트너스 / 심사역

▸ MBTI : ENTP(뜨거운 논쟁을 즐기는 변론가)

▸ 주요 역할 : AURION의 Series B 투자를 주도한 핵심 투자자. M&A와 글로벌 확장 비전에 매력을 느껴 투자를 진행한다.

3. 오윤서

▸ 성별 : 여자

▸ 나이 : 54세

▸ 회사/직책 : 네오테크 / 대표이사

‣ MBTI : ESTJ(엄격한 관리자)

‣ 주요 역할 : AURION의 가장 강력한 시장 경쟁자이자 최종 보스. 기술 탈취 음모를 설계하고,
법적 소송과 언론 플레이로 IPO를 방해하는 냉혹한 전략가이다.

4. 강철민

‣ 성별 : 남자

‣ 나이 : 57세

‣ 회사/직책 : 패스트 이노베이션 / 대표이사

‣ MBTI : ISTP(만능 재주꾼)

‣ 주요 역할 : AURION의 OEM 파트너이자 M&A 대상 기업의 대표. 고정밀 제조 기술과 생산
효율성을 갖춘 베테랑으로, M&A 이후 AURION의 자회사 대표로 남게 된다.

5. 배태현

‣ 성별 : 남자

‣ 나이 : 46세

‣ 회사/직책 : SeedBoost 액셀러레이터 / 대표이사

‣ MBTI : ENFJ(정의로운 사회운동가)

‣ 주요 역할 : 류강준에게 손을 내민 액셀러레이터이자 초기 엔젤투자자. 초기 방향 설정과 멘토
링을 지원하며 AURION의 든든한 조력자가 된다.

6. 정명수

‣ 성별 : 남자

‣ 나이 : 65세

‣ 회사/직책 : 1세대 창업자 / 멘토 (전(前) 성공한 벤처기업가)

‣ MBTI : INTP(논리적인 사색가)

‣ 주요 역할 : 성공과 실패를 모두 겪은 경험을 바탕으로 류강준이 힘들 때마다 진정한 조언과 용
기를 주는 정신적 지주이자 인생 멘토이다.

7. 한상진

- ▸ **성별** : 남자
- ▸ **나이** : 44세
- ▸ **회사/직책** : 미래회계법인 / 공인회계사
- ▸ **MBTI** : ISTJ(청렴결백한 논리주의자)
- ▸ **주요 역할** : IPO 준비 과정에서 재무 실사, 회계 정비 등 재무 관련 문제를 꼼꼼하고 정확하게 처리한다.

8. 박시현

- ▸ **성별** : 여자
- ▸ **나이** : 39세
- ▸ **회사/직책** : 정의법무법인 / 변호사
- ▸ **MBTI** : ESTJ(엄격한 관리자)
- ▸ **주요 역할** : 텀싯 및 투자계약서 검토, M&A 계약의 법률적 자문, IPO를 위한 법률 실사, 정관 및 사규 정비 등 법률적 측면을 지원한다.

9. 김도윤

- ▸ **성별** : 남자
- ▸ **나이** : 47세
- ▸ **회사/직책** : 나이스투자증권 / IPO 부장
- ▸ **MBTI** : ENTJ(대담한 통솔자)
- ▸ **주요 역할** : AURION의 IPO 대표 주관사 담당자. IPO 전략 수립부터 공모가 산정, 최종 상장 까지 모든 실무를 총괄 지휘한다.

10. 마이클 리

- ▸ **성별** : 남자
- ▸ **나이** : 43세
- ▸ **회사/직책** : US Global Funds / 펀드매니저

‣ MBTI : INTJ(용의주도한 전략가)

‣ **주요 역할** : 월스트리트의 거물이자 글로벌 투자 시장의 주요 인물. AURION의 기술력과 비전을 먼저 알아보고 Pre-IPO 투자를 진행하며, 글로벌 진출의 발판을 놓아준다.

11. 박성진

‣ **성별** : 남자
‣ **나이** : 50세
‣ **회사/직책** : S-에너지 / 기후 변화 대응 연구팀 팀장(류강준의 전 상사)
‣ MBTI : ISTJ(청렴결백한 논리주의자)
‣ **주요 역할** : 류강준의 전 상사. AURION의 PoC 파트너로서 초기 성장에 중요한 기여를 한다.

12. 정태수

‣ **성별** : 남자
‣ **나이** : 49세
‣ **회사/직책** : GTS(네오테크 자회사) / 전략 전무
‣ MBTI : ESTP(모험을 즐기는 사업가)
‣ **주요 역할** : 오윤서의 지시를 받아 AURION에 접근하여 내부를 이간질하고, 핵심 기술 정보를 탈취한다.

13. 강윤아

‣ **성별** : 여자
‣ **나이** : 55세
‣ **회사/직책** : 전(前) 고등법원 부장판사 / 現 법학전문대학원 교수 / 사외이사
‣ MBTI : ISTJ(청렴결백한 논리주의자)
‣ **주요 역할** : IPO 준비 과정에서 지배구조 개선과 윤리 경영을 위한 자문 및 감시 역할을 수행하며, 기술 탈취 소송에서 AURION의 법적 방어 전략을 조언한다.

14. 박준석

- ‣ **성별** : 남자
- ‣ **나이** : 61세
- ‣ **회사/직책** : 전(前) 환경과학원 원장 / 現 기후기술 자문위원회 위원 / 사외이사
- ‣ **MBTI** : INFJ(선의의 옹호자)
- ‣ **주요 역할** : 기후 기술 분야의 최고 권위자. 이사회 내에서 환경 비전의 사회적 정합성을 평가하고, 기술 탈취 소송에서 AURION의 기술적 방어 논리를 자문한다.

15. 김태하

- ‣ **성별** : 남자
- ‣ **나이** : 51세
- ‣ **회사/직책** : 서울중앙지방법원 / 판사
- ‣ **MBTI** : INTJ(용의주도한 전략가)
- ‣ **주요 역할** : 네오테크가 제기한 기술 탈취 소송의 재판장. 기술 관련 법정 다툼에 대한 깊은 이해와 공정함을 바탕으로 재판의 핵심 쟁점을 명확히 짚어내는 베테랑 판사이다.

Contents

Chapter 4

시장의 반응과 확장의 전개

Chapter 5

거대 그림자, 그리고 흔들리는 비전

절망의 끝에서 싹튼 결의

2013년 3월 3일 새벽 1시 37분, L-에너지 빌딩 27층 연구실에서 푸른 모니터 불빛이 류강준의 얼굴을 창백하게 물들였다. 화면을 가득 채운 그래프가 가파른 상승 곡선을 그리며 치솟고 있었다. 북극 빙하의 붕괴 속도가 예상치를 훨씬 웃돌고 있었고, 한반도 평균기온은 이미 산업화 이전보다 2.1도 상승한 상태였다.

지난 3월 영남권을 휩쓸었던 대형 산불이 떠올랐다. 사상 최악의 규모였다. 기후학자들은 이구동성으로 말했다. "이제 시작일 뿐이다."

류강준은 석 달째 낮과 밤을 가리지 않고 위성 데이터와 재난 통계를 분석하고 있었다. L-에너지는 세계 최고 수준의 초정밀 센서 기술을 보유하고 있었지만, 그 기술들은 여전히 실험실 서랍 속에서 잠자고 있었다. 텅 빈 일회용 커피 컵이 책상 한쪽에 쌓여 있었고, 떨리는 손끝으로는 키보드를 제대로 누르기 어려웠다.

사무실 창문 너머로 서울의 불빛들이 반짝이고 있었지만, 그 수많은 불빛 중에서 진정으로 지속 가능한 미래를 위해 켜진 것은 얼마나 될지 알 수 없었다.

조직은 수백억 원의 R&D 예산과 수십 명의 석·박사급 조직은 수백억 원의 R&D 예산과 수십 명의 석·박사급 연구원으로 구성된 거대한 규모였다. 그러나 기후 재난 대응 AI 개발은 매번 "수익성 검증이 필요하다"는 이유로 평가받으며 늘 우선순위에서 밀려났다. 분기별 실적 보고서와 각 부서 간 성과 경쟁만이 우선이었고, 회의실에서는 서로 다른 수치와 책임 회피만 오갔다.

류강준은 데이터를 불러와 남미의 대정전, 동남아의 기록적 홍수, 유럽 폭염으로 인한 사망자 수 등 전 세계의 재난 데이터를 분석하고 있었다. 그 수치들은 무너져 내린 삶들의 기록이자 다가올 재앙을 알리는 예고편이었다.

그 순간 문득 갑자기 하나의 이름이 머릿속에 떠올랐다.

AURION

새벽빛이라는 뜻의 라틴어 Aurora에서 따온 이름이었다. 어둠 끝에서 피어나는 빛처럼, 기술로 희망의 새벽을 열겠다는 의미를 포함하고 있었다.

류강준은 화면에 천천히 한 글자씩 타이핑 했다.

『AURION : 초정밀 예측 기반 맞춤형 재난 대응 AI 솔루션』

국가 단위의 광범위한 기상 예보가 아닌 도시 한 블록, 농장 한 구역, 공업단지 특정 구역의 미세한 기후 변화를 실시간으로 감지하는 기술이었다. 방수·내구성을 갖춘 초소형 IoT 디바이스들이 온도, 습도, 기압, 풍속을 초 단위로 수집하고, 딥러닝 AI가 72시간 이내 발생 가능한 기상 이변을 예측해 맞춤형 대응책을 제시하는 시스템이었다.

그는 머릿속으로 스마트폰 크기의 센서 허브, 직관적인 앱 인터페이스, 지방자치단체와 농민, 소상공인들도 쉽게 활용할 수 있는 사용자 경험이 담긴 제품의 모습을 구체화하기 시작했다.

하지만 2주 전 임원 회의에서 돌아온 반응은 차가웠다.

"아이디어는 흥미롭지만, 시장성이 불투명합니다. 기후 재난을 기술로 막을 수 있다는 게 너무 성급한 생각 아닌지 모르겠습니다."

"당장 수익이 나올 사업부터 집중하는 것이 더 좋지 않을까요?"

류강준은 한숨을 내쉬었다. 더 이상 기다릴 수는 없었다. 누군가는 지금 당장 시작해야만 한다고 생각했다.

AURION은 단순한 기술이 아닌 새로운 시작이라고 믿었다. 극한 기후 앞에서 속수무책으로 무너지는 사람들을 지켜낼 희망의 씨앗인 것 같았다.

책상 서랍에서 결심한 듯 하얀 봉투를 꺼냈다. 일주일 전에 작성해 둔 사직서였다.

불씨, 혁신의 시작

안정적인 삶을 뒤로한 채, 한 청년이 미지의 비전을 향해 발걸음을 내딛는다. 고독한 창업의 길, 그러나 천재 개발자와의 인연은 첫 번째 희망의 불씨를 지펴준다. 이들의 손바닥 위에서, 세상을 바꿀 작은 기적이 싹트기 시작한다.

사직서, 그리고 새로운 새벽 :
익숙함을 벗어던진 용기

■ 돌이킬 수 없는 선택 앞에서

박성진 팀장 방문 앞에서 류강준은 잠시 걸음을 멈칫했다. 손에 든 사직서가 유독 무겁게 느껴졌기 때문이다. 비록 A4 용지 한 장이지만 8년간 쌓아온 안정된 삶을 포기하는 큰 결정이 담겨 있었다.

탕비실의 커피 향, 프린터가 돌아가는 규칙적인 소리, 동료들의 업무 대화가 어우러진 익숙한 사무실의 **평범한** 오후였지만, 이 풍경이 이제 류강준에게는 마지막이 될 수도 있는 순간들이었다.

'이 선택이 내 인생을 완전히 바꾸겠지.'
매일 밤 그를 괴롭혔던 북극 빙하의 가속화된 융해, 한반도 평균기온 2.1도 상승, 올해 3월 영남권을 휩쓴 사상 최악의 산불과 같은 기후 데이터들이 머릿속을 스쳤다. 예측된 재앙들은 더 이상 먼 미래의 일이 아니었고, 지금 당장 뭐라도 해야 한다는 간절함과 갈망은 더 커져만 갔다.

"류강준 씨, 왜 계속 그 앞에 서 계시는 건가요?"
동료의 목소리에 정신이 번쩍 들어, 류강준은 깊은숨을 들이쉬고 문고리를 잡아 문을 열었다.

■ 팀장과의 마지막 대화

안경 너머로 박성진 팀장이 그를 예리하게 바라봤다. 몇 년 동안 함께 일하며 쌓인 경험으로 부하직원의 표정만 봐도 무슨 일인지 대충 짐작하는 눈빛이었다.

"무슨 일이지? 이 시간에 찾아오는 걸 보니 심상치 않은데."

류강준은 말없이 사직서를 책상 위에 조심스럽게 내려놓았다. 종이가 책상에 닿는 소리가 유독 크게 들렸다.

"사직서입니다, 팀장님."

목소리는 의외로 떨리지 않았고, 오히려 담담했다.

박 팀장의 미간이 살짝 찌푸려졌다. 사직서를 집어 들어 내용을 훑어보더니 천천히 고개를 들었다.

"자네, 정말 진지하게 생각해 본 건가? 요즘 취업시장이 얼마나 어려운지 알잖아. 여기서 8년이나 경력을 쌓았는데…"

예상했던 반응이었다. 오랜 경험으로 부하직원을 아끼는 상사의 '진심 어린 우려'였다.

"자네 성과도 인정받고 있고, 앞으로 승진 가능성도 충분한데, 무슨 일이 있었나? 힘든 일이라도 있으면 얘기해 봐. 굳이 이 좋은 자리를 포기할 이유가 있나? 이직한다 해도 지금보다 좋은 조건 찾기가 쉽지 않을 텐데."

말투는 차분했지만, 그 안에는 진심 어린 걱정이 묻어 있었다. 하지만 류강준의 마음속 확신은 흔들림도 미련도 없었다.

"제가 정말로 하고 싶은 일은 망가져 가는 세상을 지켜내는 일입니다."

류강준은 잠시 멈춰 생각을 정리했다.

"기후 재해를 미리 예측해서 피해를 최소화할 수 있는 AI를 만들고 싶습니다."

박 팀장은 등받이에 몸을 기댔다.

"아, 자네가 계속 제안했던 그 프로젝트 말이군."

"네, 제가 제안한 재난 대응 AI 개발이 3년 연속 R&D 예산에서 제외됐습니다."

류강준의 목소리에 억눌린 아쉬움이 배어 있었다.

"회사 방향과 맞지 않는다는 이유였는데, 저는 이 기술이 꼭 필요하다고 생각해서요. 그래서 창업을 결심했습니다."

잠시 침묵이 사무실을 채웠다.

박 팀장은 깊은 한숨을 내쉬었고, 그 한숨 안에는 허탈감과 동시에 이해한다는 의미와 체념이 담겨져 있는 듯하였다.

"그래, 자네 아이디어 말이야. 초정밀 예측 기반 지역 맞춤형 재난 대응 AI..."

박 팀장은 다시 류강준을 지긋이 바라보며, 이야기를 이어 나갔다.

"회사도 나도 그 가능성은 충분히 인정은 하고 있지. 보고서도 여러 번 검토했었고."

그는 잠시 말을 멈췄다가 이어갔다.

"그런데 자네도 알다시피, 현재 회사가 분기 실적에 목을 매고 있지 않은가? R&D 예산도 매년 깎이고 있고, 신기술 투자는 이사회에서 먼저 반대하고 있네."

박 팀장이 책상 위 서류를 정리하며 말했다.

"자네 아이디어가 나쁘다는 것은 아니지만, 회사에서는 지금 당장 수익이 발생하지 않으면 승인받기 어렵다는 거지."

박 팀장의 솔직한 말이 류강준에게는 의아하게 느껴졌다.

"자네가 그렇게 확신한다면, 한번 도전해 봐야 하지 않겠나? 만약, 실패해도 여기서 쌓은 경력은 어디 안 가니까."

박 팀장이 펜을 돌리며 말했다.

"그렇지만, 무작정 뛰어들지 말고 최소한 6개월 치 생활비는 확보해 놓고 시작했으면 좋겠네."

"네, 팀장님. 신중하게 준비하겠습니다."

"그래, 인사팀에는 내가 처리해 둘 테니 걱정하지 말고. 그리고..."

박 팀장이 잠시 말을 멈췄다.

"1년 후에도 안 되면 돌아와. 자네 같은 인재는 항상 환영이야. 밖에서 어려운 일이 생기거든, 언제든 연락하고..."

박 팀장의 마지막 말에는 진심이 담겨 있었다.
단순한 인사치레가 아닌, 진심 어린 응원처럼 느껴졌다.

■■ 새로운 시작을 향한 첫걸음

사무실을 나서면서 류강준은 동료들에게 마지막 인사를 건넸다. 엘리베이터 문이 닫히는 순간, 긴장으로 경직되어 있던 어깨가 풀리면서 홀가분함과 동시에 막막함이 밀려왔다.

지난 8년간 매일 지나던 보안 게이트를 사원증 없이 방문증으로만 통과해야 한다는 사실을 깨달았을 때, 퇴사가 현실이 되었음을 실감했다.

로비 유리문에 비친 얼굴을 보니, 여전히 불안하고 막막했지만 동시에 뭔가 해 볼 만할 것 같다는 생각도 들었다. 적어도 후회는 하지 않을 것 같았다.

■ AURION, 꿈에서 현실로

로비를 나서자 선선한 가을의 찬 공기가 순식간에 그를 감쌌다. 류강준은 스마트폰의 메모장 안에 'AURION'을 다시 적어 놓았다. Aurora와 ion의 조합으로, 어둠 끝에서 스며드는 새벽빛처럼, 보이지 않는 기술이 세상을 조용히 바꿔나간다는 의미를 뜻했다.

그 아래 추가로 한 문장을 덧붙였다.

"기술로 인류와 지구가 공존하는 미래를 만든다."

이것이 AURION의 존재 이유였다.

순간 카카오톡 알림이 연달아 울리기 시작했다.

> **양차장** : "강준아, 정말 퇴사한 거야?"
> **이과장** : "언제부터 계획한 거야?"
> **심대리** : "투자자 있어?", "아이템은 뭔데?"
> **김연구원** : "이직함? 어디 가서 뭐 할 거야?"

그는 대부분에게 비슷한 답을 보냈다.

> "그동안 함께 일하면서 많은 것을 배우고 성장할 수 있었습니다. 갑작스러운 퇴사로 업무에 불편을 끼쳐드려 정말 죄송합니다. 언제나 따뜻하게 도와주시고 격려해 주신 덕분에 새로운 도전을 할 용기를 낼 수 있었습니다. 항상 건강하시고, 언젠가 더 성장한 모습으로 다시 인사드릴 수 있기를 바랍니다. 진심으로 감사드립니다."

지하철역으로 향하다가 문득 걸어서 집에 가고 싶어졌다. 새로운 시작을 천천히 음미하고 싶었기 때문이다. 그리고, 걸어가는 동안 머릿속에 해야 할 일들이 하나씩 정리되기 시작했다.

교차로를 건너던 중 구급차가 사이렌을 울리며 빠르게 지나갔다. 지금 이 순간에도 누군가는 생명을 살리기 위해 책임감을 가지고, 신속하고 정확한 판단을 내리고 있을 것만 같았다. 정확한 상황 파악, 즉각적인 예측, 최적의 대응과 같은 이런 것이 바로 그가 만들고자 하는 기후 재해 대응 시스템의 핵심이었다.

메모장에 새로운 항목들을 추가해 나갔다. 도메인 등록, 상표 검색, 잠재적 파트너들의 연락처, 대학원 시절 함께 연구했던 선배, 해외 학회에서 만났던 기상학 연구자 두 명의 이름, 스마트시티 과제에서 인연을 맺은 지자체 담당자 등 생각나는 대로 메모장에 내용을 작성했다.

문득 주변을 둘러보니, 빽빽하게 들어선 빌딩들의 외벽 조명들이 일정한 간격으로 깜박이고 있는 듯했다. 모던 반딧불이라고 해야 할까? 다들 나름의 목표와 꿈을 향해 노력하고 있는 듯하였다.

집 근처 한강 대교에 이르자, 다리 아래로 강물이 고요하게 흐르고 있었다. 그러나, 기상 예보는 내일부터 주말까지 폭우가 예상된다고 전했다. 그는 잠시 강을 바라보며 머릿속으로 상류의 강수량, 하천의 배수 능력, 주변 지역의 침수 가능성과 같은 시뮬레이션을 돌려보기 시작했다. 아직 정확한 모델은 없었지만, 가설과 아이디어는 충분했다.

카카오톡 대화들을 정리하고 상태 메시지를 새로 입력했다.

"새로운 꿈을 향해"

주머니 속의 사직서 사본이 손끝에 걸렸다. 얇은 종이 한 장이었지만 그 무게는 가볍지 않았다. 이제 모든 선택과 결과가 온전히 자신의 몫이 되었다는 책임감의 무게가 느껴지는 듯했다.

늦가을 바람이 류강준의 셔츠 사이를 스치며 지나갔지만, 그의 발걸음은 흔들리지 않았다. 최종 목적지가 어디일지는 아직 정해지지 않았지만, 나아가야 할 방향은 분명했다.

실무 가이드 1 경영활동의 순환고리

조직의 지속 가능한 성장과 발전을 위해서는 체계적이고 순환적인 경영활동이 필수적이다. 미션에서 성과 측정까지 이어지는 순환고리를 통해 조직은 끊임없이 학습하고 발전할 수 있다.

경영활동 순환고리의 8단계 핵심 프로세스

1. 미션(Mission) – 존재 이유의 명확화

- **정의** : 조직이 시장에 존재하는 근본적 이유와 목적으로, 100년 이상 지속되어야 할 장기적 지향점
- **특징** : '5개의 왜(The five whys)' 기법을 통해 조직의 진정한 존재 이유를 5번의 연속적 질문으로 도출
- **실무 포인트** : 구성원들에게 자신들이 할 일이 무엇인지에 대한 큰 영감을

불러일으킬 수 있어야 함.

- **작성 요령** : 고객에게 제공하는 궁극적 가치와 사회적 기여를 중심으로 간결하고 명확하게 표현
- **사례** : 코카콜라 "To refresh the world", 디즈니 "To entertain the world", 아마존 "To offer our customers the lowest possible prices, the best available selection, and the utmost convenience."

2. 가치(Values) – 행동 원칙의 정립

- **정의** : 조직 구성원을 한 방향으로 이끄는 원칙이자 깊이 내재 된 공유된 신념
- **구성 요소** : 기업의 사훈, 직원의 가훈, 학교의 교훈 등이 대표적 예시
- **실무 적용** : 미션을 위해 우리가 믿고 의지하는 바를 기술하며, 일상의 의사 결정 기준으로 활용
- **중요성** : 조직문화의 근간이 되며, 채용·평가·승진 등 인사정책의 기준점 역할

3. 비전(Vision) – 미래상의 구체화

- **정의** : 조직의 중·단기적인 미래 자화상으로, 5-10년 후 바람직한 조직의 모습을 말로 표현
- **핵심 요소** : ① 간결성, ② 구체성, ③ 이해 용이성, ④ 도전성/실행 가능성, ⑤ 시간 제약성
- **목적** : 미션 및 가치와의 일관성을 유지하면서 구체적이고 달성 가능한 목표상 제시
- **사례** : JFK의 달 착륙 프로젝트("10년 내로 달에 사람을 보내고 안전하게 귀환시키겠다."), 스타벅스("2000 stores by 2000")

4. 전략(Strategy) – 실행 방법론

- **정의** : 비전을 달성하기 위한 차별화된 행동 방법과 게임 플랜
- **특성** : 시간과 상황 변수에 대해 종속적인 특성을 갖는 동적 개념
- **핵심 요소** : 환경 변화에 맞춰 변화될 필요가 있으며, 전략 자체는 추상적인 선언이 아닌 구체적 행동 방안
- **실무 고려 사항** : 구성원들의 행동을 유발하는데 한계가 존재하므로 목표와 행동계획으로 구체화 필요

5. 목표(Objectives) – 성과 지표의 설정

- **정의** : 설정된 전략이 제대로 이행되고 있는지 확인하기 위한 도구
- **목적** : 계량적으로 나타낸 전략 이행의 수준과 마일스톤으로써의 역할
- **이론적 기반** : 큰 목표와 작은 목표들의 상호연계가 경영 이론을 구성
- **구성 방식** : 전략에 내재 된 일련의 믿음(Beliefs)과 가정(Assumptions)을 반영한 측정 가능한 지표

6. 행동(Actions) – 실행 계획

- **정의** : 목표 달성을 위한 조직의 구체적인 행동으로, 행동계획과 이니셔티브로 구성
- **실행 체계** : 목표를 효과적이고도 효율적으로 달성할 수 있는 행동 방안의 모색
- **결과 연결** : 행동계획에 따라 행동이 이루어지고, 구성원들의 행동은 결과(Outcome)를 낳게 됨
- **관리 포인트** : 구체적이고 실행 가능한 액션플랜으로 세분화하여 책임과 일정을 명확히 설정

7. 성과 측정(Performance Measurement) – 학습과 개선

- **핵심 원칙** : "측정할 수 없는 것은 관리 할 수 없다." (You cannot manage what you cannot measure)
- **측정 방법** : 행동의 결과를 계량적으로 측정하고 평가하는 것
- **종류** : 과거지향적 성과 측정(실적 확인)과 미래지향적 성과 측정(조직의 학습 유도)
- **학습 체계** : 조직 학습을 통해 조직의 발전과 진화가 도모됨.

8. 학습 루프(Learning Loop) 체계

- **단일 고리 학습(Single-loop Learning)** : 운영관리 시스템으로 조직의 전략이 계획대로 수행되고 있는가를 확인
- **이중 고리 학습(Double-loop Learning)** : 전략관리 시스템으로 조직의 전략이 의도한 결과를 달성하고 있는가를 점검
- **피드백 체계** : 성과 측정 결과를 바탕으로 전략의 수정이나 재설정을 통한 지속적 개선

조언

경영활동의 순환고리는 각 단계가 유기적으로 연결되어야 하며, 특히 단일 고리 학습과 이중 고리 학습을 통한 피드백 시스템이 조직의 지속 가능한 발전을 결정한다. 미션과 가치는 안정적으로 유지하되, 비전과 전략은 환경 변화에 따라 유연하게 조정하는 것이 핵심이다.

첫 번째 동반자 :

'천재 개발자' 서유진 CTO를 찾아서

■ 빈 화면 앞의 고민

2013년 5월 6일, 류강준의 하루는 빈 화면과 깜빡이고 있는 커서 사이에서 시작되었다.

모니터에 'AURION'이라고 적혀 있었지만, 그 아래 문장들은 여전히 미완성이었다. 비전은 명확했지만, 실행할 인력과 기술이 없었다.

일반적인 개발사가 아닌 함께 창업하며, 같은 꿈과 같은 목표를 가지고 나갈 파트너가 필요했다. 하드웨어와 소프트웨어를 아우르는 기획부터 개발, 현장 적용까지 모든 것을 함께 해결해 나갈 CTO가 필요했다.

문제는 그런 능력을 갖춘 전문가가 무명의 창업자와 파트너를 해줄 가능성이 거의 없다는 점이었다.

■ 운명적인 발견

류강준은 개발자 커뮤니티 게시판, 헤드헌터 추천, 심지어 대학 동문 네트워크까지 가능한 모든 방법을 총동원했다. 하지만 번번이 거절당하거나 조건이 맞지 않았다. 막다른 길에 다다랐다고 생각했을 때, 우연히 책상 서랍에서 오래된 대학원 학회지가 눈에 띄었다. 혹시나 하는 마음에 논문 저자 명단을 검토해 보던 중, 하나의 이름이 눈에 들어왔다.

"서유진"

'아 맞다, 이 사람이 있었지.'

대학원 시절 같은 연구실 후배였다. 당시에도 실력이 뛰어나서 교수님들 사이에서 유명했고, 졸업 후 실리콘밸리 몇 개의 기업에서 스카우트 제의가 들어왔다는 소문을 듣기도 했다. 하지만 본인은 독립 연구를 택했다고 들었고, 최근 '경량화 AI 모델' 논문으로 업계에서 주목받고 있는 듯했다.

'혹시 관심 있을까?' 싶었지만, 연락을 안 해보는 것보다는 낫겠다는 생각에 인스타그램을 열었다. 평소 거의 안 쓰던 계정이라 로그인도 헤맸지만, 간신히 서유진을 찾아 메시지를 보냈다.

"서유진 씨, 오랜만입니다. 류강준입니다. 갑자기 연락해서 죄송합니다만, 지금 기후 재해 예측 AI로 창업 준비를 하고 있습니다. 현재 하고 계시는 연구와 연결점이 있을 것 같아서 한번 만나서 얘기해 볼 수 있을까요?"

메시지를 보내고 나니 마음이 불안해졌다. 1시간이 지나도 답이 없었다.
'인스타 메시지 잘 안 보나?' 혼자 생각하고 있었는데 알림이 왔다.

"류강준 선배님, 메시지 잘 받았습니다. 자세한 이야기는 직접 만나서 이야기해 보시는 것이 어떨까요?"

■■ 첫 만남의 긴장

약속 시각보다 30분 일찍 도착해서 사업계획서를 다시 검토하였다. 수십 번 읽고 보완했지만, 여전히 부족한 부분들이 보였다. 긴장으로 인해 손바닥에 땀이 맺혔다.

서유진이 카페로 들어왔을 때, 꽤 시간이 지났음에도 불구하고 곧바로 알아볼 수 있었다. 깔끔한 블레이저에 단정한 묶음 머리, 차분하면서도 예리한 눈빛으로 예전과 비슷한 모습이었다.

"안녕하세요? 선배님, 오랜만입니다."

"유진 씨도 정말 오랜만이네요. 그동안 어떻게 지내셨어요?"

"연구소 나와서 독립 연구하고 있어요. 선배님은 대기업 다니시는 걸로 알고 있었는데, 창업 준비하신다고 하니까 의외였어요."

"저도 최근에 퇴사했습니다. 회사에서는 제가 하고 싶은 연구에 한계가 있더라고요."

"그렇죠, 제약이 많다 보니 저도 자연스럽게 독립 연구 쪽으로 방향을 잡게 됐어요."
서유진이 공감하는 표정을 지었다.
"대신 연구비 확보가 쉽지 않긴 하지만요."

"그래서 더 적극적으로 할 수밖에 없는 것 같아요. 유진 씨도 안정적인 길 대신 본인이 하고 싶은 연구를 택하셨잖아요."

서유진이 슬쩍 미소를 지으며 고개를 끄덕였다.
"그럼 어떤 분야로 창업하시려는지 들어볼까요?"

그러자 류강준이 테이블 위 사업계획서를 가리켰다.

"그래서 이걸로 사업화하시겠다는 거군요."
서유진은 첫 장을 넘기며 바로 핵심을 짚었다.

"시장 진입까지 최소 3년은 걸릴 것 같은데요? 나노센서 실시간 분석이라고 하셨지만, 현장에서 먼지나 습도 같은 외부 요인들 때문에 데이터 오차가 클 것 같은데요."

류강준은 잠시 말문이 막혔다. 기술적 디테일을 이렇게 빨리 파악할 줄 몰랐다.
"아... 맞습니다. 그래서 방수, 방진 케이스 설계가 핵심이에요. 단순 나노센서가 아니라 특정 주파수와 습도 변화를 복합 감지하는 하이브리드 모듈을 생각하고 있어요."

"데이터 파이프라인 구조는 어떻게 설계하실 건가요?"

류강준은 멈칫했다. 솔직히 데이터 처리 부분은 아직 구체적으로 정리하지 못한 상태였다.

"그 부분이... 사실 제가 가장 고민하는 부분이에요. 센서 하드웨어는 자신 있는데, 데이터 분석과 AI 모델 쪽은 전문가가 필요한 상황이거든요."

그날 밤 류강준은 자신이 가진 센서 설계 도면과 제조 관련 자료들을 정리해서 보냈다. 데이터 부분은 간단한 아이디어 스케치 정도만 포함되어 있었다.

서유진의 답장은 짧았다.
"다시 만나서 이야기 해 보시지요."

일주일간 두 사람은 거의 매일 만났다. 서유진은 계획서 곳곳에 빨간 펜으로 메모를 남겼다.

"나노센서 대신 위성-드론-지상 센서 3단계 조합으로 신뢰도를 높이는 건 어떨까요?"
"데이터 파이프라인이 너무 복잡해요. 현재 구조로는 실시간 처리가 힘들 것 같은데, 단순화가 필요해 보여요."

때로는 직설적인 지적도 있었다.
"솔직히 말하면, 지금 자료로는 기술적 완성도가 부족해요."

류강준은 이런 피드백을 오히려 반겼다. 혼자서는 보지 못했던 문제점들을 찾아주는 게 고마웠다. 질문과 보완을 반복하면서 자신이 추구하는 방향이 점점 명확해졌다.

서유진의 꼼꼼한 검토 덕분에 가장 큰 변화가 일어난 건 데이터 구조였다. 처음에는 막연하게 '온도', '습도', '기압'이라고 했던 것들이 'temp_variance_3h', 'humidity_delta_rate', 'pressure_gradient_vertical' 같은 구체적인 변수명으로 정리됐다.

수집 방법도 완전히 달라졌다. 단순히 '센서로 측정한다'는 방법이, '5분 간격 측정, 3시간 이동평균, 이상치 제거 후 표준화'라는 구체적인 프로세스로 변경되었다. 서유진이 제안한 '다중 센서 교차검증 방식'도 도입해서 데이터 신뢰도를 높일 수 있었다.

"이제 좀 그럴듯해 보이네요." 서유진이 수정된 자료를 보며 말했다.

"변수 간 상관관계 및 인과관계도 분석해 봐야겠지만, 최소한 데이터 수집 체계는 잡힌 것 같네요."

■ 마지막 결정

회의를 마무리하던 중, 서유진이 노트북을 닫으며 말했다.

"솔직히 말하자면, 이 프로젝트는 너무 많은 요소로 성공할 확률보다 실패할 가능성이 커 보여요.

류강준은 전혀 동요하지 않았다.

"이미 알고 있습니다. 하지만, 유진 씨가 기술적 가치가 있다고 판단한다면, 저는 그걸 현실화할 자신이 있어요."

류강준이 잠시 멈췄다가 계속했다.

"지금 가장 큰 리스크는 시장 진입 장벽이에요. 하지만 대형 업체들이 놓치고 있는 틈새가 있다고 생각합니다. 소규모 지자체나 중소 제조업체 같은 곳들은 맞춤형 솔루션을 원하거든요. 우리가 타깃 할 수 있는 시장이죠."

서유진이 류강준을 바라봤다. 그의 눈빛에서 일말의 주저함이나 불안감을 전혀 찾을 수 없었다. 도대체 그 확신이 어디서 나오는지 궁금했다.

잠시 후 서유진이 미소를 지으면서, 말을 이어 나갔다.

"좋습니다. 대신 이 결정으로 모든 걸 잃을 수도 있다는 점은 기억해 두세요."

류강준이 서유진을 똑바로 바라보며 답했다.

"저는 이 일이 반드시 성공할 거라고 믿어요. 어떠한 순간이 와도 제가 먼저 포기하거나 도망가지 않을 겁니다. 유진 씨가 동참해 준 것에 대해 끝까지 책임질 겁니다. 합류해 주셔서 정말 감사해요."

■ 새로운 파트너십

"그럼, 이제 공식적인 파트너가 됐는데 호칭을 어떻게 하면 될까요?"

"음, 저는 대표라고 하고... 유진 씨는 CTO니까, 이제부터 '천재 개발자'라고 불러도 될까요?" 류강준이 농담했다.

"그럼 저는 대표님을 '아이디어 제조기'라고 부르겠습니다."
서유진이 웃으며 답했다.

"아니에요, 그냥 대표와 CTO로 하지요."
류강준이 웃으며 손사래를 쳤다.

"그런데 AURION이라는 이름, 어떻게 생각하세요? 혹시 뜻을 아시나요?"

"새벽 여신 아우로라에서 유래된, 오로라의 라틴어 아닌가요?" 서유진이 대답했다.
"근데, 왜 그 이름을 선택한 거예요?"

"오로라처럼 어둠 속에서 빛을 비춘다는 의미로 지었어요. 기후 재해라는 어둠 속에서 희망의 빛이 되고 싶다는 소망을 포함해서요."

"생각보다 로맨틱하시네요, 대표님." 서유진이 빙긋 웃었다.

"CTO님도 이제 AURION 식구니까 더 좋은 아이디어 있으면 언제든 말씀해 주세요."

이제 둘은 진짜 창업 동반자가 됐다.

2 기술 공동창업자 영입 및 파트너십 구축

창업 성공의 70%는 팀 구성에 달려 있다. 특히 기술 스타트업에서는 CTO급 공동창업자를 확보하는 것이 사업 성패를 좌우하며, 이는 일반적인 직원 채용과는 차원이 다른 운명 공동체를 만드는 과정이다.

CTO 영입 및 공동창업자 파트너십 핵심 실무

1. 기술 공동창업자 발굴 및 검증 전략

- **인맥 네트워크 최대 활용** : 학연·지연·업계 인맥을 활용하되, 단순히 아는 사람보다는 실력과 검증된 성과를 기준으로 평가한다. 대학원 동문, 전 직장 동료, 개발자 커뮤니티, 학회 논문 저자 등을 대상으로 후보군을 탐색한다.
- **기술 역량 검증 프로세스** : 개발 실력뿐만 아니라 시스템 설계 능력, 데이터 아키텍처 이해도, 최신 기술 트렌드 파악 능력을 종합 평가한다.
- **비전 공유 및 열정 평가** : 기술적 역량과 함께 창업 비전에 대한 이해도와 몰입 의지를 평가한다. 높은 연봉만을 추구하는 개발자가 아닌, 사업 성공에 대한 확신과 장기적 헌신 의지를 가진 파트너를 찾는다.

- **상호 검증 과정** : 서로의 역량과 성향을 파악한다. 사업계획서 공동 보완, 기술 로드맵 수립 등을 함께 진행하며 실제 협업 가능성을 타진한다.

2. 지분 구조 및 주주 간 계약서 실무

- **지분 분배 원칙** : 대표자 60~75%, CTO 25~40% 수준이 일반적이며, 투자자들은 대표자가 과반 지분을 보유한 구조를 선호한다. 50 : 50 분할은 의사결정 교착상태 위험에 빠질 수 있다.
- **베스팅(Vesting) 조건 설정** : 지분을 즉시 지급하지 않고 3~4년에 걸쳐 점진적으로 부여하는 베스팅 조건을 설정한다. 일반적으로 1년 클리프(최소 근무 기간) 후 매월 또는 분기별로 지분이 확정되도록 한다.
- **주주 간 계약서 필수 조항** : ① 각자의 역할과 책임, ② 전업/겸업 의무, ③ 퇴사 시 지분 처리 방법, ④ 경업금지 조항, ⑤ 기밀유지 의무, ⑥ 의사결정 구조 등을 명확히 규정한다.
- **퇴사 시 지분 정산** : 자발적 퇴사, 해고, 사망 등 상황별 지분 처리 방법을 사전에 정의한다. 일반적으로 자발적 퇴사 시에는 공정가격으로 다른 주주가 매수하도록 하고, 베스팅 되지 않은 지분은 소멸시킨다.

3. 효과적인 창업팀 운영 및 관리

- **명확한 역할 분담** : CEO는 사업 전략, 영업, 자금 조달을, CTO는 기술 개발, 팀 빌딩, 제품 설계를 담당하되, 중요 의사결정은 공동으로 진행한다. 각자의 전문 영역에서는 독립적 권한을 보장한다.
- **갈등 해결 메커니즘** : 의견 충돌 시 해결 방법을 사전에 정의한다. 기술적 이슈는 CTO가, 사업적 이슈는 CEO가 최종 결정권을 가지되, 중대한 사안은 외부 멘토나 자문위원의 조언을 구하는 체계를 구축한다.

- **성과 평가 및 보상 체계**: 단기 성과뿐만 아니라 장기적 기여도를 평가할 수 있는 KPI를 설정한다. 스톡옵션, 성과급 등을 통해 지속적인 동기부여를 제공한다.

조언

공동창업자는 직원이나 동업자를 넘어선 10년 이상 함께할 인생 파트너다. 기술적 역량만큼 중요한 것은 서로에 대한 신뢰와 존중이며, 이는 법적 계약보다 더 강력한 결속력을 만든다. 초기의 작은 갈등도 나중에 큰 분쟁으로 번질 수 있으므로, 솔직하고 투명한 소통을 바탕으로 한 건강한 파트너십을 구축해야 한다.

희망을 빚다 :
손바닥 위에서 피어난 첫 프로토 타입

■ 개발 1~2개월 차 : 초기 설계 단계

2013년 8월, 서유진이 합류한 지 한 달이 지났다. 작업 공간의 전면 변화가 있었다. 벽 전체는 포스트잇으로 가득했고, 화이트보드도 역시 메모로 도배되어 있었다. 책상 위에는 각종 센서와 브레드보드, 그리고 커피잔들이 잔뜩 뒤섞여 있었다.

"현장에서 사용할 거라, 내구성부터 고려해야 합니다."
서유진이 노트북 화면의 회로도를 가리키며 말했다.

"하수구, 농수로 이런 곳에서도 문제없이 돌아가야 하죠?"

"맞아요. 그래서 케이스는 완전 밀폐형으로 하고, 센서는 교체 가능한 모듈식으로 설계하려고 해요."

하지만 현실은 녹록지 않았다.

■ 개발 3~4개월 차 : 방수 문제 발생

"또 먹통이네."
류강준이 세 번째 프로토타입을 들여다보며 한숨을 쉬었다. 습도가 조금만 높아져도 센서가 오작동했다.

"방수 처리 때문인 것 같아요. 밀폐를 완벽하게 하니까 내부 압력으로 인한 센서 값이 틀어져요."

서유진은 며칠째 같은 문제로 씨름하고 있었다.

"통풍되면서 방수되는 구조 만들기가 생각보다 너무 어렵네요."

■ 개발 5~6개월 차 : 겨울철 배터리 이슈

첫눈이 내린 12월, 두 사람은 한강 근처에서 또 다른 문제를 발견했다.

"온도가 영하 5도만 되어도 배터리 수명이 반으로 줄어듭니다."
서유진이 모니터링 화면을 보며 말했다.

"겨울철 운영 생각하면 배터리 용량을 늘리거나 절전모드를 더 강화해야겠어요."

"태양광 패널을 보조로 다는 건 어떨까요?"

"겨울에 일조량 떨어지는 걸 생각하면 복합 전원 시스템이 필요할 것 같아요."

■ 개발 7~8개월 차 : 센서 드리프트 문제

새해가 되고, 드디어 안정적으로 작동하는 프로토타입이 도출되었다. 하지만 3주간 수집한 데이터를 분석해 보니, 역시나 새로운 문제가 발견되었다.

"센서 드리프트가 심각합니다."
서유진이 그래프를 가리키며 말했다.

"2주가 지나면 기준값이 계속 변합니다. 보정 알고리즘 없으면 못 써요."

"기상청 데이터랑 비교해서 자동보정하면 어떨까요?"

"그것도 방법인데, 통신비 때문에 실시간으로는 힘들어요."

또 다른 고민거리가 생겼다.

개발 9~10개월 차 : 시스템 안정화

4월, 벚꽃이 필 무렵 드디어 괜찮은 결과가 도출되기 시작했다.

"이번 버전은 2주째 안정적으로 유지되고 있습니다."
류강준이 실시간 데이터를 보며 말했다.

기존 시스템으로는 잡히지 않던 국지적 변화들이 선명하게 감지되고 있었다.
"드리프트 문제도 주간 보성으로 해결되는 깃 같고요."

"그런데 진짜 테스트는 장마철이에요."

서유진이 달력을 확인하며 말했다.
"6월부터 8월까지 집중호우에서 얼마나 버티는지 봐야죠."

개발 11~12개월 차 : 장마철 내구성 테스트

"세 번째 센서도 침수됐습니다."

7월의 어느 비 오는 날, 류강준이 한숨을 내쉬며 고개를 저었다.
"하... IP65로는 한계가 있네요. 결국 IP67로 가야겠어요."

"비용은 많이 발생할 것 같은데, 내부 압력 문제는 압력 균형 밸브로 해결해 볼까요?"

실패할 때마다 확실히 배우는 점은 있었다.

■ 첫 번째 성과

2014년 12월 말, 예상보다 일정은 늦어졌지만 의미 있는 성과를 거두었다.

"제품 내구성 검증 1단계는 통과했습니다. 이제 다양한 환경에서 장기 테스트를 해봐야겠어요."

류강준은 책상 위의 두 번째 프로토타입을 살펴봤다. 처음 것보다 크기는 두 배가 됐지만, 그만큼 안정성은 확실히 개선됐다.

"이제 시장 반응을 확인해 봐야겠어요."

"맞아요. 실제 사용자들이 어떻게 반응할지가 궁금하네요."

1년 6개월의 긴 시행착오 끝에, 드디어 첫 번째 결실이 모습을 드러냈다.

실무 가이드 3 린 스타업 캔버스 정의

창업의 출발점은 막연한 아이디어를 구체적인 사업 모델로 전환하는 일이다. 린 스타트업 캔버스는 사업 계획을 한 장으로 요약해 아이디어를 시각화하고, 가

장 중요한 가설들을 빠르게 검증하도록 돕는 도구다. 창업자와 팀, 투자자가 같은 그림을 공유할 수 있는 공용 언어로 작동한다.

AURION의 린 스타트업 캔버스의 핵심 요소

영 역	설 명	AURION
문제 (Problem)	고객이 겪는 핵심적인 어려움과 해결되지 않은 니즈	예측 불가한 국지성 기후 재해, 기존 시스템의 대응 한계
솔루션 (Solution)	문제를 해결하기 위한 제품/서비스의 핵심 기능	초고도 정밀 AI 예측, 나노 센서 기반 환경 제어
고유 가치 제안 (Unique Value Proposition)	제품/서비스가 고객에게 제공하는 독특하고 차별화된 가치	제품/서비스가 고객에게 제공하는 독특하고 차별화된 가치
고객 세분화 (Customer Segments)	제품/서비스를 사용할 주요 고객 그룹	정부/지자체, 농업/수산업 종사자, 건설/보험 업계 등
채널 (Channels)	고객에게 제품/서비스를 전달하고 소통하는 경로	B2G 영업, 전략적 파트너십, 기술 컨퍼런스
수익원 (Revenue Streams)	제품/서비스를 통해 수익을 창출하는 방법	구독형 솔루션 판매, 커스터마이징 서비스, 데이터 판매
비용 구조 (Cost Structure)	사업 운영에 필수적인 주요 비용 요소	R&D 비용, 인건비, 인프라 구축/유지비
핵심 지표 (Key Metrics)	사업의 성공을 측정할 핵심적인 성과 지표	재해 피해 감소율, 솔루션 적용 지역 면적, 사용자 만족도
불공정 우위 (Unfair Advantage)	경쟁자가 쉽게 모방할 수 없는 독점적이고 지속 가능한 강점	독점적 AI 알고리즘 특허, 전문 연구 인력, 데이터 독점권

조언

린 스타트업 캔버스는 아이디어를 단순히 나열하는 것이 아니라 검증할 가설을 명확히 정리하는 도구다. 문제는 고객의 손실을 수치로 보여주는 방식으로 정의해야 한다. 솔루션은 기술 자체가 아니라 도입 후 무엇이 달라지는지를 설명해야 한다. 고유 가치 제안은 한 문장과 한 숫자로 요약해 차별성을 강조해야 한다. 불공정 우위는 모방을 방어할 수 있는 구조와 확보 계획을 포함해야 한다. 캔버스는 한 번 작성하고 끝나는 문서가 아니라 분기마다 갱신되는 전략 지도여야 한다.

4 페인 포인트 정의

모든 혁신은 고객(또는 사용자)이 겪는 고통, 즉 '페인 포인트(Pain Point)'를 정확히 이해하는 것에서 시작된다. 고객의 삶에 실질적인 어려움과 고통을 주는 부분을 찾아내야 한다. 페인 포인트가 명확할수록, 솔루션은 강력한 가치를 가진다.

페인 포인트 개요

페인 포인트 유형	설 명	AURION 페인 포인트
재무적 페인 포인트	비용 낭비, 수익 손실 등 돈과 관련된 문제	• 기존 재난 대응 시스템의 막대한 비효율적 비용 지출 • 이상기온으로 인한 농작물·시설 피해로 농업·어업의 막대한 경제적 손실 • 보험사의 기후 재해 관련 지급액 급증으로 인한 부담
생산성 페인 포인트	시간 낭비, 비효율적인 프로세스, 작업 지연 등	• 광역 예측의 한계로 인한 국지적 재난 대응 시간 지연 • 수동적·사후적 재난 관리로 인한 인력 및 자원 낭비 • 기후 변동성 증대로 인한 생산 계획 수립의 어려움
정보·접근성 페인 포인트	필요한 정보의 부재, 복잡한 정보 접근성, 기술 도입의 어려움 등	• 기후 관련 미세 데이터의 부족 및 분석의 어려움 • 정부·지자체 재난 관리 부서의 최신 기술(AI) 도입 및 활용에 대한 전문성 부족

페인 포인트 유형	설 명	AURION 페인 포인트
		• 일반 대중의 기후변화 정보 접근성 낮음
심리적·감정적 페인 포인트	스트레스, 불안감, 희망 상실 등 비물질적 고통	• 잦은 기후 재난으로 인한 주민들의 삶의 질 저하 및 정신적 스트레스 • 농·어업 종사자들의 불안정한 소득과 미래에 대한 절망감 • 통제 불가능한 자연 현상에 대한 무력감

페인 포인트 분석 Tip

- **구체성 확보** : 막연한 문제보다는 '언제, 어디서, 누구에게, 어떤 방식으로, 얼마나 큰' 고통을 주는지 구체화해야 한다. 이는 기업의 솔루션이 얼마나 절실하게 필요한지를 보여주는 근거가 된다.

- **정량화 노력** : 가능하다면 페인 포인트를 숫자(비용 낭비 금액, 시간 지연율, 피해 감소율 등)로 표현하는 노력을 해야 한다. 이는 투자자나 잠재 고객에게 기업의 솔루션이 가져올 경제적 이점을 설득하는 데 매우 효과적이다.

- **고객 인터뷰/관찰** : 직접 고객을 만나 깊은 대화를 나누고, 그들의 행동을 관찰하며 '진짜' 페인 포인트를 찾아내는 것이 중요하다. 때로는 고객 자신도 인지하지 못하는 숨겨진 불편함을 발견할 수도 있다.

- **우선순위 설정** : 여러 페인 포인트 중 스타트업이 가진 자원과 역량으로 가장 효과적으로 해결할 수 있는, 그리고 해결했을 때 가장 큰 파급력을 가져올 수 있는 페인 포인트를 우선순위로 설정하고 집중해야 한다.

- **문제-솔루션 적합성(Problem-Solution Fit)** : 기업이 정의한 페인 포인트가 사업의 솔루션과 명확하게 연결되는지 끊임없이 검증해야 한다. 강력한 페인 포인트는 곧 강력한 솔루션의 토대가 된다.

조언

페인 포인트를 정의할 때는 '문제가 있다'고 생각하는 것을 넘어, 고객의 입장에서 그 문제가 얼마나 고통스러운지, 어떤 실질적인 손실(재무적/생산성/심리적)을 초래하는지 깊이 공감하고 분석해야 한다.

Chapter 2

현실의 벽과 첫걸음

냉정한 시장의 거절과 자금난 속에서, 정명수 대표라는 든든한 멘토와 SeedBoost의 지원을 받는다. 이들의 비전은 첫 투자 유치와 TIPS 선정으로 이어지며, 기술력의 가능성을 인정받는다. 그리고 전 직장 상사와의 만남을 통해 대기업 PoC 기회를 확보하여, '가능성'을 '실증'으로 전환할 무대를 마련한다. 이제 AURION은 미친 아이디어를 검증된 기술로 증명할 첫걸음을 내디딘다.

미로 속 길 찾기 :
정부 지원사업의 문을 두드리다

■ 자금 부족의 현실

2015년 6월, 류강준은 통장내역을 확인하며 한숨을 쉬었다. 창업 자본금 2억원 중 1억 3천만 원은 이미 소진된 상태였다.

"자금 소진되는 게 정말 순식간이네요."

서유진이 임대료, 인건비, 프로토타입 제작비, 각종 테스트 장비 구입비와 같은 예산 소요 내역을 검토하며 말했다. 생각보다 자금이 필요한 부분들이 많았다.

"다음 단계 예산은 어느 정도 필요할까요?"

류강준은 어젯밤 작성한 계산서를 펼쳤다. 추가 센서 제작, 하드웨어 양산, 데이터 서버 운영, 클라우드 비용, 현장 테스트 인력 비용과 같은 항목이 길게 나열되어 있었다.

"최소 2억 원은 더 있어야 본격적인 테스트가 가능할 것 같네요."

류강준이 빠르게 계산해 보니, 현재의 자금 소진 속도라면, 3개월 후에는 자본금이 남아나지 않을 것 같았다.

“일단 정부 지원사업부터 알아봐야겠어요.”

지원사업의 미로

다음 날부터 두 사람의 업무 우선순위가 조정되었다. 류강준은 각종 지원사업 공고를 뒤지고, 서유진은 기술 문서를 정리했다.

“K-STARUP, 중기부, 과기부… 오늘만 12개 검토했습니다.”

류강준이 북 마크한 사이트들을 다시 찾아보며 말했다.

“문제는 카테고리예요. 우리는 제조업도 아니고 순수 IT도 아니고…”
“기후 재해 예측에 딱 맞는 분야가 없습니다.”

첫 번째 지원서는 ‘AI 기반 스마트시티’ 분야에 냈지만 서면 평가에서 탈락했다. 두 번째는 ‘재난 안전 기술 개발’ 분야였는데, 역시 서면 평가에서 떨어졌다.

“뭔가 놓치고 있는 것 같네요.”

류강준은 조바심이 나서 통장 잔액을 다시 확인했다. 딱, 7천만 원이 남아있었고 이 속도의 자금 소진으로는 정말 버틸 수 있는 기간이 없었다.

“빨리 다른 방법을 찾아야겠어요.”

탈락 원인 분석

세 번째 탈락 통보를 받고 나서, 다시 지원사업 요강을 다시 분석해 보기로 했다.

"여기 이 항목을 자세히 보시면, '현장 실증 계획' 항목이 있어요."
서유진이 컴퓨터 화면 내의 평가 항목을 가리켰다.

"그리고 '민간 투자 유치 현황'도 평가 기준이네요."
"결국 정부에서는 '가능성'보다 '실제 작동 근거'를 더 중요하게 보는 것 같아요."

류강준은 문득, L-에너지 시절 '정부 과제는 성공이 확실한 것만 지원한다'는 박성진 팀장의 말이 떠올랐다.

"PoC부터 해야겠어요. 현장에서 실제로 작동한다는 근거를 먼저 만들어야겠어요."
"그런데 현장 테스트하려면 파트너 기관이 필요한데..."

■ 기관 섭외의 벽

다음 날 서유진이 행정부 재난안전기술과에 전화했다.

"안녕하세요. 기후 재해 예측 솔루션 관련해서 파일럿 테스트 가능한지 문의드립니다."

"어... 그런 건은 문서로 먼저 보내주시고, 내부 검토 후에..."
"검토 기간은 어느 정도 걸릴까요?"

"정확히 말씀드리기 어렵습니다."

전화를 끊고 나서 서유진이 고개를 저었다.
"관심이 별로 없어 보여요."

■ 답 없는 기다림

행정부에 자료를 보낸 후 한 달이 지났다. 중간에 두 번 전화했지만, 담당자는 늘 '검토 중'이라는 말만 반복했다.

그 사이 통장 잔액은 5천만 원까지 떨어졌다. 매달 나가는 사무실 임대료, 급여, 각종 운영비까지... 류강준은 밤마다 계산기를 두드리며 남은 시간을 계산했다. 3개월이면 바닥난다.

"도저히 답이 안 올 것 같아요. 다른 방법을 찾아봐야겠어요."
기다림에 지친 서유진이 먼저 말했다.

"정부 기관은 이미 검증된 기술만 원하는 것 같아요. 우리처럼 가능성만 있는 곳과는 업무 진행을 안 할 것 같네요."
류강준도 현실을 인정할 수밖에 없었다. 매일 통장 잔액만 확인하는 자신이 한심하게 느껴졌다.

"민간 지원으로 방향을 바꿔야겠어요. 정부 지원 없이 먼저 실적을 만들어 봐야 할 것 같네요."

"액셀러레이팅 및 다른 지원사업 프로그램을 찾아볼까요?"
서유진은 이미 몇 개 프로그램을 찾아 놓은 상태였다. 둘 다 더 이상 지체할 여유가 없다는 걸 알고 있었다.

정부 지원의 벽에 부딪힌 후 며칠간, 류강준은 다시 옛 명함들을 찾아보던 중 하나의 명함이 그의 눈에 들어왔다.

3년 전 기후테크 컨퍼런스에서 만났던 1세대 창업가였던, 정명수 대표였다. 당시 '기술의 가치는 현장에서 증명된다'는 말을 인상 깊게 들었던 기억이 났다.

면식만 있는 사이기는 했지만, 류강준은 간절한 마음으로 메일을 작성했다. 이제 정말 선택지도 없었고, 남아있는 시간도 별로 없었다.

정명수 대표님께

대표님, 안녕하세요.
기억을 하실지는 잘 모르겠지만, 3년 전 딥테크 컨퍼런스에서 잠시 인사드렸던 류강준입니다.
다름이 아니오라, 저희가 개발 중인 기후 재해 예측 AI 관련해서 대표님의 조언을 구하고자 염치 불고하고 갑작스럽게 연락을 드리게 되었습니다.
1페이지 요약과 PoC 계획을 첨부해 드리니, 가능하시면 검토 부탁드립니다.

감사합니다.
류강준 배상

회신을 받으리라는 기대는 하지 않았다. 하지만 며칠 뒤, 예상하지 못한 답장을 받았다.

"다음 주 화요일 오전 10시에 시간 되시면 사무실로 오세요. 자료 검토했고, 직접 만나서 얘기해 보면 좋겠습니다."

"휴... 다행히도 답장이 왔네요."

류강준이 메일을 보며 말했다.

정부 지원은 실패했지만, 어쩌면 민간을 통해 돌파구를 찾을 수 있을지도 모른다는 희망이 생겼다.

5 정부 지원사업 신청 전략과 민간 자금 조달 방법

초기 스타트업의 가장 큰 과제는 기술개발과 시장 검증에 필요한 자금 확보다. 정부 지원사업은 무상 지원이라는 장점이 있지만, 높은 경쟁률과 까다로운 심사 기준으로 인해 선택과 집중이 필요하다. 실패할 경우를 대비한 민간 자금 조달 전략도 병행해야 한다.

효과적인 자금조달을 위한 단계별 전략

1. 정부 지원사업 신청 전 필수 점검 사항

- **현장 실증 계획 수립** : 정부는 '가능성'보다 '실제 작동 근거'를 중요하게 평가한다. PoC(Proof of Concept, 개념증명) 결과와 현장 테스트 데이터가 필수적이며, 파트너 기관과의 협력 계획을 구체적으로 제시해야 한다.
- **민간 투자 유치 현황** : 정부 지원사업 평가에서 '민간 투자 유치 현황'이 중요한 기준이므로, 사전에 엔젤 투자나 액셀러레이터 투자를 확보하는 것이 유리하다.

- **사업 분야 적합성 검토** : K-Startup, 중소벤처기업부, 과학기술정보통신부, 기업마당, 나라장터 등 부처별 특성을 파악하고, 스타트업의 기술이 어느 카테고리에 적합한지 정확히 분석한다.

- **기술 성숙도 및 차별화 요소** : 기존 기술과의 차별성을 명확히 제시하고, 신제품 개발 또는 기존 제품의 고도화가 아닌 단순 기술개발은 지원 제외 대상임을 인지한다.

2. PoC 및 현장 실증 전략

- **파트너 기관 확보** : 정부 및 공공기관(71.7%)을 가장 선호하지만, 국내 대기업(48.2%), 해외 대기업(32.5%) 순으로 다양한 파트너를 모색한다. 실증 기회 확보의 어려움(48.5%)이 주요 장애물이므로 사전 네트워킹이 중요하다.

- **객관적 데이터 수집** : PoC에서 '성공/실패'를 가르는 명확한 기준을 설정하고, 감정이 아닌 숫자와 구체적 근거를 바탕으로 검증한다. 나중에 투자 설명이나 정부 과제 신청 시 핵심 자료가 된다.

- **비용 효율적 접근** : 완성도보다 실행 가능성에 초점을 맞추고, 오픈소스나 간이형 솔루션을 활용해 빠르게 프로토타입을 제작한다.

3. 민간 자금 조달 단계별 전략

- **시드(Seed) 단계** : 창업자 본인, 지인, 엔젤투자자, 액셀러레이터로부터 1천만 원~3억 원 수준. 완성된 제품보다 창업팀의 전문성과 시장 이해도를 어필한다.

- **Pre-A 단계** : MVP나 베타 서비스 출시 후 초기 사용자 반응, 유지율, 전환율 등 PMF(Product-Market Fit) 지표를 중심으로 액셀러레이터, 마이크로 VC에 투자 유치 단계이다.

- **Series A 단계** : 10억 원 이상 규모로 본격적인 VC 투자 유치를 진행한다.

기술, 사람, 설계 중 최소 2개 이상 입증이 필요하다.

4. 액셀러레이터 및 VC 선택 기준

- **투자자별 특성 파악** : 각 액셀러레이터와 VC의 과거 투자 이력과 선호 분야를 분석하여 자신의 사업과 적합성을 판단한다. 예를 들어 기후테크는 소풍벤처스, 헬스케어는 해당 전문 VC를 타깃한다.
- **자금 이상의 가치** : 투자 금액뿐만 아니라 멘토링, 네트워크, 후속 투자 연계 가능성을 종합적으로 고려한다. 추가로 후속 투자 유치를 성공한 실적을 참고한다.
- **업계 평판 및 성공 사례** : 초기투자액셀러레이터협회 회원사 등 검증된 기관을 먼저 고려하고, 투자 회수 성공 사례를 확인한다.

5. 정부 지원사업 대안 전략

- **경진대회 및 공모전 활용** : 최근 대상 상금이 액셀러레이터 투자 규모와 비슷한 수준으로 증가했으므로, 경진대회를 통한 초기 자금 확보도 고려한다.
- **지역별 특화 프로그램** : 창업진흥원의 청년창업사관학교, 중소벤처기업부의 스타트업 캠퍼스 등 다양한 정부 프로그램을 활용한다.
- **해외 실증(PoC) 지원** : 글로벌 진출을 계획하는 경우 정부의 해외 실증 지원 프로그램을 활용하여 현지 시장 검증과 자금 확보를 동시에 달성한다.

6. 자금조달 실패 시 대응 방안

- **다각화된 접근** : 정부 지원사업, 민간 투자, 경진대회를 동시에 추진하여 리스크를 분산한다.
- **네트워크 활용** : 1세대 창업가나 업계 선배들의 조언을 구하고, 멘토링을 통해 다른 자금조달 방법을 모색한다.

- **사업 모델 재검토** : 자금조달이 계속 실패할 경우 시장 적합성이나 사업 모델 자체를 재검토하고 피벗을 고려한다.

조언

정부 지원사업은 '이미 검증된 기술'을 선호하므로, 초기에는 민간 투자를 통해 PoC와 실적을 만든 후 정부 과제에 도전하는 것이 효과적이다. 자금이 소진되는 속도는 예상보다 빠르므로, 최소 6개월 이상의 여유 자금을 확보한 상태에서 다음 단계 자금조달을 시작해야 한다. 특히 R&D 지원사업의 경우 예산·인력 부족(63.9%)이 가장 큰 어려움이므로 초기 자금 계획을 보수적으로 수립하는 것이 중요하다.

멘토의 조언 :
투자 유치를 위한 첫걸음

■ 멘토를 만나다

정명수 대표의 사무실은 생각보다 소박했다. 벽면을 가득 채운 책들과 낡은 나무 책상, 그리고 60대 중반쯤 되어 보이는 정명수 대표가 인지한 미소로 류강준을 맞이했다.

류강준은 긴장한 마음을 가라앉히고 준비한 자료들을 책상 위에 펼쳐 놓았다. 그리고, 정명수 대표에게 정부 과제 탈락 피드백, PoC 계획서, IR 자료까지, 정부 지원사업의 연이은 실패와 바닥나는 자금 상황을 솔직하게 털어놓았다.

"고생 많으셨네요."
정명수가 자료를 천천히 검토하며 말했다.

"지금 당장은 힘드시겠지만, 대표님 아이디어는 시대를 앞서가는 기술입니다. 그래서 지금 당장은 보통 사람들은 이해하기 어려운 거죠."

그 한마디에 류강준의 답답했던 마음이 풀리기 시작했다. 드디어 자신의 비전을 이해해 주는 사람을 만난 기분이었다.

"죄송하지만, 혹시 예전에 '미쳤다'는 소리를 들어보셨나요?"

정명수가 웃으며 말했다.

"저도 예전에 많이 들었습니다. 저는 혁신이 바로 그런 것이라고 생각합니다. 남들과 같은 생각, 같은 시선이면 아무것도 바뀌지 않으니까요."

류강준도 오랜만에 마음이 편해졌다.

■ 연결고리

정명수는 사업계획서를 다시 한번 천천히 검토한 뒤 이야기를 이어 나갔다.

"다만, 기술 가치는 현장에서 증명되어야 한다는 것이 제 생각입니다. 문제는 현장에서 증명할 기회를 얻는 것 자체가 쉽지 않다는 것이지요."

그는 잠시 생각하더니 서랍에서 명함 한 장을 꺼내 류강준에게 건네주었다.

"배태현이라고 SeedBoost 액셀러레이터 대표입니다. 풍부한 경험에 데이터 기반의 판단력을 겸비한 사람입니다. 특히 딥테크 스타트업 분야에서 TIPS 같은 정부 지원사업과 연계하는 데 노하우가 많아서 한번 연락해 보시면 좋을 것 같습니다."

류강준은 가볍게 목례를 하며 명함을 받았다.

"배태현 대표에게 미리 연락해 둘 테니까 내일 중 가능한 시간에 연락을 한번 해보는 게 좋을 듯합니다."

"정말 감사합니다. 대표님"
마침내 돌파구가 보이기 시작했다.

며칠 후 SeedBoost 회의실에서 배태현을 만났다. 그는 류강준이 발표함과 동시에 곧바로 핵심 질문을 꿰뚫었다.

"수요 기관이 현재 겪는 가장 큰 문제점은 무엇입니까?"

"호우 대응 과정에서 발생하는 오경보 때문에 예산이 낭비되고 있다고 들었습니다. 최근 사례 기준으로 건당 평균 1,200만 원 정도로요."

서유진이 해당 질문에 관하여 추가 설명을 덧붙였다.

"저희는 지역별 배수망과 강우 데이터를 결합해서 오경보를 줄이는 것을 목표로 하고 있습니다. 52주 파일럿 테스트를 통해 효율성을 20% 개선하는 것이 목표입니다."

"단일 지역에서 검증된 방식이 다른 곳에도 적용될 수 있을까요?"

"산지, 평야, 해안 유형별로 대표 지역을 선정해서 일반화 가능성을 검증할 계획입니다."

배태현은 계속해서 질문을 던졌다.

"수익 모델은 어떻게 됩니까?"

"기본 구독료에 사용량 기반 과금을 결합한 구조로 생각하고 있습니다. 아직 정확한 숫자는……"

"보안은 어떻게 처리하실 계획인가요?"

서유진이 답변을 이어 나갔다.

"개인정보는 비식별 처리할 예정이고, 필요하면 온프레미스 배포도 가능합니다. 운영 안정성은... 솔직히 아직 완벽하지 않아서 더 보완해야 할 부분이 있습니다."

■ 프로그램 참여 결정

잠시 침묵이 흐른 후, 배태현이 말했다.

"괜찮습니다. 지금 당장 완벽해야 할 필요는 없습니다. 일단, 방향성은 명확하니까요."
그는 문서를 덮으며 이어갔다.

"Seedboost 액셀러레이팅 프로그램에 참여하는 것을 제안합니다. 3개월간 집중 멘토링을 진행하고, Demo Day에서 발표 기회도 제공해 드리려 합니다. 그 결과를 보고 추후 투자 가능 여부를 검토해 보겠습니다."

류강준에게는 조금 전 배태현 대표가 한 말이 현실인지 가짜인지 믿을 수가 없었다. 그 이유는, 이 말이 수락 이상의 의미를 지녔기 때문이다.

비로소 체계적인 도움을 받을 수 있는 기회가 찾아왔다고 느꼈다.

■ 150일 계획

다음 주부터 SeedBoost 프로그램이 시작되었다.

"일단 150일을 목표로 세워봅시다."

배태현 대표는 화이트보드에 타임라인을 그리며, 설명했다.

"첫 달은 사업 모델 구체화와 IR 자료 완성, 둘째 달은 집중 멘토링과 피칭 연습, 마지막 달은 Demo Day 준비입니다."

류강준이 메모하며 물었다.
"구체적으로 어떤 멘토링이 진행되는지요?"

"사업 전략, 재무 모델, 기술 차별화, 프레젠테이션 역량 등 전 영역에 걸쳐 프로그램이 진행될 예정입니다."

서유진도 질문했다.
"Demo Day는 언제쯤입니까?"

"6개월 뒤에는 약 100명의 엔젤투자자가 참석하는 대규모 행사가 열릴 것으로 기대하고 있습니다."

류강준과 서유진의 마음은 설렜다.

■■ 첫 번째 멘토링

일주일 후, 첫 번째 멘토링이 시작되었다.

"발표 자료부터 전면 개편해야 할 것 같습니다."
사업 전략 멘토가 류강준의 IR 자료를 보며 말했다.

"첫 장부터 문제가 있습니다. 기술 설명이 아닌, 문제 정의로 시작하는 것을 제안해 드립니다.”

“시장 규모도 더 구체적으로 제시하고, 비즈니스 모델도 구독료만이 아니라 데이터 서비스까지 고려해 보는 것도 좋을 것 같습니다.”

류강준과 서유진은 그날부터 발표 자료를 처음부터 다시 만들기 시작했다.

■ 모의 IR

2주 후부터는 매주 발표 10분, 질의응답 20분의 모의 IR이 진행됐다.

“아직 많이 부족합니다.”
첫 번째 모의 IR 후 멘토가 냉정한 피드백을 했다.

“기술적 우위를 말로만 설명하지 말고 구체적인 데이터의 제시가 필요합니다.”

“경쟁사 분석도 미흡합니다. 추가 조사가 필요합니다.”

매주 받는 날카로운 지적들이 때로는 부담스러웠지만, 그만큼 발표 자료의 완성도가 향상되어 갔다.

■ 변화하는 일상

오전은 멘토링, 오후는 자료 수정, 저녁은 발표 연습으로 업무 진행에 있어 많은 변화가 있었다.
바쁜 하루하루 속에서 조금씩 성장하고 있음을 느꼈다.

“통장 잔액은 여전히 걱정이지만, 사업 방향은 확실히 잡힌 것 같아요.”
류강준이 서유진에게 말했다.

"이제 Demo Day가 희망이에요. 거기서 좋은 결과만 나오면…"

"일단 주어진 상황에서 최선을 다해봐야겠지요."

■■ 새로운 시작

2016년 2월, 5개월이 지나면서 류강준은 완전히 다른 사람이 된 기분이었다. 발표 자료도 처음과는 비교할 수 없을 정도로 정교해졌고, 사업 모델에 대한 더 큰 확신도 생겼다.

"이제 진짜 투자자들 앞에서 발표할 준비가 거의 다 된 것 같습니다."

배태현이 월차 점검 미팅에서 말했다.
"약, 두 달 정도 남았으니, 좀 더 꾸준히 준비해 나가야겠습니다."

정부 지원사업 실패로 절망적이었던 몇 달 전과는 완전히 다른 상황이었다. 드디어 제대로 된 기회를 잡은 것 같았다.

실무
가이드 **6 액셀러레이터 프로그램 활용과 효과적인 IR 피칭 전략**

액셀러레이터 프로그램은 초기 스타트업이 체계적인 멘토링과 투자자 네트워크를 확보할 수 있는 가장 효과적인 방법이다. 정부 지원사업과 달리 민간의 실무 경험에 기반한 맞춤형 지원을 받을 수 있으며, Demo Day를 통해 직접적인 투자 기회로 연결될 가능성이 높다.

액셀러레이터 프로그램 선택부터 Demo Day 성공까지

1. 액셀러레이터 선택 전략

- **투자 전문 분야 파악** : 각 액셀러레이터의 과거 투자 이력과 전문 분야를 분석한다. 핀테크는 전문 액셀러레이터, 제약·바이오 전문 액셀러레이터, 반도체 전문 액셀러레이터 등 관련 산업 전문 기관을 우선 고려한다.
- **프로그램 구성 확인** : 3~6개월 간의 멘토링, 초기 투자(5만~15만 달러), Demo Day 제공 여부를 확인하고, 전방위 성장 지원이 가능한지 검토한다.
- **성공 사례 및 네트워크** : 해당 액셀러레이터 출신 스타트업의 후속 투자 유치 성공률과 투자자 네트워크의 질을 평가한다.

2. 멘토링 과정 최적화 방법

- **KPI 설정 및 관리** : 매주 전담 멘토와의 1 :1 미팅을 통해 구체적이고 측정 가능한 목표를 설정하고 달성 여부를 추적한다.
- **사업 모델 구체화** : 초기 아이디어 중심에서 벗어나 문제 정의, 시장 분석, 비즈니스 모델, 수익 구조를 체계적으로 정리한다.
- **다방면 전문가 활용** : 사업 전략, 재무 모델, 기술 차별화, 법률, 마케팅 등 각 분야별 전문가의 조언을 적극 수용하고 반영한다.

3. IR 자료 작성의 핵심 원칙

- **투자자 관점 중심** : 회사 소개서나 제품 소개서가 아닌, 투자자가 '투자 수익을 얻을 수 있는가?'에 답하는 자료로 작성한다.
- **문제-해결책 구조** : 기술 설명보다 고객이 겪는 구체적 문제와 그에 대한 설루션, 시장 기회를 명확히 제시한다.
- **간결하고 핵심적** : 피칭용 IR은 15장 내외, 미팅용 IR은 30장 이상으로 구

성하되, 장문의 글보다 핵심 메시지 중심으로 작성한다.

4. 효과적인 피칭 준비 전략

- **3단계 자료 구분** : 피치덱(15장, 첫인상용), IR 자료(상세 정보), 투자 제안서(공식 제안)의 목적과 활용 시점을 명확히 구분한다.
- **리허설 및 피드백** : 예상 질문에 대한 답변을 충분히 준비하고, 여러 번의 모의 IR을 통해 발표 스킬을 향상시킨다.
- **비언어적 요소 관리** : 자신감 있는 태도, 적절한 제스처, 설득력 있는 목소리 등 피칭의 모든 요소를 체크하고 연습한다.

5. Demo Day 성공 전략

- **명확한 메시지 전달** : 5~10분의 짧은 시간에 핵심 가치를 확실히 전달하고, 투자자의 관심을 끌어 후속 미팅으로 연결시킨다.
- **투자자 타깃팅** : 참석하는 투자자들의 투자 성향과 관심 분야를 사전 조사하여 맞춤형 어필 포인트를 준비한다.
- **질의응답 대비** : 질문의 의도를 파악하고 솔직하게 답변하되, 투자자와 논쟁보다는 건설적 대화를 지향한다.

6. IR 자료 필수 구성 요소

- **회사 비전 및 문제 정의** : 해결하려는 문제의 심각성과 시급성을 데이터로 뒷받침하여 제시한다.
- **설루션 및 제품** : 기술적 설명보다 고객 가치와 차별화 포인트에 중점을 둔다.
- **시장 규모 및 기회** : TAM, SAM, SOM 분석과 함께 시장 성장성을 구체적으로 제시한다.

- **비즈니스 모델** : 수익 구조와 단위 경제학(Unit Economics)을 명확히 설명한다.
- **경쟁 분석** : 직·간접 경쟁사 대비 핵심 차별화 요소를 객관적으로 제시한다.
- **팀 소개** : 핵심 멤버들의 관련 경험과 역량을 비즈니스 모델과 연결하여 설명한다.
- **재무 계획** : 3년 내 매출 계획과 투자금 사용 계획을 구체적으로 제시한다.

7. 멘토링 과정에서 주의할 점

- **피드백 수용 자세** : 날카로운 지적을 부담스러워하지 말고 성장의 기회로 받아들인다.
- **목표 지향적 접근** : 매주 구체적인 성과를 만들어내고, 다음 단계를 위한 준비를 체계적으로 진행한다.
- **네트워킹 활용** : 동기 스타트업들과의 교류를 통해 서로의 경험을 공유하고 시너지를 창출한다.

조언

액셀러레이터 프로그램의 가장 큰 가치는 투자자의 시각에서 사업을 바라보는 관점을 학습하는 것이다. 멘토링 과정에서 받는 모든 피드백을 투자 유치 관점에서 해석하고 반영해야 한다. Demo Day는 투자 확정의 자리가 아니라 본격적인 투자 검토를 시작하는 출발점임을 명심하고 준비해야 한다.

험난한 투자 과정 :
무대 위 증명, 그리고 첫 투자계약

▪️ Demo Day 당일

몇 주 후, SeedBoost가 주관하는 Demo Day가 열렸다. 서울 강남의 스타트업 허브 대강당에는 200석이 넘는 객석이 액셀러레이터, 엔젤투자자, 기자들로 가득 찼다.

무대 뒤에서 마지막 준비를 하며, 류강준은 넥타이를 고쳐 매고 숨을 들이켰다.

"많이 긴장되죠?"
서유진이 다가와 말했다.

"대표님, 지금까지 정말 많이 준비했잖아요. 6개월 동안 매일 연습하고 자료 다듬고... 이제 그 모든 노력을 보여줄 시간이에요."
"저도 처음에는 조금 불안했는데, 이제는 대표님이 발표할 때가 가장 빛나는 것 같아요. 자신감 가지고 하시면 될 것 같아요. 기술에 대한 확신만큼은 누구보다 강하시잖아요."

류강준이 미소를 지으며 답했다.
"긴장이요? 저는 그런 걸 잘 모르겠네요. 다만, 심장이 빨리 뛰고 손바닥에 땀이 좀 나고 목소리가 약간 떨릴 뿐이죠."

서유진이 웃었다.

"아, 네. 완전히 긴장했다는 거잖아요."

"아니에요, 이건 흥분이라고 하죠. 드디어 우리 기술을 세상에 보여줄 수 있다는 설렘이죠."

류강준이 농담조로 말하며 넥타이를 한 번 더 매만졌다.

"그런데 진짜로, 유진 씨 말이 맞아요. 우리가 이 정도까지 준비했으면 충분하다고 생각해요."

사회자의 진행하에, 어느덧 발표 차례가 되었다.

"세 번째 팀을 소개하겠습니다. AURION 입니다."

■ 무대 위의 20분

'호우와 침수 대응의 오경보 문제'라고 크게 적혀져 있는 첫 슬라이드 스크린을 배경으로, 류강준은 무대 중앙으로 걸어 나갔다.

"현재 지자체 재난 대응 과정에서 발생하는 오경보로 인해 건당 평균 1,200만 원의 예산 낭비가 발생하고 있습니다."

객석 곳곳의 투자자들이 펜을 움직이며 그의 말을 놓치지 않으려 했다.

"저희는 이 문제를 지역별 특성을 반영한 AI 예측 시스템으로 해결하고자 합니다."

발표가 끝나자, 질의 응답시간이 시작됐다.

"아직 대규모 실증 데이터가 부족해 보이는데, 시장의 신뢰를 얻을 방안은 무엇입니까?”

류강준은 마음의 떨림을 추스르고, 있는 그대로의 답을 내놓았다.

“맞습니다. 현재는 파일럿 계획과 초기 분석 결과가 전부입니다. 하지만 PoC 기관, 일정, 검증 지표까지 구체적인 계획을 수립했고, 이를 통해 단계적으로 신뢰를 구축할 예정입니다.”

“기존 솔루션 대비 AURION만의 차별점은 무엇입니까?”

“기존 솔루션은 위성 데이터 기반의 광범위한 예측만 가능합니다. 저희는 초소형 센서를 통해 지역별 미세 변화를 감지하고, 이를 AI가 학습해 정확도를 높이는 구조입니다.”

환호는 없었지만, 발표가 끝난 뒤 몇몇 투자자가 다가와 명함을 내밀었다. 그 짧은 제스처 속에 관심과 가능성이 묻어 있었다.

“검증 결과 나오면 다시 이야기해 봅시다.”

■ 투자 제안

Demo Day가 끝나고 며칠 후, 한 투자자로부터 별도 미팅 제안을 받았다.

“AURION의 기술적 접근 방식이 인상적이었습니다. 좀 더 자세히 이야기해 보고 싶습니다.”

개별 미팅에서 그는 큰 관심을 보이며 추가 질문을 이어갔다.

"지역별 특성을 반영한 다층 구조 설계가 시장성이 있어 보입니다. 현재 단계에서 어떤 시장 파급력을 기대할 수 있습니까?"

류강준은 준비한 자료를 제시하며 설명했다.

"현재 기상청과 지자체 간 데이터 연동률이 60% 수준에 머물고 있어 정확한 예측이 어려운 상황입니다. 저희 기술을 도입하면 예측 정확도를 85%까지 높일 수 있고, 이는 대피 시간 확보와 인명 피해 최소화로 직결됩니다. 한 개 도시 적용 시 연간 수십억 원, 전국 확산 시 수천억 원 규모의 사회적 비용 절감 효과를 예상합니다."

투자자가 고개를 끄덕이며 말했다.

"관심 있는 프로젝트입니다. 저희 내부에서 검토 후 연락드리겠습니다."

일주일 후, 투자자로부터 연락이 왔다.

"내부 검토 결과 투자를 진행하기로 하였습니다. 팀과 기술 실사 일정을 잡고, 이후 텀시트를 보내드리겠습니다."

2주간의 실사 과정을 거친 후, 드디어 텀시트가 도착했다. RCPS(상환전환우선주)와 복잡한 조항들이 나열되어 있었다. 류강준은 계약서를 읽다가 한 조항에서 멈췄다.

'1차 PoC에서 예측 정확도 85% 미달 시 전환가액 조정'이라는 조건이었다.

류강준은 이 조항이 무엇을 의미하는지 정확히 이해하기 어려웠다. 다시 정명수 대표를 찾아갔다.

"이 조건이 어떤 의미인지 잘 몰라서 조언을 구하러 왔습니다."

정명수가 텀시트를 꼼꼼히 검토하며 설명했다.

"예측 정확도를 달성하지 못하면 주식 가치를 낮추어서 투자자에게 더 많은 지분을 주겠다는 뜻이에요. 일종의 패널티 연동 조건이죠."

"그럼 위험한 조건인 건가요?"

"위험하다고 보기보다는... 투자자 입장에서는 요구할 수 있는 부분이죠. 다만 이런 조건들을 제대로 검토하려면 전문가 도움이 필요합니다."

정명수가 잠시 생각하더니 말했다.
"제가 아는 변호사가 있어요. 스타트업 투자 계약을 많이 다뤄본 분인데, 한번 상담 받아보시는 게 좋을 것 같습니다."

"박시현 변호사입니다. 스타트업 투자 계약 전문가입니다."

법률 전문가의 등장

박시현 변호사의 첫인상은 30대 후반 정도의 나이에 단정한 블레이저와 흰 셔츠를 입은 누가 봐도 변호사 같아 보였다.

"안녕하십니까? 대표님, 정명수 대표님 소개로 인사드리는 박시현입니다."
그녀는 차분한 표정으로 계약서 조항들을 꼼꼼히 검토하기 시작했다.

박 변호사는 계약서를 한 장씩 넘기며 살펴본 후 말했다.
"RCPS 상환 조항은 크게 걱정하지 않으셔도 됩니다. 보통 회사가 상환할 여력이 있을 때 적용되는 조항입니다."

"하지만 이 전환가액 조정 조항에는 문제가 있습니다. 초기 단계에서는 거의 보지 못하는 조건이고, 창업자에게 과도한 리스크를 전가하는 조항입니다.”

“혹시 대안이 있을까요?”

“기본 전환가액은 고정하되, 성과 미달 시 후속 투자 라운드에서 추가 투자를 진행하는 경우 할인율을 조정하는 방식으로 바꾸는 방안을 제안하면 좋을 것 같습니다.”

■ 협상과 합의

박 변호사의 조언을 바탕으로 협상이 시작됐다. 류강준은 투자자에게 조건 수정을 요청했다.

“전환가액 조정 조항을 박 변호사님이 제안하신 방식으로 바꿔주실 수 있을까요? 기본 전환가액은 고정하고, 성과 미달 시 후속 라운드에서 할인율을 조정하는 방식으로요.”

투자자는 며칠간 내부 검토 후 답변했다.
“후속 라운드 할인 방식은 받아들이기 어렵습니다. 현재 라운드에서 리스크를 반영해야 투자 의미가 있거든요.”

박 변호사가 대안을 제시했다.
“그럼 성과측정 기간을 연장하고 전환가액 기준을 완화하는 건 어떨까요? 70%에서 90%로, 측정 기간도 12개월에서 24개월로 늘려주세요.”

그때 배태현 대표에게서 전화가 걸려 왔다.

"류강준 대표님, 저희 SeedBoost도 공동 투자에 참여하고 싶습니다. 좀 더 합리적인 조건으로 만들어 보시지요."

SeedBoost의 참여로 협상이 진전됐다. 최종적으로 전환가액 기준 90%, 성과 측정 기간 24개월로 제한하는 조건으로 합의됐다.

■ 다음 관문

2016년 6월, 투자 유치가 완료되면서 AURION의 다음 목표가 명확해졌다. 민간 투자를 정부 인증으로 확장하는 것, 바로 TIPS 프로그램이었다.

"10억 원 투자 유치로 TIPS 지원 자격은 확보했습니다."
배태현 대표가 말했다.

"이제 정부 인증까지 받으면 완전히 다른 레벨이 될 거예요."

첫 번째 고비는 넘겼지만, 더 큰 도전이 기다리고 있었다.

실무 가이드 7 Demo Day 준비와 투자계약서 검토

초기 창업기업이 첫 투자 유치를 성공적으로 마무리하기 위해서는 투자자 앞에서의 완벽한 발표와 함께 투자계약서 검토라는 중요한 관문을 통과해야 한다. PT 자료만 잘 준비하면 되는 것이 아니라, 계약 조건까지 철저히 검토해야 진정한 성공이 완성된다.

Demo Day 성공을 위한 핵심 준비 사항과 계약서 검토 요령

1. Demo Day 발표 전략과 실무 준비

- **발표 구성** : 문제점, 해결책, 팀, 시장 크기, 수익 및 성과, 성장 수치 및 성장률, 거래량 등 핵심 요소를 5-10분 내로 압축하여 제시하되, 기술적 차별점과 시장 검증 가능한 데이터를 중심으로 구성한다.
- **질의응답 대비** : 대규모 실증 데이터 부족, 기존 솔루션과의 차별점, 시장 신뢰도 확보 방안 등 예상 질문에 대해 솔직하고 구체적인 답변을 미리 준비한다.
- **투자자 네트워킹** : 발표 후 관심을 보이는 투자자들과의 개별 미팅을 통해 구체적인 투자 논의로 발전시킨다.

2. 텀시트(Term Sheet) 검토 핵심 사항

- **텀시트의 성격 이해** : 투자 계약 체결 전 주요 조건을 정리한 합의서로, 법적 구속력은 제한적이지만 투자자는 이를 바탕으로 투자를 결정하므로 신중한 검토가 필요하다.
- **위험 조항 식별** : 성과 연동 전환가액 조정, 과도한 이사회 권한, 창업자에게 불리한 상환 조건 등을 면밀히 점검한다.
- **협상 가능 영역** : 핵심 쟁점에 집중하여 투자 계약을 신속히 종결하고, 불필요한 세부 사항으로 시간을 낭비하지 않는 것이 바람직하다.

3. 투자계약서 법무 검토 필수사항

- **전문가 조기 투입** : 텀시트 단계부터 변호사 검토를 받는 것이 좋으며, 계약서 검토만 의뢰할 경우 조언할 수 있는 내용이 상당히 제한적이다.
- **독소조항 점검** : 동반 매도 요구권(Drag Along), 과도한 주식 매수 청구권(Put Option) 등 창업자에게 불리한 대표적인 독소조항을 사전에 파악하고

수정을 요청한다.

- **진술과 보장 조항** : 회사의 재무제표, 법령위반 여부, 이해관계인 현황 등에 대한 진술이 허위일 경우 투자 계약 해제 및 손해배상 책임이 발생하므로 정확한 내용 확인이 필수이다.

4. 정부 지원사업 연계 전략

- **TIPS 프로그램 활용** : 민간 투자(1~2억 원) 유치 후 정부 R&D 자금(5~15억 원) 및 창업 사업화·해외 마케팅(각 최대 1억 원) 매칭 지원을 통해 추가 성장 동력을 확보한다.
- **지원 자격 요건** : 팁스 운영사로부터 투자(확약) 및 추천을 받은 창업기업이 대상이며, 운영사는 창업기업 지분 30% 이하 확보를 조건으로 한다.

5. 투자 후 관계 관리와 성장 전략

- **투자자와의 지속적 소통** : 정기적인 성과 보고와 주요 의사결정 과정에서의 투명한 소통을 통해 신뢰 관계를 구축한다.
- **후속 투자 준비** : 첫 투자 성과를 바탕으로 더 큰 규모의 Series A 투자 유치를 위한 중장기 로드맵을 수립한다.

조언

투자 유치를 진행하면서 업계 네트워크와 멘토링 역량을 함께 고려하여 장기적 성장에 도움이 되는 투자자를 선택하는 것이 핵심이다.

선정의 문턱 :
TIPS 프로그램, 그리고 그 너머

■ TIPS 도전

TIPS는 창업가라면 누구나 꿈꾸는 성장 사다리였다. 추천서 제공을 넘어 기술력과 시장성, 글로벌 확장성까지 국가 차원에서 인정받는 프로그램이었다. 그만큼 선정 조건은 까다로웠고, 경쟁도 치열했다. 수많은 지원팀 중에서 선택받기 위한 20분 발표가 운명을 가를 것이었다.

배태현 대표도 적극적으로 나섰다. TIPS 운영사로서의 모든 노하우를 동원해 AURION을 지원했다.

"투자를 위한 발표와는 결이 조금 다릅니다. 단순한 기술 소개가 아니라 사회, 산업적인 Pain Point 해결 및 해외 시장 진출 관점에서의 정부 지원 목적을 만족하는 답을 제시해야 하는 것이 포인트입니다."

그의 조언에 따라 AURION 팀은 심사 기준을 역으로 분석하여 발표 내용을 재구성했다.

- **기술성** : 개발지원 타당성, 기술 개발 적정성, 파급효과
- **사업성** : **사업화 전략,** 글로벌 성장 가능성, 고용 등 기대효과
- **사업 수행 역량** : 추진 의지(사전 준비 수준), 창업기업 전문성

발표 스크립트는 이 기준에 맞춘 전략적 내용으로 구성했다.

연습 과정에서 예상치 못한 문제가 발생했다. 심사위원, 연구개발계획서, 스크립트를 동시에 의식하다 보니 발표의 흐름이 자꾸 끊겼다. 이 문제를 해결하기 위해 류강준은 연습용 카메라 옆에 별도의 스크립트 화면을 설치했고, 이렇게 하니 훨씬 자연스럽게 발표할 수 있었다.

▪▪ 연구개발계획서 작성의 난관

TIPS 준비의 가장 큰 걸림돌은 연구개발계획서였다. 특히 성능지표 설정 부분에서 류강준은 계속 난관에 봉착했다.

"기존의 날씨 예보와 비교했을 때 목표 정확도를 어떻게 수치화하나요?" 서유진이 물었다.

"그게 핵심적인 문제입니다. 과제의 성격과 각 분야의 특성을 고려해 목표에 부합하는 주요 성능지표를 설정해야 합니다. 하지만 많은 초기 기업이 연구개발(R&D) 경험이 부족하고, 기술을 제대로 평가하기 위한 정밀도나 응답시간과 같은 적절한 기술 성능지표를 제대로 설정하지 못하는 경우가 많습니다."

배태현 대표가 조언을 전달했다.

"TIPS에서는 성능지표 관련 질의는 반드시 나옵니다. 평가 방법 및 평가 환경을 모두 기재하고 공인기관의 성적서 또는 신뢰성을 입증할 수 있는 객관적 자료의 제시가 필요하니 세부적인 것까지 준비하셔야 합니다."

결국 시간을 더 투자해서 기존 연구 논문들을 분석하고, 평가 항목별 국내, 세계 최고 수준의 성능 수준까지 조사하여 현실적이면서도 도전적인 목표치를 설정할 수 있었다.

창업기업 시스템 접수의 압박

운영사에서 우선 추천 서류를 제출하면 그 뒤에는 더 큰 산이 기다리고 있었다. 창업기업 접수 시스템의 접수 기간이 고작 3일밖에 주어지지 않는다는 것이었다.

"생각보다 입력할 내용이 엄청 많네요." 서유진이 시스템 접수 화면을 보며 한숨을 쉬었다.

연구개발계획서 본문, 부록, 자격 사전 검토표, 동시 수행 과제 제한 준수 확인서, 각종 증빙 서류까지 준비했다고 생각했는데 실제 시스템에 입력하려니 부족한 부분들이 계속 발견됐다.

"마감이 내일 오후 6시인데 아직 30%도 못 채웠어요."

마지막 날, 두 사람은 밤을 새워가며 입력 작업을 계속했다. 그리고, 아슬아슬하게 오후 5시 45분에 겨우 최종 제출을 완료할 수 있었다.

심사 과정

심사 당일, 류강준은 준비한 대로 차분히 발표를 시작했다. 예상대로 성능지표에 관한 질문들이 쏟아졌다.

"AI 예측 정확도 85% 달성 근거는 무엇입니까?"
"다중 센서 연동 기술의 평가 방법을 구체적으로 설명해 주세요."
"기존 솔루션 대비 정량적 우위는 어떻게 측정하시겠습니까?"
다행히 준비한 보완 자료들이 빛을 발하였고, 류강준과 서유진 둘 다 차근하게 적절한 대응을 할 수 있었다.

■■ 1차 결과 발표

한 달 후, 드디어 기다리던 메일이 도착했다.

"[1차 결과 통보] AURION, TIPS 프로그램 선정(지원) 후보"

"됐다!" 서유진이 환호했다.

하지만 류강준은 기쁘기는 했지만, 동시에 배태현 대표가 조언해 준 사항을 기억하고 있었다.
"1차 평가 결과 안내는 시작일 뿐입니다. 진짜는 최종 발표이지요."

실제로 메일 하단에는 작은 글씨로 주의 사항이 적혀 있었다.
'본 통보는 최종 선정을 의미하지 않으며, 선정(지원) 대상 과제 중 예산 규모 등을 고려하여 최종 선정과 후보(재도전) 대상을 2주 내 최종 확정 안내해 드릴 예정이오니 평가 결과에 혼선이 없기를 바랍니다.'

■■ 최종 발표

결과 발표날, 류강준은 계속 시스템에 접속하여 결과 발표 페이지를 새로고침하고 있었다. 몇 번의 새로고침을 했을지도 모를 그때 드디어 눈에 띄는 이메일 제목이 보였다.

"[최종선정 통보] AURION, TIPS 프로그램 최종 선정"

믿기지가 않아, 잠시 화면을 다시 확인했다. 정말로 최종 선정이 된 것이었다. 그간의 노력이 결실을 맺는 순간이었다.

'이제 더 큰 도전이 시작된다.'

AURION은 민간 투자와 TIPS 인증을 동시에 확보한 상태가 되었다. 확보한 자금으로 이제 실제 기술을 구현하고 PoC를 성공시켜야 했다.

가능성을 말하는 단계는 끝났고, 이제는 실질적인 결과로 기술을 증명해야 할 때가 되었다.

실무 가이드 8 팁스(TIPS) 프로그램

팁스(TIPS : Tech Incubator Program for Startup Korea) 프로그램은 중소벤처기업부에서 운영하는 대표적인 민관협력 스타트업 육성 프로그램이며, 민간의 전문성과 정부의 자금을 결합하여 유망 스타트업을 육성하는 대표적인 프로그램이다.

TIPS 프로그램의 핵심과 스타트업 활용 방안

1. TIPS 프로그램이란?

- 국내 유망 기술 인력의 글로벌 창업을 지원하기 위한 프로그램이다.
- 세계 시장을 선도할 기술 아이템을 보유한 창업팀을 민간 주도로 선발하여 집중적으로 육성하는 것을 목적으로 한다.

- 성공한 벤처 기업인 중심의 엔젤투자사, 초기 전문 VC, 기술 대기업 등을 운영사로 지정하여 엔젤 투자, 보육, 멘토링과 함께 R&D 자금 등을 일괄 지원한다.

2. 주요 지원 내용

- **총지원 규모** : 창업팀당 최대 8억 원 내외(최장 3년 이내)
  - **엔젤 투자** : 팁스 운영사로부터 1억 원의 초기 엔젤 투자를 받는다.(정부 매칭금의 10% 이상)
  - **R&D 자금** : 정부 출연금 최대 5억 원을 지원받으며, 민간 부담금은 기술 개발 자금의 20% 이상이다.(현금/현물)
  - **추가 지원** : 창업 자금 1억 원, 해외 마케팅 1억 원 등 추가로 2억 원을 지원받을 수 있다.
- **보육 및 멘토링** : 운영사로부터 성공 벤처인의 보육 및 멘토링을 받는다.
- **연계 사업** : R&D 외에 창업 사업화, 해외 마케팅 등 연계 사업을 포함하여 최대 3년간 지원받을 수 있다.

3. TIPS 프로그램 추진 절차

1) **창업팀 신청·접수** : 창업팀이 수시 모집 형태로 사업 제안(E-mail 등) 및 투자 심사를 받는다.
2) **투자 심사** : 운영사가 자체 심사를 통해 투자 대상 창업팀을 선정한다.(1.2배수)
3) **창업팀 추천** : 운영사가 관리기관에 확약된 창업팀을 추천한다.(연간 T/O 범위 내)
4) **창업팀 선정 평가** : 관리기관에서 창업팀 역량, 기술 아이템 전문성, 운영사 투자 및 지원 계획 등을 심사하며, 필요시 대면 평가를 진행한다.
5) **사업 수행** : 운영사는 투자, 보육, 멘토링 및 성공 창업을 지원하고, 관리기관

은 기술 개발을 지원한다.

6) **졸업 및 후속 투자** : 운영사는 후속 투자(VC), M&A, IPO 등을 실시하며, 관리기관은 성공 시 출연금의 10%를 기술료로 납부한다.

4. 스타트업 활용 전략

- **운영사와의 관계 구축** : 팁스 프로그램의 가장 중요한 특징은 '민간 주도'라는 점이다. 프로그램에 지원하기 전에 팁스 운영사들과 미리 접촉하여 기업의 기술과 비전을 설득하고, 투자 유치를 통해 추천받는 것이 필수적이다.

- **기술력과 사업성 증명** : 팁스는 '기술 창업'을 지원하는 프로그램이므로, 기업의 기술 아이템이 가진 혁신성과 시장 파급력을 명확히 증명해야 한다. 기술평가에서 좋은 등급을 받는 것이 중요하다.

- **글로벌 비전 제시** : 세계 시장을 선도할 유망 기업을 육성하는 것이 목적인 만큼, 국내 시장을 넘어선 글로벌 확장 가능성과 구체적인 전략을 제시하는 것이 유리하다.

조언

TIPS 프로그램은 스타트업에게 자금, 멘토링, 네트워크, 그리고 정부의 공신력까지 한 번에 얻을 수 있는 매우 강력한 기회이다. 하지만 그만큼 경쟁률이 높고 심사 기준이 까다롭다. 프로그램의 취지를 정확히 이해하고, 운영사를 설득할 수 있는 명확한 기술력과 사업화 계획, 그리고 열정적인 팀 역량을 증명하는 것이 성공적인 팁스 선정의 핵심이다. 운영사와의 관계 구축이 첫 번째이자 가장 중요한 관문임을 기억하고, 충분한 준비를 통해 사업 제안 및 투자 심사에 임해야 한다.

시제품 고도화 :
위기를 넘어서다

■■ 기술적 난관

2017년 1월, TIPS 선정으로 확보한 R&D 자금으로 실제 기술을 증명해야 했다. 하지만 AURION은 여전히 류강준과 서유진 단 두 명 밖에 없었다. 낮에는 투자자 소통과 자료 준비를 하고, 밤에는 개발과 실험의 연속으로 지쳐있었다. 이대로는 PoC를 진행할 수 없어서 파트너 기업을 찾아야만 했다.

본격적인 영업 준비에 앞서 프로토타입 점검을 시작했고, 며칠에 걸친 연속 테스트에서 안타깝게도 심각한 문제가 발견이 되었다.

"배터리 수명이 예상의 절반 밖에 안 나옵니다."
서유진이 테스트 결과를 보며 깊은 한숨을 내쉬었다.

"하드웨어 최적화로는 한계가 있을 것 같은데, 알고리즘 쪽에서 해결 방법이 있을까요?"
류강준의 질문에 서유진은 며칠간 분석한 서버 로그를 검토한 뒤 설명을 이어나갔다.

"연산 모듈에서 병목이 생기고 있습니다. 데이터 처리를 병렬 구조로 바꾸면 전력 소모를 줄일 수 있을 것 같기도 한데요..."

■ 해결책 찾기

서유진은 밤낮없이 코드를 수정하고 알고리즘의 재배치에 집중했다. 류강준은 하드웨어 부품을 하나씩 교체해 보며 최적의 조합을 찾으려 노력했다.

"이론적으로는 30% 정도 개선될 것 같아요."

"실제로 테스트를 해봐야 정확히 알 수 있겠지만…"

일주일 동안 작업 끝에 새로운 버전이 완성됐고, 기대 이상의 테스트 결과를 얻을 수 있었다.

"배터리 수명이 40% 늘어났습니다!"
서유진이 모니터 속 안정화된 그래프를 보며 미소 지었다.

"이제 외부에서도 자신 있게 시연할 수 있겠어요."

■ PoC 파트너 물색

기술적 문제를 해결하자, 본격적인 PoC 파트너 찾기에 나서게 되었다. TIPS 발표 시에, 정리했던 후보 기업들의 리스트를 다시 검토했다.

"Gre-Tech는 스마트시티 사업을 확장하고 있으니까 관심 있을 것 같아요."

"에너지플로우도 기후 데이터 쪽이라 시너지가 있을 거고요."

"일단 둘 다 연락해 봅시다."

하지만 현실은 녹록지 않았다. 에너지플로우 담당자와의 미팅 후 전달받은 답변은 냉정했다.

"기술은 흥미롭지만, 기존 시스템과 통합하는 비용이 너무 많이 들고, 아직 검증되지 않은 기술을 도입하기에는 리스크가 있습니다."

Gre-Tech에서도 비슷한 반응이었다.

"좋은 기술이지만 입찰 규정상 단독 PoC는 어렵고, 더 많은 레퍼런스가 필요합니다."

■■ 막다른 길에서

연이은 거절에 두 사람은 지쳐갔다.

"생각보다 시장 진입이 어렵네요."
류강준이 말했다.

"기술이 좋다고 다가 아니구나 싶어요. 신뢰할 만한 사례가 없으니까, 아무도 시도를 안 하려고 하고..."

"그럼 어떻게 해야 할까요?"
서유진의 질문에 류강준은 잠시 생각했다. 그리고 한 가지 가능성이 떠올랐다.

"L-에너지는 어떨까요? 제가 예전에 다녔던 곳이라 어느 정도 신뢰 관계가 있기는 하는데..."

"일전에 말씀하셨던 박성진 팀장님을 말씀하시는 거예요?"

"네, 지금 상황에서는 가장 현실적인 선택지인 것 같네요."

■ 마지막 카드

류강준은 박성진 팀장에게 연락하기로 결심했다. 전 직장 상사에게 도움을 요청하는 것이 부담스럽긴 했지만, 막상 다른 선택지가 없었다.

"정말 박 팀장님께 연락드리는 게 맞을까요?"
서유진이 물었다.

"글쎄요, 사실 좀 복잡한 관계이기는 합니다만..."

류강준은 L-에너지에서 재직하던 시절을 떠올렸다. 박성진 팀장은 엄격하기로 유명했지만, 의외로 인간적인 면이 있었다. 어느 날 야근을 하던 중, 류강준이 센서 캘리브레이션 문제로 고민하고 있을 때였다.

"뭔가 안 풀리나?"
박 팀장이 다가와서 물었다.

"네, 온도 센서 드리프트 때문에 정확도가 떨어져서요. 외부 환경 변화에 너무 민감하게 반응하고 있습니다."

그러자 박 팀장은 의외로 소매를 걷어붙이며 직접 센서 보드를 들여다봤다.
"여기 차폐 설계가 문제인 것 같네. 이 부분에 페라이트 코어를 추가하고, 접지 방식을 바꿔보는 건 어떨까?"

그날 밤 두 시간을 함께 회로를 검토하고 부품을 교체한 뒤 문제를 해결할 수 있었던 기억이 났다. 그리고, 그때 박 팀장이 한 말이 갑자기 기억났다.

"좋은 기술은 현장에서 검증받아야 해. 실험실에서 아무리 완벽해도 현실에서 안 통하면 소용없어."

그리고 다음 날, 평소 커피를 마시지 않는 박 팀장이 류강준 책상에 아메리카노를 놓고 갔다. 아무런 말은 없었지만, 응원의 표시인 것만 같았다.

"그런 분이시니까 한번 연락해 볼게요."

며칠 후 답장이 왔고, 예상치 못하게 토요일 아침 한강공원에서 만나자는 내용이었다.

"왜 하필 한강공원이에요?"
서유진이 물었다.

류강준은 웃었다. L-에너지에서 박 팀장은 스트레스를 받을 때마다 한강공원으로 조깅을 하러 갔었다. '문제는 뛰면서 생각해야 풀린다'는 것이 그의 지론이었다.

"아마 조깅하고 만나자는 것 같아요. 팀장님 스타일이에요."

류강준은 기대 반 걱정 반으로 약속 장소로 향했다. 예전처럼 함께 문제를 풀어나갈 수 있을지, 아니면 정중하게 거절당할지 알 수 없었기 때문이다.

하지만 이러한 만남이 AURION의 운명을 바꿀 수도 있었다.

기술적 완성도를 갖춘 프로토타입이 완성됐고, 이제 그것을 증명할 기회만 있으면 되었다. 하지만 그 기회를 얻는 것이 생각보다 훨씬 어려웠다. 증명할 기회가 없으니, 기술이 아무리 뛰어나다고 해도, 아무도 믿어 주지 않는 현실이 뼈아프게 다가왔다.

이제 모든 것은 L-에너지 박성진 팀장과의 만남에 달려 있었다.

실무 가이드 9 TIPS 프로그램 선정을 위한 전략적 준비

TIPS는 창업기업의 기술력과 사업성을 국가적으로 인증받는 프로그램이다. 민간투자와 정부지원을 매칭하여 자금을 지원받을 수 있다. 하지만 그만큼 선정 과정이 까다롭고 체계적인 준비가 필수이다.

TIPS 선정을 위한 핵심

1. TIPS 선정 기준 분석

- **기술성(60%)** : 개발지원 타당성, 기술 개발 적정성, 파급효과 중심으로 차별화된 기술력과 혁신성을 강조한다.
- **사업성(40%)** : 사업화 전략, 글로벌 성장 가능성, 고용 등 기대효과를 구체적 수치와 함께 제시한다.
- **사업 수행 역량** : 추진 의지와 사전 준비 수준, 창업기업의 전문성을 입증할

수 있는 자료를 충분히 준비한다.

2. 연구개발계획서 작성 핵심 사항

- **성능지표 설정** : 기존 기술 대비 정량적 개선 목표를 현실적이면서도 도전적으로 설정하되, 측정 방법과 검증 계획을 구체적으로 제시한다.
- **PPT 형태 작성** : 50페이지 내외 분량으로 본문과 부록을 포함하여 종합적인 계획을 수립한다.
- **객관적 평가 방법** : 공인기관 시험성적서나 수요기업 평가 등 신뢰성이 확보된 검증 방안을 마련한다.

3. IRIS(Integrated R&D Information System) 접수

- **접수 기간 준비** : 운영사 추천 후 창업기업 시스템(IRIS) 접수 기간이 3~5일에 불과하므로, 사전에 모든 서류를 철저히 준비해야 한다.
- **필수 서류 점검** : 사업계획서, 연구개발계획서, 예산계획서, 각종 증빙서류 등을 체크리스트로 관리한다.
- **마감 시간 여유 확보** : 시스템 오류나 예상치 못한 문제에 대비해 마감일 최소 2~3시간 전까지 제출을 완료한다.

4. 심사 발표

- **1차 심사** : 서면 평가 통과 후 보완 발표에서는 성능지표 달성 근거와 기존 솔루션 대비 정량적 우위를 명확히 제시한다.
- **최종 심사** : 사업화 일정의 현실성, 경쟁사 대비 구체적 차별화 전략, 글로벌 진출 계획의 실현 가능성에 관한 질문에 철저히 대비한다.
- **질의응답 준비** : 심사위원들이 자주 묻는 질문유형을 파악하고 데이터 기반의 논리적 답변을 준비한다.

5. 운영사 파트너십 활용

- **사업계획서 멘토링** : 운영사의 기존 데이터와 노하우를 활용하여 계획서의 기본 틀과 방향성을 설정한다.
- **발표 코칭** : 투자 발표와는 다른 정부 지원사업 특성을 반영한 발표 전략을 운영사와 함께 수립한다.
- **지속적 피드백** : 계획서 작성부터 최종 발표까지 운영사와의 정기적인 검토 회의를 통해 완성도를 높인다.

6. 선정 후 관리 및 성과 창출

- **연구 노트 작성** : 최종 평가에서 연구 성실도 판단을 위해 과제 시작부터 체계적인 연구 노트를 작성한다.
- **정부지원금 관리** : 예산 집행 시 과업 지시서, 견적서, 비교 견적서, 용역계약서, 결과보고서 등 필수 서류를 철저히 관리한다.
- **성과 목표 관리** : 설정한 성능지표 달성을 위한 단계별 체크포인트를 설정하고 정기적으로 모니터링한다.

조언

TIPS 선정 후 실제 기술 구현과 사업화 성과 창출이 더욱 중요하며, 이를 통해 후속 투자 유치와 글로벌 시장 진출의 발판을 마련해야 한다. 정부 인증의 신뢰성을 바탕으로 더 큰 도약을 준비해야 한다.

미친 아이디어, 현실에 서다 :
PoC 성공과 기술 입증

■■ 한강공원에서의 만남

토요일 아침 류강준이 도착했을 때 박성진은 이미 그곳에 서 있었다.

손에는 아메리카노 두 잔이 들려 있었다. 평소 정장 대신 트레이닝복 차림이었고, 주변에는 조깅하는 사람들이 보였다.

"늦지 않았군. 이걸로 몸 좀 녹여."

박성진은 따뜻한 커피를 건네며 말했다. 트레이닝복 차림 때문인지 아니면 토요일이어서 그런 것인지 알 수 없었지만, 왠지 평소보다는 조금 더 편안해 보였다.

"요즘 어떻게 지내나? 창업한다더니 벌써 2년이 넘었군."

"네, 팀장님. 많은 일이 있었습니다. TIPS도 선정되었고, 투자도 받았고...
그런데 막상 현실은 그리 쉽지 않은 것 같습니다."

"그렇긴 하지, 뭐 기술이 좋다고 시장이 바로 받아주는 건 아니니까."
박성진이 커피를 한 모금 마시며 말했다.

"회사는 어떠세요? 여전히 바쁘시죠?"

"뭐, 그럭저럭이지. 요즘 설비 쪽에서 골치 아픈 일이 좀 있긴 해."

잠시 안부를 나눈 후, 류강준이 조심스럽게 본론을 꺼냈다.

"팀장님, 솔직히 말씀드리자면 저희가 지금 절박한 상황에 처해 있습니다."

류강준은 지난 몇 달간 두 곳에 PoC를 요청했지만 모두 거절당한 상황을 설명했다.

"기술은 좋다고 하는데 PoC 기회조차 얻기 어렵습니다. 검증된 레퍼런스가 없으니까 아무도 먼저 시도하려고 하지 않고... 닭이 먼저냐 달걀이 먼저냐 같은 상황입니다."

박성진은 말없이 커피를 마시다가 입을 열었다.

"사실 최근에 회사 사업장에서 국지적 기후 변화로 설비 안정성에 문제가 생겨서 외부 솔루션을 찾던 중이기는 하는데...."

"솔직히 말하면 나는 자네가 창업했다는 사실이 아직도 무모하게 도전했다고 생각하고 있기는 하네. 하지만 이렇게 2년 넘게 버틴 걸 보니 그냥 넘어가기에는 무엇인가 아쉽기도 한 것 같네."

박성진이 잠시 멈췄다가 말했다.

"마침 회사에서 기후 관련 문제로 외부 솔루션을 검토 중이네. 자네가 하는 사업을 한번 살펴볼 수는 있을 것 같아."

류강준의 눈이 갑자기 커졌다.

"정말입니까?"

"잘 알다시피, 최종 결정은 내가 하는 것은 아니네. 다만, 검토해 볼 수 있는 기회 정도는 만들어 줄 수 있다는 이야기지."

■ L-에너지 내부 검토

　한강공원에서의 만남 이후인 며칠 후, L-에너지 내부 회의실에서 박성진이 경영진에게 AURION의 PoC 제안을 설명했다.

　"류강준은 우리 회사에서 8년간 근무했던 직원입니다. 성실하고 기술적 역량도 뛰어났습니다. 무엇보다 끝까지 포기하지 않는 성격이라 믿을 수 있을 겁니다."

　"기술적인 측면은 어떻습니까?"
　기술이사가 물었다.

　"기후 예측 AI 기술인데, 우리가 겪고 있는 설비 안정성 문제와 정확히 맞아떨어집니다. 한번 테스트해 볼 가치는 있어 보입니다."

　"PoC 비용과 기간은?"

　"대략 12개월 정도 필요하고, 우리 쪽에서 인력 지원과 현장 제공 비용이 약 5억 원 정도 들 것 같습니다."

　"성과가 나오지 않으면?"

　"그러면, 그때 중단하면 됩니다. 다만 류 대표의 평소 성향으로 봐서는 끝까지 해낼 것 같습니다."

　오랜 회의를 거쳐, PoC 진행을 하는 것으로 승인이 났다.

　박성진이 류강준에게 연락했다.

"내부 검토 결과 12개월 PoC를 진행하기로 했어."

"정말 감사합니다, 팀장님!"

"우리 쪽에서도 인력과 비용을 투입하는 거니까 책임감을 가지고 잘 진행해 주길 바라네."

L-에너지 현장 검증

일주일 후 L-에너지 사업장에 AURION의 센서들이 설치됐다. 정밀한 기계음과 설비 진동이 가득한 현장에서 프로토타입이 첫 번째 실전 테스트를 받게 됐다.

박성진 팀장과 전략팀 실무진들이 류강준을 맞이하였다. 류강준은 현장을 점검하고 있던 서유진을 박성진 팀장에게 소개했다.
"팀장님, 저희 CTO 서유진입니다."

서유진이 인사했다. 박성진은 서유진을 보더니 잠시 놀라는 표정을 지었다.
"서유진 님? 혹시 인공지능 글로벌 학회에서 기후 데이터 기반 AI 예측 논문을 발표하신 분입니까?"

서유진이 조용히 고개를 끄덕였다.
"안녕하세요. 류강준 대표님께 팀장님 이야기를 많이 들었습니다. 특히 센서 캘리브레이션 문제를 함께 해결해 주신 이야기도 들었고요."

박성진이 웃으며 류강준을 바라봤다.
"아, 그 이야기를 했구나. 그때 자네가 얼마나 고생했는지 기억나네."

"페라이트 코어 추가하고 접지방식 바꾸는 아이디어가 정말 인상적이었다고 하더라고요. 덕분에 하드웨어 설계에 대해 많이 배웠다고 전해 들었습니다."

서유진의 말에 박성진이 만족스러워했다.

"류 대표는 현장 감각은 확실하니, 이론적 지식과 현장 경험이 만나면 정말 좋은 결과가 나올 것 같네요."

"논문에서 제시하신 다층 예측 모델이 인상적이었는데, 실제 현장에 적용할 때는 어떤 점이 가장 어려우셨나요?"

"이론과 현실 사이의 간극이 생각보다 컸습니다. 특히 노이즈 처리 부분에서 많은 시행착오를 겪었습니다."

박성진의 표정에서 확신이 생기는 게 보였다.
"이번 PoC가 더욱더 기대되네요. 12개월간 제대로 테스트해 봅시다."

현장에서의 증명

서유진은 밤낮없이 현장을 지켰다. 며칠간의 수면 부족으로 인해 눈 밑의 다크서클이 짙어졌지만, 문제를 해결하려는 의지는 확고했다.

"데이터수집 주기와 처리 속도 간에 병목이 생기고 있습니다. 실시간 분석이 지연되면서 예측 타이밍이 어긋나고 있어요."
그녀는 실시간으로 쏟아지는 데이터를 분석하며 알고리즘 최적화 작업을 진행했다. 메모리 할당 방식을 수정하고 데이터 파이프라인을 재구성하자 처리 속도가 눈에 띄게 개선되었다.

“이제 0.3초 지연에서 0.05초로 줄었어요. 실시간 예측이 가능한 수준입니다.”

박성진이 작업 과정을 지켜보며 중얼거렸다.
“역시, 보통이 아니군.”

기술의 유효성과 그것을 다루는 사람의 역량을 동시에 확인한 순간이었다.

■ PoC 결과

시간이 흐르면서 의미 있는 데이터가 차곡차곡 쌓였다. 검증팀은 그 결과를 면밀히 분석했고, 보고서를 검토하던 박성진 팀장은 조용히 혼잣말을 흘렸다.
“AURION 기술, 생각보다 괜찮은데?”

2018년 3월, 길고도 치열했던 12개월간의 PoC가 드디어 성공적으로 끝을 맺었다. AURION의 솔루션은 폭염으로 인한 설비 과열을 사전에 감지하고, 정교한 미세 기류 제어로 위험을 효과적으로 완화할 수 있음을 입증했다.

L-에너지의 공식 보고서에는 이렇게 내용이 작성되었다.

**‘AI 기반 초정밀 기후 예측 기술을 통해 실시간 재난 대응 실효성을 검증함.
향후 대규모 산업 현장과 스마트팜 환경에 단계적으로 적용 가능성 확보’**

PoC가 성공하면서, AURION은 드디어 기술의 가치를 입증한 회사가 되었다. 더 이상 ‘가능성’이라는 말로만 설명되는 스타트업은 아니었다.

첫 번째 현장 검증의 성공은 끝이 아닌 새로운 시작이었다. 작은 성과를 넘어 더 큰 시장으로 도약해야 할 시점이 다가온 것이다. 그리고 그들에게는 흔들리지 않는 증거가 있었다. 그것은 다름 아닌 L-에너지라는 대기업에서 입증된 기술력이었다.

 10 PoC

PoC를 통해 기술의 현실성을 입증한 것처럼, 스타트업에게 PoC는 아이디어가 실제 작동하는지 검증하고, 향후 대규모 투자 및 사업 확장을 위한 필수적인 과정이다. PoC는 복잡한 아이디어나 기술이 실제로 실현될 수 있는지 증명·검증하는 것을 의미한다.

PoC의 핵심과 스타트업 활용 방안

1. PoC란?

- "Proof of Concept"의 약자로, 우리말로는 '개념 증명' 또는 '개념 검증'으로 번역이다.
- 어떤 아이디어나 기술이 실제로 가능할지 미리 작은 규모로 시험해 보는 과정을 뜻한다.
- 모든 기능을 다 개발하기 전에 가장 핵심이 되는 기능 몇 가지만 간단히 만들어 보고, 그것이 잘 작동하는지, 문제는 없는지, 투자할 가치가 있는지를 먼저 확인하는 것이다.

2. PoC가 필요한 이유

- **아이디어 검증** : 머릿속의 아이디어나 기술이 실제로 구현 가능한지 사전에 검증하기 위함이다. 특히 IT 분야처럼 복잡한 시스템에서는 예상치 못한 기술적 제약이나 문제가 발생할 수 있으므로, PoC를 통해 불필요한 투자나 실패를 미리 막을 수 있다.

- **방향성 및 리스크 점검** : 프로젝트의 방향성을 확인하고 리스크를 조기에 발견할 기회를 제공한다. 특정 기능 구현이 어렵거나 비용이 과도하게 들 경우, 본격적인 개발 전에 전략을 수정하거나 우선순위를 조정할 수 있다.

- **신뢰 확보** : PoC로 얻은 객관적인 데이터와 결과를 근거로 경영진이나 투자자에게 신뢰성 있는 설명을 제공할 수 있다.

- **활용되는 주요 상황** : 새로운 기술/솔루션 도입, 시장에 없는 제품/서비스 개발, 복잡하거나 대규모 시스템 개발, 고객/투자자 신뢰 확보, 외부 솔루션/협력업체 선정 시 주로 활용된다.

3. PoC 진행 과정 총정리

- **PoC 기획(목표 정의)**
  - '무엇을 검증할 것인지'를 정확히 정하고, PoC를 하는 이유를 명확히 정리한다.
  - 검증할 항목을 구체화하고, '성공 기준(Success Criteria)'을 설정해야 한다.(예 : 예측 정확도 몇 % 이상, 추천 클릭률 5% 이상 등)

- **설계(범위 설정)**
  - 테스트 범위를 구체적으로 정하는 단계로, 작고 빠르게 끝낼 수 있는 범위를 설정하는 것이 중요하다.
  - 검증에 꼭 필요한 최소 기능만 골라내고, 예상 개발 기간, 참여 인력, 비용

등을 대략적으로 확정하며, 내부 개발 여부 또는 외주 진행 여부도 결정한다.

- **구현(개발 및 구축)**
  - 실제로 작게 만들어 보는 단계이다. 완성도를 높이는 것이 아니라 '돌아가는지만 본다'는 생각으로 빠르게 결과물을 만드는 것이 핵심이다.
  - 불필요한 기능은 제외하고 핵심 기능만 구현하며, 작동 테스트 위주로 진행한다. 품질(디자인, 마감)은 완벽하지 않아도 괜찮으며, 필요한 경우 오픈소스나 간이형 솔루션을 활용할 수 있다.

- **검증(테스트 및 데이터 수집)**
  - 구현한 시제품을 실제 환경 또는 유사 환경에서 테스트하고, 반드시 객관적인 데이터를 수집한다.
  - 성공 기준에 따라 성능을 평가하고, 정량 데이터(숫자)와 정성 데이터(사용자 피드백)를 함께 수집한다. 문제가 생기면 그 원인을 분석해야 한다.

- **평가(결론 도출 및 후속 조치)**
  - 결과를 정리하고 다음 단계를 이성적으로 결정한다.
  - 목표 대비 결과를 비교하여, 성공했다면 본격 개발 계획을 세우고, 실패했다면 원인 분석 후 다른 접근법을 시도하거나 프로젝트 중단 여부를 결정한다.
  - 경영진, 투자자, 고객에게 결과를 발표하고 후속 계획을 공유하는 것이 좋다.

조언

PoC는 아이디어나 기술의 가능성을 빠르게 검증하는 매우 중요한 과정이다. 시간과 비용 낭비를 막고, 투자자 설득력을 높이며, 프로젝트의 성공 확률을 높이는 필수적인 준비 과정이라고 할 수 있다. PoC는 완벽할 필요가 없으며, 아이디어의 핵심 가설을 증명하는 데 필요한 최소한의 기능만으로도 충분하다는 점을 기억해야 된다.

11 PoC 파트너 확보 전략

R&D 자금을 확보한 후 가장 중요한 과제는 이론을 실제 동작하는 제품으로 구현하는 것이다. 하지만 완벽한 기술력만으로는 시장 진입이 보장되지 않는다. 검증된 기술을 실제 고객사에서 테스트할 수 있는 PoC 파트너 확보가 스타트업 성공의 핵심 변곡점이 된다.

시제품 완성도 제고와 효과적인 PoC 파트너 발굴 방법

1. 시제품 개발 단계별 핵심 전략

- **기술적 병목 해결** : 배터리 수명, 연산 모듈 최적화 등 핵심 성능 이슈를 우선적으로 해결하되, 하드웨어와 소프트웨어 최적화를 병행하여 전력 소모 30~40% 개선을 목표로 한다.
- **반복적 개선** : 프로토타입은 완성된 제품이 아닌 테스트와 피드백을 위한 실험 모델로 접근하며, 핵심 기능 위주의 단계적 완성도 향상을 추진한다.
- **검증 가능한 성능지표** : 정량적 성과측정이 가능한 지표를 설정하고, 이론값과 실제 테스트 결과 간의 격차를 지속해서 줄여나간다.

2. PoC 파트너 발굴 전략

- **타깃 기업 분석** : 스마트시티, 기후 데이터, 에너지 관리 등 자사 기술과 시너지가 있는 분야의 기업을 우선 리스트업하고 의사결정 구조를 사전 파악한다.
- **신뢰 관계 활용** : 기존 네트워크, 전 직장 동료, 업계 지인 등 신뢰 기반의 관계를 적극 활용하여 초기 진입 장벽을 낮춘다.
- **단계적 접근** : 대규모 기업보다는 혁신에 개방적인 중견기업이나 신규 사업부를 우선 타깃으로 설정한다.

3. PoC 제안 시 핵심 고려 사항

- **리스크 최소화** : 기존 시스템과의 통합 비용 부담을 줄이고, 독립적 테스트가 가능한 범위로 PoC 범위를 설정한다.
- **명확한 성과 지표** : 예측 정확도 향상률, 비용 절감 효과, 운영 효율성 개선 등 정량적으로 측정 가능한 KPI를 사전에 합의한다.
- **레퍼런스 확보 전략** : 첫 번째 PoC 성공 사례를 바탕으로 다른 잠재 고객사에 대한 신뢰도를 구축할 수 있는 로드맵을 수립한다.

4. PoC 진행 시 실무 노하우

- **기술적 준비** : PoC 진행을 위한 시스템 개발이나 기존 시스템과의 통합 작업을 사전에 철저히 준비한다.
- **커뮤니케이션 체계** : 고객사와의 정기적 진행 상황 공유 및 피드백 수렴 체계를 구축하여 신뢰 관계를 강화한다.
- **문제 해결 대응** : 예상치 못한 기술적 이슈 발생 시 신속한 대응이 가능하도록 백업 플랜을 마련한다.

5. 시장 진입 장벽 극복 방법

- **정부 지원 프로그램 활용** : 해외실증(PoC) 지원 사업 등 정부 프로그램을 통해 PoC 비용 부담을 경감한다.
- **네트워킹 강화** : 업계 세미나, 컨퍼런스, 전시회 등을 통해 잠재 고객사와의 접점을 확대한다.
- **파일럿 고객 우대** : 초기 PoC 참여 고객사에 대해서는 특별 조건을 제공하여 적극적 참여를 유도한다.

조언

기술의 완성도는 실험실이 아닌 현장에서 결정된다. 완벽한 기술을 추구하기보다는 80% 수준에서 PoC를 시작하고, 고객사와 함께 나머지 20%를 완성해 나가는 것이 효과적인 시장 진입 전략이다.

실무 가이드 12 PoC 기술 검증 전략

PoC는 스타트업이 아이디어를 실제 시장에서 검증받는 가장 중요한 관문이다. 기술적 완성도뿐만 아니라 실제 비즈니스 환경에서의 실용성까지 입증해야 하는 단계로, 성공적인 PoC는 향후 사업 확장의 핵심 근거가 된다.

PoC 성공을 위한 체계적 준비와 실행 전략

1. PoC 사전 준비 핵심 요소

- **명확한 성공 기준 설정** : 예를 들면 "예측 정확도 85% 달성", "처리 지연 시간 0.05초 이내" 등 정량적이고 측정 가능한 KPI를 사전에 합의한다.
- **현실적 범위 설정** : 핵심 기능에만 집중하여 검증 가능한 범위로 설정하며, 완벽한 구현보다는 핵심 가치 증명에 우선순위를 둔다.
- **리스크 관리 방안** : 예상되는 기술적 문제점과 대응 방안을 미리 정의하고, 백업 플랜을 준비한다.

2. 고객사와의 협력 체계 구축

- **내부 챔피언 확보** : 고객사 내부에서 프로젝트를 지지하고 추진할 수 있는 핵심 인물과의 신뢰 관계를 구축한다.
- **정기적 커뮤니케이션** : 정기적으로 진행 상황 보고 및 월간 성과 리뷰를 통해 투명한 소통 체계를 유지한다.
- **현장 밀착 지원** : 기술진이 고객사 현장에 상주하며 실시간 문제 해결과 최적화 작업을 수행한다.

3. 기술적 구현 및 최적화

- **실시간 성능 모니터링** : 데이터수집 주기, 처리 속도, 예측 정확도 등 핵심 지표를 실시간으로 모니터링한다.
- **지속적 개선** : 현장에서 발생하는 문제를 즉시 분석하고 기능을 최적화하여 성능을 개선한다.
- **안정성 확보** : 운영이 가능한 안정성을 확보하고, 예외 상황에 대한 대응 체계를 구축한다.

4. 성과 측정 및 검증

- **객관적 데이터 수집** : 명확한 수치와 근거를 바탕으로 성과를 측정한다.
- **비교 분석** : 기존 방식 대비 개선된 효과를 정량적으로 분석한다.
- **제3자 검증** : 가능하다면 독립적인 검증 기관의 평가를 통해 객관성을 확보한다.

5. PoC 완료 후 활용 전략

- **성공 사례 문서화** : PoC 결과를 체계적으로 정리하여 향후 영업 자료로 활용할 수 있는 레퍼런스를 구축한다.
- **고객 추천 확보** : 첫 번째 성공 고객으로부터 추천서나 사례 연구 참여 동의를 확보한다.
- **확산 전략 수립** : 성공 사례를 바탕으로 유사 업계나 다른 잠재 고객사로 확산 계획을 수립한다.

6. 실패 시 대응 방안

- **원인 분석** : 기술적 문제인지, 시장 적합성 문제인지, 실행 과정의 문제인지 명확히 분석한다.
- **학습과 개선** : 실패 경험을 바탕으로 기술이나 접근 방법을 개선하여 다음 기회에 활용한다.
- **관계 유지** : 실패했더라도 고객사와의 신뢰 관계를 유지하여 향후 기회를 열어둔다.

PoC는 완벽한 제품을 만드는 것이 아니라 핵심 가치를 증명하는 과정이다. 80% 완성도로 시작하여 고객과 함께 나머지 20%를 완성해 나가는 것이 성공적인 PoC 전략이며, 이를 통해 얻은 검증된 레퍼런스는 향후 사업 확장의 강력한 무기가 된다.

Chapter 3

CFO의 합류, 비전과 현실의 충돌

기술 검증을 마친 AURION, 이제 가혹한 시장의 논리와 마주한다.

L-에너지로부터 30억 원 Pre-A 투자를 유치하며 성장을 시작했지만, 공격적인 확장은 번 레이트 90%라는 치명적인 위기를 초래한다. 류강준 대표는 삼고초려 끝에 냉철한 투자 전문가 최강혁 CFO를 영입하고, 극적인 브릿지 투자 유치로 그의 신뢰를 얻고, 100억 원 Series A 투자 유치에 성공한다.

하지만 CFO 합류 이후 균열이 시작된다. 기술 완성도를 최우선 하는 서유진 CTO와 시장 점유율을 강조하며 개발팀 축소까지 강행하는 최강혁 CFO 사이의 근본적인 철학 충돌이 수면 위로 떠오른다. 류강준은 '시장 우선' 전략이라는 쉽지 않은 선택을 내리고, 그 결정은 AURION의 팀워크에 갈등의 씨앗을 남긴다.

새로운 문이 열리다 :
Pre-A 투자 유치

■ PoC 성과 확인

지난해 AURION은 L-에너지 사업장에서 첫 PoC를 완료했다. 데이터가 실시간으로 흘러들어오며 예측 모델이 작동하는 걸 보면서, 6년간 쌓아온 연구가 드디어 현실이 됐다는 걸 실감했다.

이 성과를 만들어 내기까지 기회를 제공하고 도움을 준 박성진 팀장에게 감사를 표하고자 류강준은 식사를 제안하였다.

■ 신뢰가 쌓이는 테이블

성수동의 한 브루어리 펍은 최근 스타트업 생태계 사람들이 자주 찾는 장소였다. 크래프트 맥주 향이 은은하게 퍼지는 가운데, 두 사람은 건배를 했다.

"팀장님, 진짜 고맙습니다. 팀장님 아니었으면 이번 PoC 절대 성공 못 했을 것 같습니다."

류강준의 진심 어린 감사의 말에 박성진이 맥주잔을 들며 대답했다.

"류 대표, 솔직히 처음엔 '또 무슨 말도 안 되는 소리를 하나' 했거든? 근데 실제로 돌아가는 걸 보니까… 아, 진짜 뭔가 하는구나 싶더라."

대화는 자연스레 5년 전으로 흘러갔다. 연구실에서 밤새 프로토타입을 만들던 시절, 부품이 터져나가 허탈하게 웃던 순간, 새벽 3시에 배달 음식을 시켜 먹으며 디버깅하던 날들까지…

“기억나시죠? 전원 모듈이 펑 터졌을 때요.”
류강준이 웃으며 말하자 박성진도 크게 웃었다.

“아, 그때 자네 얼굴이 진짜 새파랗더니 ‘아, 망했다’ 하던 게 아직도 생생하네. 근데 다음 날 새벽에 완전히 새로 짠 걸 들고 와선 ‘팀장님, 이번엔 진짜 될 것 같습니다!’라고 웃던 거… 그때 얘는 절대 포기 안 하겠구나! 하는 확신이 들었네.”

두 번째 맥주를 주문하며 박성진이 조심스럽게 말을 꺼냈다.
“류 대표, 이번 PoC 결과가 회사 내부에서도 꽤 화제야. 특히 기후 데이터 분석 부분에서 나온 인사이트들이… 솔직히 기대 이상이었어.”

류강준은 순간 긴장했지만 침착하게 물었다.
“어떤 부분이 특히 좋으셨나요?”

“탄소 배출량 예측 정확도가 94%까지 나온 거. 이 정도면 ESG 보고서에 바로 활용할 수 있을 것 같고, 무엇보다 정부 정책 변화에 미리 대응할 수 있겠더라고.”
박성진이 잠시 맥주를 마시다가 덧붙였다.

“다음 주에 우리 본사에서 전략팀이랑 미팅을 진행하면 어떨까? 자네한테 제안하고 싶은 게 있거든.”

■: L-에너지 본사 미팅

통유리 창 너머로 서울 시내의 풍경이 펼쳐진 L-에너지 본사 32층 회의실의 테이블 위에는 AURION의 PoC 보고서와 L-에너지의 내부 분석 자료가 정갈하게 놓여 있었다.

전략기획팀장이 태블릿을 연결하며 말문을 열었다.

"류 대표님, 이번 PoC를 통해 AURION의 기술력을 확인했습니다. 특히 기후 변화 대응 솔루션은 저희가 추진 중인 RE100 달성에도 큰 도움이 될 것 같습니다."

그는 차트를 넘기며 계속 이야기를 이어 나갔다.

"무엇보다 저희 스마트팜 사업에서 기후 변동성 때문에 생산량이 연간 15% 이상 변동합니다. AURION 기술로 이걸 5% 이내로 안정화할 수 있다면…"

박성진이 말을 이었다.

"정량적 효과가 워낙 명확하니 본사 설득도 쉬웠습니다. 서유진 CTO님 논문도 검토해 봤는데, 기술적으로 탄탄했습니다."

류강준은 가슴이 뛰는 걸 억누르며 이야기를 경청했다. 기술 인정을 넘어서 비즈니스 임팩트까지 인정받는다는 점이 더욱 의미 있게 느껴졌다.

■: 통합 파트너십 제안

전략기획팀장이 핵심 제안을 했다.

"류 대표님, 두 가지 제안이 있습니다. 첫째는 저희 스마트팜 3개 지역에 AURION 솔루션을 정식 도입하는 것이고, 둘째는 L-에너지가 전략적 투자자로 참여하는 겁니다."

"솔루션 공급계약은 연간 12억 원 규모이고, 전략적 투자는 30억 원을 생각하고 있습니다. 기술 파트너십을 동시에 진행하자는 제안입니다."

회의실이 잠시 조용해졌다.

박성진이 덧붙였다.
"회사에서도 AURION 기술을 확신하고 있어, 사업적 협력과 투자를 함께 하는 게 서로에게 도움이 될 것 같다는 생각이 들었어"

류강준은 잠시 생각을 정리한 후 말했다.
"좋은 제안을 주시어 감사드립니다. 다만, 한 가지 확인하고 싶은 점이 있습니다. 기술 협력업체가 아닌 전략적 비즈니스 파트너로서의 관계가 맞는지 문의드립니다."

전략기획팀장이 미소 지으며 답했다.
"당연히 파트너십이지요. 사실 저희도 기후테크 포트폴리오를 확대하려고 계획하고 있었는데, 실질적으로 진행하지 못하고 있었습니다. AURION과 함께 성장할 수 있다면 저희에게도 좋은 기회라고 생각합니다. 해외 진출 계획도 있으시면 저희 글로벌 네트워크도 활용하실 수 있고요."

지금 이 순간, AURION은 기술 스타트업을 넘어 대기업과 동등한 위치에서 협력하는 파트너로 인정을 받았다.

13 전략적 투자자(SI)와 재무적 투자자(FI)의 이해

스타트업이 투자를 유치할 때 투자자 유형을 이해하는 것은 매우 중요하다. 투자자는 크게 재무적 투자자(FI)와 전략적 투자자(SI)로 구분되며, 각각의 목적과 장·단점이 명확히 다르다. 기업의 성장 단계와 전략에 맞는 투자자 선택이 향후 사업 확장과 Exit에 결정적 영향을 미친다.

재무적 투자자와 전략적 투자자의 특징과 선택 전략

1. 재무적 투자자(FI, Financial Investor)의 특징

1) 투자 목적

- 투자한 기업이 성장하여 기업가치가 높아지면 적절한 시점에 투자금을 회수하여 수익을 얻는 것이 주목적이다.
- 일반 개인투자자, 벤처캐피탈(VC), 금융기관 등 대부분의 투자자가 여기에 해당한다.

2) 주요 장점

- **중립성 확보** : 특정 기업과의 이해관계가 없어 전략적 투자자와 비교하면 중립적 입장을 유지한다.
- **사업 자율성** : 경쟁사와의 협력, 다양한 파트너십 구축 등에 제약이 적다.
- **객관적 평가** : 순수하게 재무 성과와 성장 가능성을 중심으로 의사결정 한다.

3) 유의사항

- 투자사가 특정 대기업의 계열사라고 해서 무조건 전략적 투자자는 아니며,

해당 펀드의 목적과 주요 출자자, 투자 전략에 따라 재무적 투자자일 수 있다.

2. 전략적 투자자(SI, Strategic Investor)의 특징

1) 투자 목적

- 투자 수익 외에 다른 목적을 가진 투자자로, 시장 동향 파악부터 기존 사업과의 시너지 모색, 신기술 확보, 신사업 발굴까지 다양한 목적을 추구한다.
- 기업이 직접 투자하거나 계열사인 CVC(Corporate Venture Capital)를 통해 투자한다.

2) 주요 장점

- **인프라 및 네트워킹 지원** : 모기업과 계열사의 유통망, 생산설비, 고객 네트워크 등을 활용할 수 있다.
- **장기적 관점의 투자** : 단기 수익성이 불확실하더라도 모기업과의 시너지가 크다면 적극적으로 투자할 수 있다.
- **M&A 가능성** : 시너지가 크다고 판단되면 향후 인수합병으로 이어질 수 있다.

3) 주요 단점

- **경쟁사 견제** : 특정 대기업의 전략적 투자를 받으면 경쟁 대기업 및 관련 기업과의 협력이 어려워질 수 있다.
- **사업 제약** : 후속 투자 우선권, 독점권, 우선협상권 등을 요구받을 수 있어 사업 자율성이 제한될 수 있다.
- **시너지 미실현 위험** : 전략적 투자임에도 실질적 조력이나 시너지를 받지 못하면서 경쟁사 견제만 받는 최악의 상황이 발생할 수 있다.

3. 투자자 유형별 사례

• 사례 1 : 중립성 제약

카카오가 전략적 목적으로 큰 지분을 투자한 스타트업이라면, 경쟁사인 네이버나 네이버 관련 기업과의 사업 제휴가 사실상 불가능해질 수 있다. 반면 재무적 투자자가 투자한 스타트업은 중립적 입장에서 어떤 기업과도 협력 기회를 가질 수 있다.

• 사례 2 : 장기 투자 관점

딥테크 스타트업은 비즈니스 모델의 특성상 문샷(Moon Shot) 성격이 강해, 재무적 투자자는 펀드 기한 내 회수 가능성에 의문을 품었다. 그러나 전략적 투자자는 장기적 관점에서 모회사와의 시너지를 고려하여 투자를 진행했다.

4. 투자자 선택 전략

1) 일반적 접근법

- **초기 단계** : 중립성을 고려하여 재무적 투자자로부터 투자를 유치한다.
- **성장 단계** : 어느 정도 성장한 후 시너지를 낼 수 있는 전략적 투자자로부터 투자를 유치한다.

2) 최근 트렌드

- 전략적 투자자도 초기 단계에서 적극적으로 투자하는 추세이며, 스타트업도 초기부터 시너지를 위해 전략적 투자자를 유치하는 경우가 증가하고 있다.
- 각자의 상황에 따라 장·단점을 신중히 판단하여 결정해야 한다.

3) 전략적 투자자 선택 시 체크포인트

- **시너지의 구체성** : 막연한 기대가 아닌 구체적인 협력 방안(공동 R&D, 유통망 활용 등)이 있는가?

- **후속 투자 조건** : 우선권이나 독점권 요구가 과도하지 않은가?
- **경쟁 구도 분석** : 해당 전략적 투자자로 인해 차단될 협력 기회는 무엇인가?
- **실질적 지원 여부** : 과거 포트폴리오 기업에 대한 실질적 지원 사례가 있는가?

조언

투자자 유형 선택은 투자금 확보를 넘어 향후 사업 방향과 파트너십 전략에 직결된다. 재무적 투자자는 중립성과 자율성을 보장하지만, 사업 지원이 제한적이고, 전략적 투자자는 강력한 시너지를 제공하지만, 사업 자율성을 일부 포기해야 할 수 있다. 특히 전략적 투자자 선택 시에는 투자 계약서에 명시된 우선권·독점권 조항을 면밀히 검토하고, 실제 시너지 창출 가능성을 냉정하게 평가해야 한다. 이상적으로는 초기에 재무적 투자자로 중립성을 유지하며 성장하고, 추후에 명확한 시너지가 있는 전략적 투자자를 선택적으로 영입하는 것이 바람직하다.

냉철한 벽 앞에서 :
핵심 인재 영입 실패

■ 번 레이트 90%, 위험 신호

2018년 6월, L-에너지와의 30억 원 규모의 Pre-A 투자가 확정되자, 류강준과 서유진은 본격적인 시세 확장에 나섰다.

가장 먼저 진행한 것은 사무실 이전이었다. 기존 구로구의 소규모 사무실에서 강남구 테헤란로 인근 60평 규모 독립 사무실로 이전했다. 강남 이전을 선택한 이유는 명확했다. 투자사와 대기업 고객사들이 집중된 지역이었고, 우수한 개발 인력 확보에도 유리했기 때문이다. 깔끔한 화이트톤 인테리어와 대형 모니터가 설치된 개발실을 마련하고 고객과의 미팅을 위한 회의실까지 갖추게 되었다.

사무실을 이전하는 것보다 더 중요한 것은 사실 제조 기반 구축이었다. 파주 산업단지 인근의 300평 규모를 부지로 선정하고 매매 계약을 체결했다. 파주를 택한 건 서울 접근성이 좋으면서도 제조업 인프라가 잘 갖춰진 곳이었기 때문이었다. 정밀 센서 조립 라인용 설비와 품질검사 장비, AI 데이터 처리를 위한 에지 컴퓨팅(edge computing) 서버까지 주문 발주를 완료했다. 이 과정에서만 약 20억 원이 투입되었다.

여기에 생산 공정 설계를 위한 전문 컨설팅 업체에 5,000만 원의 자문비도 지불했다. 본격적인 가동은 1년 후 예정이었지만, 향후 대량 주문에 대비한 필수 투자였다.

"20억 원 투자한 설비들이 내년부터 본격 가동되면, 자체 생산 역량이 크게 향상될 거예요."

인력 확충도 빠르게 진행됐다. AI 알고리즘 개발자 3명, 하드웨어 엔지니어 2명, 생산관리 인력 1명까지 총 6명을 새로 영입했다. 임·직원 수가 기존 2명에서 8명으로 늘어났다.

류강준은 매일 아침 확장된 사무실을 둘러보며 뿌듯함을 느꼈다. 개발팀이 몰입해서 코딩하는 모습, 생산관리팀이 설비 도입 계획을 검토하는 장면까지, 이제 정말 회사다운 모습을 마련한 것 같았기 때문이었다.

■ 번 레이트 90%, 위험 신호

1년이 지난 2019년 6월, 류강준은 사무실에서 통장 내역을 세 번째 들여다보고 있었다. 아무리 봐도 남은 잔액이 믿기지 않았다. 번 레이트 90%, 30억 원 중 남은 건 3억 원뿐이었다. 이 속도라면 런웨이는 6개월 남짓이었다.

매달 나가는 돈만 계산해 봐도 직원 인건비 월 5,000만 원, 강남 사무실 월 임대료 1,500만 원 등 고정비만 대략 월 6,500만 원이 훌쩍 넘었다.

수익성 관련해서는, L-에너지 외에 추가 고객을 확보하는 것이 생각보다 쉽지 않았다. 농업 분야는 의사결정이 보수적이었고, 신기술 도입에 매우 신중했다. 결국 현재 매출 수준은 L-에너지 공급 계약금 10% 금액인 1억 2,000만 원에 머물러 있었다. 게다가 L-에너지와의 계약은 파주단지 완공 이후에 공급하는 조건이어서, 나머지 금액은 1년 뒤에야 들어올 예정이었다. 그 때문에 유동성 관리에 어려움이 있었다.

"대표님, 자금 소진 속도가 예상보다 빠릅니다."
서유진의 목소리에 긴장감이 배어 있었다.
"현금 유동성이 심각한 상황입니다."

류강준은 손가락으로 관자놀이를 지그시 눌렀다. 빠르게 소진되는 자금과 성장하는 사업 규모 때문에, 외부 투자를 통한 자금 확보는 더 이상 선택이 아닌 필수였다.

CoreVentures를 비롯해 5곳의 투자사를 만나보았지만, 뻔한 답변만 전달받았다.
"시장 검증이 더 필요하다.", "매출 성장이 불확실하다.", "번 레이트 대비 런웨이가 짧다."는 똑같은 피드백만 돌아왔다.

위기 상황임이 분명했다.

■ 멘토의 조언, 그리고 새로운 희망

그날 밤, 류강준은 집에서 재무 자료를 정리하고 있었다. 화면에는 Excel 시트가 가득했고, 테이블 위에는 에너지 바와 식은 커피잔이 어지럽게 놓여 있었다. 투자 미팅에서 들었던 투자자들의 말들이 계속해서 그의 머릿속을 맴돌았다.

"수익 구조가 불분명합니다."
"매출 성장성이 아직 부족해 보입니다."

"사업 확장 전략이 구체적이지 않네요."

결국, 재무관리와 사업 전략에서의 경험 부족이 그들의 발목을 잡고 있다는 생각이 들었다. 어느덧, 시간을 확인해 보니 밤 9시가 훌쩍 넘어 있었다. 정명수 대표에게 전화를 걸고 싶었지만, 이런 늦은 시간에 연락드리는 게 예의에 어긋나지 않을까 싶어 망설여졌다.

하지만 더 이상 이렇게 혼자서는 안 되겠다는 절박함이 앞섰다. 당장 스마트폰을 들어 정명수 대표에게 전화를 걸게 되었다.

"정명수 대표님, 죄송합니다. 이 시간에..."

목소리에 담긴 절박함을 눈치챈 정명수가 차분하게 답했다.
"류 대표님, 무슨 일이십니까?"

류강준은 현재 상황을 간략하게 설명했다.

정명수는 잠시 생각하더니 말했다.
"전화로는 뭔가 이야기를 전달해 드리기가 어려울 것 같네요. 내일 시간 되시면 한 번 만나서 이야기해 보실까요? 오후 2시쯤에 시간 되실까요?"

"네, 그럼요. 감사합니다. 정말 감사합니다."

다음 날, 종로구의 한 카페에서 만난 정명수는 류강준의 상황을 자세히 듣고 그가 얼마나 막막한 상황에 접해있는지를 파악할 수 있었다.

"저도 한때는 그랬지요. 초기 투자 비용이 예상보다 훨씬 많이 들었어요, '개발만 잘하면 돈은 저절로 따라오겠지'라고 생각했는데, 현실은 전혀 그렇지 않았어요. 번 레이트와 유동성 관리 계획은 마련되어 있었지만, 투자자들이 보는 수익성 지표는 제대로 보여주지 못했던 것 같습니다.

정명수 대표는 아메리카노를 한 모금 마시더니 말을 이었다.

"좋은 기술도 중요하지만, 지금은 자금 운용과 투자 유치 전략이 더 급선무입니다.

현재 류 대표님께 필요한 건 번 레이트를 줄이면서 동시에 투자 유치를 이끌 수 있는 전문가입니다.

마침, 최강혁이라는 분이 떠오르네요."

"최강혁 님이요?"

■ 데이터로 접근하다

류강준은 최강혁을 만날 방법을 찾기 시작했다. 정명수 대표의 조언이 머릿속을 맴돌았다.

'무작정 연락하지 말고, 그 사람이 관심을 가질 만한 지점을 찾아서 접근해 보세요.'

정명수 대표의 조언을 들은 류강준은 우선 GG링부터 시작했다. 최강혁의 프로필, 기고문, SNS 게시물들을 하나씩 분석했다. 스크롤을 내리던 중 최근 그가 올린 기후테크 분석 글이 눈에 들어왔다. 기후 변화가 산업 전반의 예측 불가능한 리스크를 증가시키고 있으며, 이를 해결하는 기술만이 미래 시장을 지배할 것이라는 내용이었다.

'바로 이거다.'

류강준은 키보드를 두드리기 시작했다.

제목 : 기후테크 시장의 미래에 대한 고견 문의드립니다. (정명수 대표님 소개)

최강혁 님께,

안녕하세요. AURION 대표, 류강준입니다.

정명수 대표님의 소개로 연락드립니다.
최근 작성하신 기후테크 관련 분석 글을 관심 깊게 읽었습니다. 특히 '예측 불가능한 리스크'에 대한 관점이 저희가 해결하려는 문제와 일치한다고 느꼈습니다.
저희 AURION은 그 리스크를 '측정 가능한 데이터'로 전환하는 기술을 개발했습니다.
다만 기술개발을 넘어서 이것이 실제 산업에 적용될 때의 비즈니스 및 재무 임팩트에 대해 최강혁 님의 고견을 듣고 싶습니다.

혹시 시간이 되신다면 잠시 뵐 수 있을지 문의드립니다.

감사합니다.
류강준 배상

전송 버튼을 누르고 나서야 류강준은 정명수 대표의 의도를 이해할 수 있었다. 단순히 도움만을 요청하는 게 아니라, 상대방의 관심사와 우리의 솔루션이 만나는 지점을 찾아내는 것을 의미했던 것 같았다.

다음 날 오후, 예상보다 빠른 답장이 왔다.
'내일 오전 10시, 강남 오피스에서 만나 뵙죠.'

류강준은 또 다른 기회를 얻은 듯했고, 이제 기술과 비전으로 그를 설득해야 했다.

■ 첫 번째 도전, 그리고 거절

강남 오피스에서 만난 최강혁은 40대 중반으로 보이는 나이에 깔끔하게 관리된 체형, 단정한 네이비 슈트를 입고 있었다. 인사를 나누자마자 그는 서류를 넘기며 바로 본론으로 들어갔다.

"PoC 성과는 인상적입니다. 그런데 구체적인 사업 전략은 어떻게 수립하고 계십니까?"

류강준은 준비해 온 태블릿을 꺼내며 답변했다.
"저희 기술은 기후 불확실성을 예측 가능한 데이터로 전환할 수 있습니다. ESG 규제 강화, 농업과 도시 인프라 리스크 관리 모두 저희 솔루션이 직접적으로 필요한 영역입니다. 중장기적으로는 이 기술을 기반으로 한 데이터 플랫폼으로 산업 전반의 리스크 관리 효율성을 높일 수 있습니다."

최강혁은 자료를 꼼꼼히 살펴보더니 잠시 생각에 잠겼다. 그런데 재무제표를 보는 그의 표정이 미묘하게 변했다.

"기술의 가능성은 인정합니다. 다만 번 레이트 90%에 런웨이 6개월이라는 건 상당히 위험한 시그널입니다. 특히 이런 재무 상황에서는 더욱 신중할 수밖에 없지요. 죄송하지만, 지금은 함께하기 어렵겠습니다."

류강준의 가슴이 철렁 내려앉았다. 재무 상황까지 언급되니 더욱 절망적으로 느껴졌다.

며칠 후 정명수 멘토와 다시 만났다.

"최강혁 이사님께 거절당했습니다. 하지만 이상하게도 저희에게 더욱 필요한 분이라는 확신이 들었습니다."

정명수는 커피를 한 모금 마시며 말했다.

"그런 거죠. 포기하지 않는 게 핵심입니다. 정말로 그분을 원한다면 다른 방법을 찾아서라도 계속 어필해야겠지요. 지금은 최강혁 이사님이 사업 리스크 때문에 거부하셨지만, 상황이 바뀌면 그 판단도 달라질 수 있지 않겠습니까? 결국 류 대표님의 실행력과 진정성이 결정적인 무기가 될 겁니다."

류강준의 눈에 다시 의지의 불꽃이 타올랐다.

"윈스턴 처칠이 했던 말이 생각나네요. 'Never give up'이라고 했잖아요."
류강준이 단호하게 말했다.

"저도 그럴 겁니다. 포기라는 건 아예 사전에 없어요."

첫 번째 거절은 쓰라렸지만, 오히려 그 경험은 류강준의 열의를 더욱 불타오르게 했다. 사무실로 돌아가는 길에 그는 이미 새로운 접근 전략을 구상하고 있었다.

14 Burn Rate 관리

급속한 확장은 달콤한 유혹이지만, 체계적인 자금 관리 없이는 회사가 위험에 빠질 수 있다.

초기 투자금 확보 후 지속 가능한 성장을 위한 핵심 전략

1. 번 레이트(Burn Rate) 체계적 관리

- **현금 소진 속도 추적** : 매월 지출하는 비용을 의미하는 번 레이트를 주 단위로 점검하고, 보유 현금을 번 레이트로 나눈 런웨이(현금 생존 기간)를 정확히 파악한다.

- **캐시 버퍼 설정** : 보유한 현금의 1년 이상 사용할 현금을 캐시 버퍼로 설정해 예상치 못한 지출에 대비한다.

- **보수적 재정 관리** : 매출 증가율을 0%로 가정하고 번 레이트를 계산하며, 계약 체결일이 아닌 실제 입금일을 기준으로 매출을 계산해 현금 보유고를 보수적으로 관리한다.

- **단계별 지출 계획** : 과거 지출 내역을 정리하고 사업 계획에 따라 월별 인건비와 운영비를 세부적으로 예측해 미래 번 레이트를 관리한다.

2. 위험 신호 조기 발견 체계

- **런웨이 6개월 룰** : 아직 손익분기점을 달성하지 못한 스타트업은 런웨이가 소진되기 최소 6개월 전에 자금 확보가 필요하다.

- **투자 유치 타이밍** : 궁지에 몰린 상황에서 투자 유치를 시도하지 말고, 회사

의 장점이나 성장 가능성을 준비해 둔 상태에서 자금을 조달한다.
- **경영진 역량 성장** : 회사의 성장 속도에 맞춰 창업자 개인의 역량도 빠르게 성장해야 하며, 특히 커뮤니케이션과 실행 능력이 핵심이다.

조언

초기 투자금은 성장을 위한 자원이지만, 동시에 한정된 시간이기도 하다. 가설 검증이 되지 않은 극초기 스타트업이라면 번 레이트를 최대한 줄이는 것이 좋으며, 체계적인 현금 관리와 핵심 인재 확보를 통해 다음 투자 라운드까지의 성과 창출에 집중해야 한다.

최강혁의 합류 :
Series A 투자 유치

데이터로 증명하다

첫 거절 이후, 류강준은 최강혁에게 몇 차례 연락을 시도 했지만, 답을 받지 못했다. 하지만, 낙담하기보다는 정명수 대표의 조언을 되새기며, 이를 '거절'이 아닌 '타이밍의 문제'로 받아들였다.

이번에는 완전히 다른 방식으로 접근해 보기로 했다. 감정에 호소하기보다는, 정확한 숫자로 이루어진 근거를 기반으로 다시 이야기해 보기로 했다. 지난 12개월간 AURION의 실제 성과 데이터와 시장 확장 계획을 정리한 상세 분석 보고서를 작성했다.

제목 : AURION 실증 데이터 업데이트 – 성과 보고서

최강혁 님께,

안녕하세요, AURION 대표 류강준입니다.
지난 미팅에서 언급하신 매출과 성장 지표에 대한 답변을 전달해 드립니다.

- 12개월간 L-에너지 실증 결과 : 에너지 효율성 23% 개선(ROI 6개월 내 회수 가능 예상)
- 현재 고객 : L-에너지 1개 사(파주단지 완공 후 공급 예정)
- 파이프라인 : 농업 분야 7개 사 접촉 예정(총 예상 시장 규모 약 50억 원)

기술 검증은 완료되었고, 이제 시장 확장 단계입니다.

며칠 후, 최강혁이 짧은 회신을 보내왔다.

"내일 오전 11시, 다시 한번 만나서 논의해 보시죠."

■ 두 번째 도전, 두 번째 벽

강남 오피스에서 다시 만난 최강혁은 첫 미팅 때와는 확연히 다른 모습이었다. 이번에는 류강준이 준비한 데이터를 진지하게 검토하고 있었다.

"실증 데이터가 인상적입니다. ROI 6개월은 B2B 시장에서 확실히 매력적인 수치죠."

잠시 침묵이 흐른 후, 최강혁이 말을 이었다.
"다만 여전히 치명적인 문제가 남아있습니다."

그는 자료를 천천히 덮으며 담담하게 말했다.
"현재 자금 상황으로는 Series A라운드까지 버티기에는 한계가 있습니다. 이미 데스 밸리(Death Valley)에 진입한 상태로 보입니다. 아무리 우수한 기술이라 해도 캐시플로우가 바닥나면 게임오버이죠."

류강준은 목구멍이 메이는 것을 느꼈다. 최강혁의 차가운 현실 진단 앞에서 할 말이 없었다.

"더 직설적으로 말하면, 지금 상황에서 AURION에 합류한다는 건 가라앉는 배에 타는 것과 같습니다. 아쉽지만 역시 함께하기는 어렵겠습니다."

류강준은 사무실로 돌아와 서유진에게 상황을 알렸다. 회의실은 무거운 침묵에 잠겼다. 런웨이 한 달 반만 남았고, 정말로 막다른 길이었다.

절망적인 상황에서 류강준은 마지막 카드를 꺼내 들었다. L-에너지의 박성진 팀장에게 솔직하게 현재 상황을 털어놓았다. AURION의 자금난과 Series A 투자 유치의 어려움을 있는 그대로 전했다.

이틀 후, 놀라운 소식이 들려왔다. 박성진과 전략팀장이 내부 경영진을 설득한 결과, L-에너지에서 브릿지 투자 10억 원을 제안해 온 것이었다.

"파주단지 가동까지 약 1년 정도의 시간이 필요한데, 그 기간 동안 AURION이 안정적으로 운영될 수 있도록 지원하겠다는 뜻입니다."
"저희도 AURION의 기술이 핵심적이라고 판단했고, 장기적인 파트너십을 위해 추가 투자를 결정했습니다."
L-에너지 전략팀장의 설명이었다.

갑작스러운 반전이었다. 류강준은 이 기회를 놓칠 수 없다고 생각해서, 즉시 최강혁에게 연락해서 직접 만남을 요청했다. 이번에는 최강혁이 미팅 제안하기를 기다리지 않고, 류강준이 주도권을 잡았다.

■■ 세 번째 만남, 예상치 못한 반전

최강혁은 L-에너지의 브릿지 투자 소식을 듣고 처음으로 표정이 미묘하게 밝아졌다.

"10억 원이라… 솔직히 예상 못 했네요. 파주단지 프로젝트 하나 때문에 이런 큰 결정을 내렸다는 건 내부에서 뭔가 확신하는 게 있다는 뜻이겠죠."

최강혁이 잠시 이야기를 멈추더니 예상하지 못한 말을 이어 나갔다.

"실은 제가 처음부터 솔직하지는 못했습니다. 사실 저는 이미 첫 미팅 때부터 AURION의 기술적 잠재력이 매력적이라고 생각은 하고 있었습니다."

류강준의 눈이 커졌다.

"그런데 왜 그렇게 단호하게 거절하셨던 건가요?"

"두 가지 이유가 있었습니다."

최강혁이 진지한 표정으로 설명했다.

"첫째는 일종의 스트레스 테스트였습니다. 이런 위기 상황에서 류 대표님께서 실제로 어떻게 대응하는지, 정말로 포기하지 않고 돌파구를 찾는지 직접 확인하고 싶었거든요."

류강준이 고개를 가볍게 끄덕이자, 최강혁이 말을 이었다.

"그리고 결정적이었던 건 정명수 대표님의 말씀이었습니다. 지난주에 우연히 만나 뵙게 되었는데, 류 대표님에 대해 정말 극찬하시더라고요. '30년 넘게 스타트업 생태계에서 일하면서 이런 끈기와 실행력을 가진 창업자는 처음 봤다'고 하시면서요."

순간 류강준의 눈시울이 뜨거워졌다. 정명수 대표가 자신이 모르는 곳에서 그런 따뜻한 말을 해 주고 있었다는 사실에 깊이 감동했다. 혼자서는 절대 해낼 수 없었을 일들이 많았다. 정명수 대표의 조언과 격려가 없었다면 최강혁을 설득하려는 시도조차 하지 못했을 것이다.

"결국 이 두 가지가 합쳐졌습니다. 직접 확인한 류 대표님의 위기 대응 능력과 그리고 정명수 대표님 같은 베테랑의 검증까지 받게 된 것이지요. 두 번의 거절에도 굴복하지 않고 브릿지 투자까지 직접 확보한 걸 보니 이제 합류해도 충분히 괜찮겠다는 확신이 들었습니다."

■■ 조건부 합류와 새로운 시작

류강준은 여전히 상황을 완전히 믿지 못하겠다는 표정이었다. 계속 거절만 당하다가 갑자기 합류 의사를 밝히니, 솔직히 혼란스러웠다. 과연 최강혁의 진심이 무엇인지 여전히 의심스러웠다.

"죄송하지만, 아직도 최강혁 님의 진짜 의도가 무엇인지 확신이 서지 않습니다. 물론 합류 의사를 밝혀주셔서 감사하지만... 혹시 또 다른 테스트는 아닌 건가요?"
최강혁이 류강준의 의구심을 이해한다는 듯 고개를 가볍게 끄덕이며 답변했다.

"당연한 반응이라고 생각합니다. 저는 단순히 재무와 전략만 다루는 사람이 아닙니다. CEO와 함께 회사의 운명을 결정하는 동반자라고 생각합니다. 그렇기 때문에 회사의 위기 상황에서도 냉정함을 유지하고 해결책을 찾는 리더십과 팀을 결속시키는 능력이 있는지 반드시 확인해야만 했습니다. 그리고 저와 업무 스타일이 잘 맞는지도요."

잠시 침묵이 흐른 후, 최강혁이 차분한 목소리로 말을 이어갔다.

"그렇다면 이제 구체적인 제안을 드려보겠습니다. 제가 합류하면 6개월 이내에 Series A 100억 원 유치를 함께 목표로 삼는 것이 어떨까요? 그리고 재무 운영은 제가 책임지고, 스톡옵션은 회사 성장 이후 합리적인 수준에서 협의했으면 합니다. 류 대표님께서는 어떻게 보시는지요?"

드디어 류강준은 마음 깊은 곳에서 안도할 수 있었다.

"모든 조건에 동의합니다. 잘 부탁드립니다, 최강혁 CFO님."

■ 재무 전략의 설계

2019년 9월, 최강혁이 합류한 후 AURION의 전체적인 분위기는 확연히 달라졌다. 입사 첫날부터 그는 재무 구조를 완전히 재설계하기 시작했다.

"현재 월간 번 레이트 0.6억 원을 0.4억 원으로 당장 절감해야 합니다. 그와 동시에 매출 예측 모델을 훨씬 정교하게 다듬어야 하겠습니다."

최강혁은 회의실 화이트보드 앞에서 체계적으로 재무 전략을 설명했다.

"가장 현실적인 방법은 기술 개발팀 규모를 축소하는 겁니다. 현재 개발 단계가 거의 완료되었으니까, 핵심 개발자 2명만 남기고 나머지는 일시적으로 정리해야 할 것 같습니다. 물론 투자 유치가 완료되면 다시 팀을 확장할 계획입니다."

서유진의 표정이 굳어졌다. 기술팀을 이끌어 온 입장에서 팀원들을 내보내야 한다는 얘기가 받아들이기 어려웠다.

최강혁은 냉정하게도 계속해서 이야기를 이어 나갔다.

"Series A 투자자들이 핵심적으로 원하는 건 정확히 3가지입니다. 첫째, 제품-시장 적합성에 대한 확실한 입증, 둘째, GTM 전략, 셋째, 실제로 확장 가능한 비즈니스 모델입니다."

그는 마커를 들고 류강준과 서유진을 차례로 보며 핵심을 짚어 나갔다.

"다행히 첫 번째는 L-에너지를 통해 증명했습니다. 이제 두 번째와 세 번째를 확실히 완성해야 할 차례입니다. 그리고 투자자들에게 우리가 장기적으로 지속 가능한 수익 창출 비즈니스라는 걸 명확히 보여줘야 합니다."

▜ Series A 투자 유치 준비

2019년 12월, CoreVentures 회의실에서 다시 만난 민상훈 심사역은 이전과는 다른 반응을 보였다.

"재무 구조가 확실히 개선됐네요. 특히 Unit Economics가 구체적으로 명확해진 점이 인상적입니다."

최강혁이 정리된 자료를 펼치며 설명했다.

"탄소 배출권 비용 절감 효과가 연간 고객사 당 평균 12억 원입니다. 저희 솔루션 도입 비용 4억 원 대비 ROI는 3년 내 300% 이상이 될 것입니다. 그리고, 에너지 절감 기술 중 ROI 회수 기간은 5년 이하로 B2B 시장에서 상당히 경쟁력 있는 수치가 될 것입니다."

민상훈이 관심 있는 표정으로 질문했다.

"ESG 규제 강화가 실제 수요로 바로 연결될 거로 생각하십니까?"

"이미 시작되었다고 생각합니다. 2030년까지 코스피 상장사 대상으로 지속가능경영 보고서 공시가 의무화되고, 더 중요한 건 신용평가 기관들이 2019년부터 ESG 요소를 신용평가에 직접 반영하고 있어 기업들의 ESG 투자는 이제 선택이 아닌 생존 필수가 되었습니다."

최강혁은 다음 페이지로 넘기며 계속했다.

"Series A 자금은 제품 고도화와 정부 인증 취득, 마케팅 및 영업조직 확대에 집중하여 투입할 계획입니다. 특히 정부의 기후테크 지원정책과 연계해서 레버리지 효과를 극대화하겠습니다."

"구체적으로는 산업부의 그린뉴딜 기업 인증을 받으면 정부 조달 가점 5점과 R&D 자금 매칭 최대 30억 원까지 지원받을 수 있고, 이를 통해 저희 투자 자금의 효과를 2배 이상 늘릴 수 있을 것이라 생각합니다."

"시장 확장성은 어떻게 예상하십니까?"

"기후테크 시장은 2032년까지 204조 원 규모로 성장할 것으로 전망됩니다. 국내만 봐도 2030년 탄소중립 목표 달성을 위해 연평균 5조 원의 기후테크 투자가 반드시 필요한 상황입니다."

최강혁은 그래프를 가리키며 구체적인 설명을 이어갔다.

"저희는 4년 내 국내 ESG 의무 공시 대상 기업 1,000곳 중 10% 점유율을 목표로 합니다. 한 건당 평균 계약 규모 5억 원 기준으로 연 매출 500억 원 달성이 충분히 가능합니다."

회의실의 분위기가 확실히 긍정적으로 변했다. 투자자들은 더 이상 '막연한 기술의 가능성'이 아닌 '측정 가능한 비즈니스의 현실성'을 검토하고 있었다.

민상훈이 핵심 질문을 던졌다.
"AURION의 투자 기업가치는 어느 정도로 생각하십니까?"

최강혁이 미리 준비한 상세 자료를 제시했다.
"동종 업계 유사 기업 대비 EV/Sales 배수 분석과 최근 유사 기업 투자 거래 사례를 비교하여 프리 밸류 600억 원이 합리적이라고 판단됩니다. 100억 원 투자 시 포스트 밸류 700억 원, 투자자 지분 14.2%로 제안 드립니다."

■ 100억 원 투자 유치 성공

2주 후 실사(Due Diligence) 과정을 거쳐 최종 투자 승인이 났다. 다만 CoreVentures의 몇 가지 요구사항이 있었다.

"투자 조건으로 당사 파트너를 사외이사로 선임하고, 분기별 경영 보고를 의무화해 주시기를 바랍니다. 그리고 주요 경영진 변동 시 사전 협의가 반드시 필요합니다."

이런 조건들은 투자자 보호와 후속 투자 유치를 위한 업계 표준 조건이었다.
류강준과 최강혁은 별다른 이의 없이 조건을 수용했다. 어차피 감시가 아닌 성장 파트너로서의 협력이라고 생각했기 때문이다.

일주일 후 AURION의 100억 원 Series A 투자 유치 소식이 스타트업 업계에 알려졌다. 기술 검증에서 시작해 재무 안정성까지 확보한 AURION의 본격적인 도약이 시작되는 순간이었다.

서유진은 이 전체 과정을 지켜보며 상당히 복잡한 심경이었다. 물론 투자 유치 성공은 기뻤지만, 최강혁이 합류 초기에 기술팀 절반 이상을 줄인 것에 대한 씁쓸함이 여전히 남아있었다. 함께 밤을 새워 기술을 개발했던 동료들을 비용 절감이라는 이유로 내보내야 했던 기억이 아직도 마음에 걸렸다. 초기의 기술 중심의 순수함이 점점 사라지는 것 같은 아쉬움과, 동시에 회사의 지속가능성이 드디어 확보되는 안도감이 마음속에서 계속 교차하며, 정확히 뭐라 설명하기 어려운 감정을 계속 느끼고 있었다.

실무 가이드 15 Series A 투자 유치와 CFO 영입

위기를 기회로 전환하는 것은 기술력만으로는 불가능하다. 데이터 기반의 설득력 있는 비즈니스 모델을 통해 문제를 해결한다.

Series A 투자 유치 성공을 위한 핵심 전략

1. Series A 투자자가 원하는 3대 핵심 요소

- **제품-시장 적합성 증명** : 실제 고객사의 구체적인 성과 데이터로 기술의 시장 검증을 완료해야 한다. ROI(Return on Investment) 회수 기간 5년 이하, 연간 비용 절감 효과 등 정량적 지표가 필수다.
- **Go-to-Market(GTM) 전략** : "마케팅에 집중하겠다"는 막연한 계획이 아닌

"네이버 검색광고와 블로그 광고에 집중하겠다"는 구체적인 채널 전략을 제시해야 한다.

- **CAC대비 LTV 비율** : 고객 확보 비용(Customer Aquisition Cost, CAC) 대비 고객 생애 가치(Life Time Value, LTV) 비율은 고객으로부터 얼마나 많은 수익이 창출하는지를 나타내는 핵심 지표로, LTV를 CAC로 나눈 값이 이상적으로 3 :1 이상을 권장한다.

2. CFO 영입의 전략적 타이밍과 효과

- **영입 시기** : 풀타임 CFO는 Series A 투자 이후부터 고려하는 것이 적절하며, 비즈니스 모델이 뚜렷해진 본격 사업화 단계에서 효과적이다.
- **CFO 역할의 진화** : 기존의 회계 업무 처리에서 벗어나 기업 전략 수립, 투자 유치, M&A 검토 등 비즈니스 혁신의 주도자 역할을 수행한다.

3. CFO 영입 시 고려 사항

- **스타트업 마인드셋** : 체계가 없는 스타트업 환경에서 창업가와 싱크를 맞춰 빠른 의사결정과 실행가능한 인재를 선택한다.
- **경력 배경** : 금융기관 출신은 투자 유치에 특화되고, 회계법인 출신은 내부 관리에 특화되어 있으므로 회사 상황에 맞게 선택한다.

조언

Series A는 본격적인 비즈니스 기업으로 전환하는 중요한 분기점이다. 이 단계에서는 기술의 우수성보다는 비즈니스의 확장성과 수익성을 입증하는 것이 핵심이며, 전문 CFO의 영입을 통해 재무 전략과 투자 유치 역량을 강화하는 것이 지속 가능한 성장의 열쇠다.

불협화음 :
숫자와 기술, 부딪히는 시선

우선순위의 차이

2020년 2월, 100억 원 규모의 Series A 투자 유치 성공을 한 그 순간만큼은 AURION이 어떤 위기에도 흔들리지 않을 것 같았다. 류강준의 리더십, 서유진의 기술력, 그리고 최강혁의 재무 전략까지, 이 완벽한 삼각형이 완성되어 성장은 자연스럽게 따라올 것처럼 보였다.

하지만 최강혁이 정식 합류한 후 6개월 만에, 예상치 못한 미묘한 긴장감이 회사 내에서 서서히 감돌기 시작했다.

월요일 오전 전략 회의가 진행되고 있는 회의실 내의 화이트보드에는 2017년 Q1 로드맵이 빼곡히 적혀 있었다.

최강혁이 전자 칠판 화면을 가리키며 현실적인 의견을 제시했다.

"현재 재무 상황을 냉정하게 고려하면 24개월 후 Series B 투자를 진행해야 합니다. 그런데 Series B 투자자들은 Series A와는 다른 걸 요구합니다. 명확한 사업 확장 전략과 실제 시장 점유율 데이터를 원합니다. 그 시점까지 매출성장률을 분기별 20% 이상 유지함과 동시에 시장 확장성을 입증해야 합니다."

서유진이 자신의 노트북 화면을 확인하며 신중하게 답했다.

"알고리즘 3.0 버전이 완성되면 정확도가 현재보다 15% 추가 향상됩니다. 다만 최소 12개월이 소요될 예정입니다. 성급하게 출시하면 브랜드 신뢰도에 치명적인 악영향을 줄 수 있습니다. 그리고 기술팀 재충원도 시급합니다."

최강혁은 펜 끝을 책상 위에 탁탁 치면서 반박했다.

"CTO님, 사실 인력 계획에 대해서도 재검토가 필요합니다. 기술팀 충원 계획을 고민했지만, 현실적으로 마케팅과 영업 인력 충원이 훨씬 시급합니다. 기술은 이미 충분히 검증됐으니, 이제는 시장 점유율 확대가 핵심이라고 생각합니다. 같은 예산으로 영업팀 3명을 뽑는 게 개발자 1명 뽑는 것보다 매출 기여도가 훨씬 높을 겁니다."

서유진의 표정이 한순간에 굳어졌다.

"잠시만요. 기술팀 추가 인력 충원은 반드시 필요합니다. 그리고 저희 핵심 경쟁력은 바로 정확도입니다. 95%와 98%의 차이는 단순히 3%만을 의미하는 것이 아니라, 고객에게 얼마나 확실한 데이터를 제공할 수 있는지에 관한 근본적인 신뢰도의 차이입니다. 이 신뢰도 격차는 단순히 3%로 환산할 수 없다고 생각합니다."

"하지만 현재 AURION의 주주들은 그 3% 기술 개선보다 실제 시장 확장 능력을 더 중요하게 볼 것입니다. 우선 영업조직을 구축해서 고객 기반을 넓히고, 그 과정에서 받은 피드백으로 기술을 개선하는 게 더 효율적이지 않을까요?"

회의실에 무거운 정적이 흘렀다. 두 사람 모두 틀린 말을 하는 건 아니었지만, 너무나도 다른 철학에서 접근하고 있었다. 이견은 절대 좁혀지지 않는 평행선을 그리고 있는 듯했다.

■ 서로 다른 성공 지표

며칠 후, 고객사 미팅 준비 과정에서도 또다시 의견이 충돌했다.

최강혁이 타협점을 찾아보려는 듯 제안했다.

"이번 제안서에는 NPV와 ROI를 메인 메시지로 내세우는 전략이 좋을 것 같습니다. '3년 내 현금흐름 플러스'라는 구체적인 메시지가 고객사에 어필할 가능성이 높기 때문입니다."

서유진은 완전히 다른 접근을 원했다.

"물론 고객사의 NPV와 ROI도 중요하지만, 우리만의 기술적 우위를 훨씬 더 강조해야 한다고 생각합니다. 저희 예측 정확도가 경쟁사보다 20% 높다는 점을 핵심으로 부각시켜야 하지 않을까요?"

"CTO님, B2B 고객들은 솔직히 기술 스펙보다 실제 비즈니스 임팩트에 훨씬 더 관심이 많습니다. 특히 구매 최종 결정권자들은 더더욱요."

"하지만 기술팀에서는 정확도를 절대적으로 중요하게 봅니다. 실제 사용자들의 장기적인 신뢰를 얻으려면……"

계속되는 대립에, 류강준이 중재자 역할로 나섰다.

"두 분 다 맞는 말이고, 각각 중요한 포인트를 짚고 계시네요. 그렇다면 제안서 첫 부분은 ROI를 중심으로, 별도 기술 섹션에서는 정확도를 상세하게 강조하는 절충안은 어떨까요?"

그럼에도 불구하고, 근본적인 철학 차이에서 비롯된 의견 대립은 쉽게 중간지점을 찾기 어려웠다.

■ 미묘한 온도 차이

갈등은 표면적으로 보이는 직접적인 갈등은 아니었다. 서로 소리를 지르거나 노골적으로 감정을 드러내지도 않았다. 오히려 그랬기 때문에, 더욱 미묘하고 해결하기 어려웠다.

서유진은 최강혁이 기술팀 개발 일정을 수정할 때마다 속으로 불편함을 느꼈다. 항상 기술적 완성도보다 시장 출시 일정을 먼저 우선시하는 것처럼 보였다. 마치 기술은 단순한 수단에 불과하다는 식으로 접근하는 것만 같았다.

최강혁은 서유진이 현실적인 시장 상황을 전혀 고려하지 않는다고 느꼈다. 너무 기술적 이상향에만 매몰되어 실제 비즈니스 생존 현실을 놓치는 것 같았다. 고객이 원하는 타이밍과 시장 기회를 무시하는 것처럼 여겨졌다.

"CTO님이 추구하는 완벽한 기술 구현과 CFO님이 강조하는 빠른 시장 진입... 둘 다 이해는 되는데..."

류강준은 사무실에서 혼자 답답하다는 듯이 중얼거렸다. 각각의 전문성은 충분히 인정하지만, 회사 전체를 바라보는 시각이 너무나도 상반되었다. 이 간극을 어떻게 메꾸어나가야 할지 점점 막막해지고 있었다.

■ 균형점 찾기

며칠간의 고민 끝에 류강준은 쉽지 않은 결정을 내렸다. 개별 1 : 1 미팅을 통해 각자의 관점에서 고려해 보기로 했다.

"유진 CTO님, 최강혁 CFO가 합류한 후 어떻게 느끼고 계세요?"

"정말 솔직히 말씀드리자면... 기술에 대한 근본적인 이해도가 부족한 것 같습니다. 물론 재무 전문성은 충분히 인정하지만, 기술개발의 예측 불가능한 불확실성을 너무 단순하게 계산하려는 경향이 강한 것 같습니다."

〈최강혁과의 미팅에서〉

"CFO님은 현재 상황을 어떻게 보고 계세요?"

"CTO님의 기술적 실력은 뛰어납니다. 다만 시장 타이밍에 대한 감각이 아쉽습니다. 너무 기술적 완성도만 추구하다가 결정적인 시장 기회를 놓칠 수 있다는 현실적인 우려가 있습니다."

류강준은 1 : 1 미팅을 진행해 본 결과, 개인적인 성향 차이도 있을 수 있겠으나, 빠르게 성장하는 스타트업이라면 필연적으로 겪는 자연스러운 과정을 지나고 있음을 깨달았다. 기술 우선에서 시장 중심으로 무게중심이 급격히 이동하는 전환점에서 생기는 충분히 예상할 수 있는 부분이었다.

"결국 둘 다 AURION을 진심으로 위한 마음인데, 문제 해결 접근 방식이 정반대인 거군."
류강준은 혼자서 중얼거렸다.
이 미묘한 균형을 어떻게 조율해 나갈지가 앞으로의 핵심 과제이자 관건이었다.

복잡한 이해관계와 상반된 관점이 공존하는 성숙한 조직으로 변화하고 있는 듯

하였다. 류강준은 이런 충돌을 일시적인 성장통이라 믿고 싶었다. 언젠가는 이 혼란이 성숙하고 발전된 협업으로 이어지기를 간절히 바랐다.

16 성장 단계 스타트업의 조직 갈등 관리

기술 중심에서 시장 중심으로 무게중심이 이동하는 성장 단계에서 CTO와 CFO 간의 갈등이 발생할 수 있다. 건설적 성장 동력으로 전환하는 것이 CEO의 리더십이다.

성장 단계 조직 갈등의 이해와 전략적 관리법

1. 성장 단계 갈등의 근본 원인

- **역할과 우선순위의 충돌** : CTO는 기술적 완성도와 장기적 신뢰성을 중시하는 반면, CFO는 시장 타이밍과 단기적 성과를 우선시하여 근본적인 관점 차이가 발생한다.
- **자원 배분의 딜레마** : 제한된 예산과 인력을 기술개발에 투자할지 영업/마케팅에 투자할지에 대한 선택의 기로에서 갈등이 심화된다.
- **성공 지표의 차이** : 기술적 정확도 향상과 매출성장률이라는 서로 다른 KPI를 추구하면서 조직 내 우선순위 혼란이 발생한다.

2. 갈등 관리의 5가지 전략적 접근법

- **경쟁(Competing)** : 긴급하고 중요한 상황에서 CEO의 결단력 있는 의사결

정이 필요한 순간에 활용한다. 시장 기회를 놓칠 위험이 클 때 적합하다.

- **협력(Collaborating)** : 당사자 양측의 관심사가 모두 중요할 때 통합적 해결안을 도출한다. 투트랙 전략(정부용/민간용 동시 개발)처럼 윈-윈 방안을 찾는다.
- **타협(Compromising)** : 제한된 시간과 자원하에서 중간지점을 찾는다.
- **회피(Avoiding)** : 성장 단계에서는 더 중요한 일에 집중하기 위해 불필요한 갈등을 과감히 내려놓는 전략적 회피가 필요하다.
- **수용(Accommodating)** : 상대방의 전문성을 인정하고 의견을 받아들일 때 사용하며, 장기적 관계 구축에 도움이 된다.

3. 조직 성숙도에 따른 갈등 관리

- **초기(~10명)** : 창업자의 카리스마 있는 의사 결정력과 비전 공유를 통한 경쟁/협력 전략을 활용한다.
- **성장기(10~50명)** : 전문가 영입으로 인한 기존 멤버와의 갈등을 예방하기 위해 회피와 타협 전략을 적극 활용한다.
- **확장기(50명 이상)** : 명확한 조직문화와 의사결정 체계를 구축하여 협력 중심의 갈등 해결 시스템을 정착시킨다.

4. 실무적 갈등 예방 및 해결책

- **열린 의사소통 환경** : 직원들이 자신의 의견과 우려 사항을 편안하게 표현할 수 있는 심리적 안전감을 조성한다.
- **정기적 전략 회의** : 월 단위로 각 부문의 우선순위와 진행 상황을 공유하여 정보 비대칭으로 인한 갈등을 예방한다.
- **성과 지표 통합** : 기술적 완성도와 비즈니스 성과를 모두 반영하는 통합 KPI

를 설계하여 목표 일치화를 도모한다.

- **역할과 책임 명확화** : 기술팀은 제품 품질 책임, 재무팀은 시장 성과 책임으로 명확히 구분하되 상호 협력 지점을 정의한다.

5. 갈등의 긍정적 활용

- **혁신의 기회** : 서로 다른 관점의 충돌에서 새로운 해결책과 창의적 아이디어가 탄생할 수 있다.
- **조직 학습** : 갈등 해결 과정에서 조직 구성원들이 상호 이해와 협업 역량을 향상시킬 수 있다.
- **의사결정 품질 향상** : 다양한 시각의 검토를 통해 더욱 신중하고 균형 잡힌 전략적 판단이 가능하다.

조언

성장 단계 기업의 갈등은 성장통이며 조직이 성숙해지는 과정의 필연적 현상이다. 갈등을 회피하거나 억압하기보다는 건설적 토론의 기회로 활용하고, CEO는 중재자가 아닌 비전을 제시하는 리더로서 조직 구성원들이 공동 목표를 향해 나아갈 수 있도록 방향성을 제시해야 한다.

전략의 파고 :
불확실 속의 청사진

■ 시장 기회의 재발견

AURION 사무실은 은은한 긴장감이 감돌고 있었다. 서유진과 최강혁 사이에는 여전히 온도 차이가 있었지만, Series A 투자로 얻은 추진력은 회사를 멈춰 있게 할 수 없었다. 더 이상 기술력만으로는 설명이 부족했다. 시장이 쉽게 이해할 수 있는 언어로 AURION을 완전히 재정의해야 할 시점이었다.

그 역할을 할 수 있는 사람은, 바로 최강혁이었다.

2017년 6월 어느 월요일 오전, 전 직원이 모인 전사 전략 회의에서 최강혁은 체계적인 자료를 제시하며 브리핑을 진행했다.

"지난 3개월간 진행한 시장 조사 결과를 공유하겠습니다. 모든 내용이 실질적인 데이터를 바탕으로 구성되었다는 점을 먼저 말씀드립니다."

첫 번째 슬라이드가 대형 화면에 선명하게 띄워졌다.

"우선 정부 정책부터 살펴보겠습니다. 올해 3월 발표된 '제4차 국가 기후 변화 적응 대책'에서 지자체별 기후 리스크관리 시스템 구축에 3년간 2조 원이 확정 책정됐습니다. 이것은 저희가 공략하는 시장이 정부 예산으로 뒷받침된다는 확실한 근거를 의미합니다."

류강준은 고개를 끄덕이며 집중해서 경청하였다. 지금까지 막연하게만 느껴졌던 시장 가능성이 드디어 구체적인 숫자로 명확하게 파악되기 시작했다.

"경제적 측면에서는 훨씬 더 명확합니다. 작년 기후 재해로 인한 국내 직접 피해액이 3조 원을 훌쩍 넘었습니다. 이제 보험사들이 기후 리스크관리에 본격적으로 투자하기 시작했고, 대기업들도 ESG 경영 의무화로 예방적 투자를 급격히 늘리고 있는 상황입니다."

서유진이 핵심을 파고드는 질문을 던졌다.
"그런 시장 흐름은 충분히 알겠는데, 정작 우리 기술이 경쟁사 대비 구체적으로 어떤 우위가 있는지 명확하게 보여줄 수 있나요?"

최강혁이 다음 슬라이드로 넘어갔다.
"네오테크와 당사를 직접 비교해 보겠습니다. 그들은 사후 대응 중심이고 시스템 구축에 평균 8개월이 필요합니다. 반면 우리는 사전 예측 중심이고 4개월 내 구축 완료가 가능합니다. 하지만 더 결정적인 건 정확도인데…"

그는 상세한 비교 차트를 제시하며 설명을 이어 나갔다.

"저희 예측 정확도는 91.3%, 경쟁사는 89.1%입니다."

■ 현실적인 진입 전략

회의는 더욱 구체적인 실행 계획으로 자연스럽게 이어졌다.

최강혁은 발표를 계속해서 진행해 나갔다.

"시장 진입 전략을 단계별로 3단계로 나눠봤습니다. 1단계에서는 정부 및 지자체와 소상공인·농업인 시장을 동시에 공략하고, 2단계는 대기업, 3단계는 중견기업 순으로 점진적으로 확산하는 로드맵입니다."

"반드시 해당 순서로 진행해야 하는 특별한 이유가 있나요?"
서유진이 질문을 던졌다.

"B2G가 가장 예측 가능하고 단일 계약 규모가 압도적으로 크기 때문입니다. 게다가 정부 레퍼런스가 쌓이면 기업 영업이 수월해집니다. 특히 건설사, 제조업체들이 현재 ESG 리스크 관리 솔루션을 적극 찾고 있는 시점이기 때문입니다."

류강준이 관심을 보였다.
"1단계를 완전히 완료하는 데 필요한 시간은 대략 어느 정도로 예상하십니까?"

"올해 하반기까지 지자체 5곳과 계약 체결이 핵심 목표입니다. 계약 건당 평균 20억 원, 총합 100억 원 매출을 현실적으로 예상하고 있습니다."

서유진의 표정이 순간 진지해지더니 불만이 터져 나왔다.
"그런데 CFO님, 그 빡빡한 일정에 맞추려면 알고리즘 최적화 작업을 상당히 앞당겨야 할 텐데요. 정작 기술 인력은 왜 계속 줄이시는 겁니까? 이미 절반 이상이 나갔는데, 어떻게 개발 일정을 맞추라는 건지 이해가 안 됩니다."

최강혁이 차분하게 반박했다.
"내년 하반기에 계약이 확정되면 상반기에 충원해도 늦지 않을 것으로 보입니다. 지금은 일단 비용을 효율적으로 관리하는 것이 더 우선순위 아닐까요?"

"현재 인원으로는 기술개발 일정을 절대 맞출 수 없습니다."
서유진이 단호하게 말했다.

"개발자 2명으로 어떻게 알고리즘 최적화와 시스템 안정화를 동시에 진행하라는 겁니까? 물리적으로 불가능한 일정을 요구하고 계신 거예요."

회의실의 분위기가 급격히 무거워졌다. 두 사람의 근본적인 시각 차이가 다시 한번 표면으로 드러나는 순간이었다.

■ 리스크와 기회의 균형

최강혁은 마지막 슬라이드를 화면에 크게 띄웠다.

"리스크도 현실적으로 봐야 합니다. 가장 큰 변수는 정부 정책 변화입니다. 정권이 바뀌면 예산 우선순위가 완전히 달라질 가능성이 상당히 큽니다."

"그렇다면 어떤 대비책이 있을까요?"
류강준이 질문을 던졌다.

"민간 시장 진출을 병행하는 투트랙 전략이 필요합니다. 정부 의존도를 60% 이하로 낮추면서 민간 시장 비중을 확대해야 합니다."

서유진은 처음으로 고개를 끄덕였다. 최강혁의 분석에 동의한 것은 이번이 처음이었다
"기술적으로도 병행 개발하는 게 도움이 될 것 같습니다."

최강혁이 약간 놀랐다.

"CTO님과 드디어 생각이 일치하네요. 결국 우리가 보유한 코어 기술을 다양한 시장에 유연하게 적용할 수 있는 확장성이 진짜 경쟁력이라고 확신합니다."

드디어 두 사람 사이에 공통 분모가 생기기 시작했다. 의견 충돌보다는 상호 보완적인 관점에서 해결책을 모색하는 건설적인 방향으로 흘러가는 듯했다.

■ 우선순위의 선택

회의를 마무리하며, 류강준이 말했다.

"좋은 분석이었습니다. 이제 실행 계획을 더욱 구체화하는 단계가 필요할 것 같습니다."

최강혁이 체계적으로 내용을 재정리했다.

"다음 주까지 각 부문별 세부 실행 계획을 완성해 보겠습니다. 우선 영업팀과 마케팅팀 신규 충원이 급선무입니다. 영업 전문가 2명, 마케팅 담당자 1명 채용을 먼저 진행하고, 개발팀은 정부용과 민간용 솔루션 개발을 우선순위로, 재무팀은 단계별 투자 계획을 각각 상세하게 준비 부탁드립니다."

서유진은 즉시 반론을 취했다.

"그런데 영업팀 3명은 바로 뽑으면서 개발팀 충원은 계속 미루는 이유가 뭔가요?"

최강혁이 논리적으로 설명했다.

"현재 기술은 이미 검증됐고, 이제는 시장 진입이 더 시급한 상황입니다. 영업팀이 먼저 고객 니즈를 파악해 오면 개발팀이 더 효율적으로 작업할 수 있을 것입니다."

"하지만 현재 2명으로는 물리적으로 불가능한 일정이라고 계속 말씀드리고 있잖아요!"

서유진의 목소리가 높아졌다.

회의실에 긴장감이 다시 흘렀다. 류강준이 어려운 결정을 내려야 할 순간이었다.

"일단은 최강혁 CFO님 제안대로 진행해 보겠습니다. 마케팅팀과 영업팀 충원을 우선하고, 개발팀은 현재 인원으로 최대한 운영해 보죠. 일단 성과가 나오면 그때 개발팀도 확장하는 걸로 하시지요."

서유진이 잠시 말을 멈췄다. 그런 다음 씁쓸한 표정으로 고개만 천천히 끄덕였다.
"알겠습니다. 그렇게 하시죠."

회의실을 나서는 서유진의 뒷모습에서 깊은 실망이 느껴졌다. 류강준은 올바른 결정을 내린 건지 확신이 서지 않았지만, 지금 상황에서는 시장 진입이 더 우선이라고 판단할 수밖에 없었다.

실무 가이드 17 B2G 시장 진입 전략

기술력만으로는 시장을 설득할 수 없다. 복잡한 기술을 고객 가치로 번역하고, B2G 시장의 독특한 특성을 이해하는 것이 중요하다.

B2G 마케팅 전략 수립의 핵심

1. B2G 마케팅의 특수성과 STP 전략

- **정교한 시장 세분화(Segmentation)** : 중앙정부 산하기관, 광역지자체, 기초지자체는 예산 규모, 의사결정 기간, 요구 KPI가 완전히 다른 별개의 세그먼트로 접근해야 한다.

- **명확한 타깃팅(Targeting)** : Primary Target이 기술 담당자인지 예산 담당자인지 명확히 구분하고, 각각에 맞는 차별화된 메시지를 개발한다.

- **가치 중심 포지셔닝(Positioning)** : '정확도 최고의 기후 예측 솔루션'이 아닌 '지자체 재해 대응 효율성 극대화 플랫폼'처럼 고객 관점의 가치를 우선 제시한다.

2. B2G 마케팅 믹스 최적화

- **제품(Product) 전략** : 정부 조달의 사양과 요구사항을 충족하면서도 독특한 가치 제안과 경쟁 우위를 명확히 입증해야 한다.

- **가격(Price) 전략** : 기술 가치와 ROI 기반의 일관된 가격 정책을 수립하여 고객사의 투자수익률을 명확히 제시한다.

- **유통(Place) 전략** : 직접 판매뿐만 아니라 SI(System Integration) 업체나 시스템 통합업체를 통한 파트너 채널 전략을 병행 개발한다.

- **홍보(Promotion) 전략** : 홈페이지 중심의 Pull 전략과 정부 세미나, 컨퍼런스 등 Push 전략을 균형 있게 조합한다.

3. B2G 시장 진입을 위한 실무 전략

- **조달 프로세스 이해** : RFP(Request for Proposal), RFI(Request for Information), RFQ(Request for Quotation), 입찰, 계약, 감사 등 정부 조달의 복잡한

단계와 요구사항을 체계적으로 학습한다.

- **규정 준수 체계 구축** : 정부 계약의 엄격한 규정과 컴플라이언스 요구사항을 사전에 파악하고 대응 체계를 마련한다.
- **관계 구축** : 정부 구매자와의 장기적 관계 형성을 위한 신뢰 기반의 커뮤니케이션 전략을 수립한다.

4. 효율적 마케팅 전략

- **SEO 중심 접근** : 기업은 검색 엔진 최적화를 통한 자연 트래픽 확보가 가장 비용 효율적인 마케팅 전략이다.
- **콘텐츠 마케팅** : 업계 전문성을 보여주는 양질의 콘텐츠를 지속적으로 생산하여 신뢰도를 구축한다.
- **파트너십 활용** : 외부 전문가나 컨설팅 기관과의 협력을 통해 제한된 자원으로 최대 효과를 창출한다.

조언

B2G 시장은 일반 B2B와 다른 특성을 가진 독특한 영역이다. 장기적 관점에서 신뢰 관계를 구축하고, 정부 조달 프로세스의 복잡성을 이해하며, 공공 가치와 비즈니스 가치를 동시에 창출할 수 있는 마케팅 전략이 성공의 열쇠다.

Chapter 4

시장의 반응과 확장의 전개

내부 갈등을 잠재운 AURION, 이제 시장의 문을 강하게 두드린다.
류강준 대표는 이아름 마케팅 디렉터와 이현수 영업 디렉터라는 핵심 인재를 확보하며 조직을 완성한다. 이현수 디렉터가 수년간 쌓아온 현장 신뢰와 무료 체험이라는 파격적인 전략은 첫 계약 성공이라는 결실을 맺는다.
하지만 성장 속에서 생산 병목이라는 새로운 위기가 발생하고, AURION은 OEM 파트너십이라는 전략적 협력으로 위기를 극복하며 제조 역량의 기반을 다진다. 성공적으로 시장에 안착한 이들의 행보는 기후테크 시장의 거인인 네오테크 CEO 오윤서의 시선을 끌기 시작하고, 보이지 않는 곳에서 새로운 긴장감이 싹트기 시작한다.

이야기의 힘 :
퍼즐 조각의 발견

■ 마케팅의 공백기

2020년 6월, AURION은 심각한 고민에 빠졌다.

"지금 상황에서 가장 시급한 건 역시 마케팅 전문가 영입입니다."

최강혁이 주간 경영진 회의에서 다시 한번 강조했다.
"영업도 중요하지만, 마케팅 없이는 장기적 성장이 어렵습니다."

류강준이 지난주 받아본 보고서를 다시 펼쳤다. 기후테크 분야 마케팅 전문가
는 생각보다 찾기 어려웠다. 대부분이 대기업 출신이거나 컨설팅 경력자들이었
고, 스타트업 환경에 적응할 수 있는 실무진은 극히 적었다.

"CMO급 인재를 정규직으로 모시려면 연봉만 1억 원 이상은 각오해야 할 것 같
은데요."
서유진은 현실적인 우려를 표했다.

"차라리 외부 컨설팅으로 시작하는 게 어떨까요?"

하지만 최강혁은 반대 의견이었다.
"지금 단계에서는 장기적인 마케팅 전략이 필요합니다. 단발성 컨설팅으로는

마케팅 일관성을 유지하기 어렵습니다."

류강준은 어제 고객사 미팅에서 받은 날카로운 질문이 떠올랐다.
"AURION의 솔루션이 정확히 우리 회사에 얼마의 비용 절감을 가져다줄 수 있나요?"
그때 류강준은 기술적 설명만 늘어놓았고, 결국 계약은 성사되지 않았다.

"우리 홈페이지를 처음 보는 사람들은 아마 1분 만에 나가기 버튼을 누를 거예요."
류강준이 씁쓸한 웃음을 지으며 말했다.

"첫 문장부터 '딥러닝 기반 기후 예측 엔진'이라니. 대체 그게 뭔 소리인지 누가 알겠어요."

게다가 경쟁사들은 이미 체계적인 마케팅 전략을 구축하고 있었다. 네오테크는 글로벌 PR회사와 손잡고 '기후 위기의 솔루션'이라는 명확한 메시지를 일관되게 전달하고 있었다.

"결국 유능한 마케팅 전문가를 찾을 수밖에 없겠네요."
류강준이 한숨을 쉬며 말했다. 하지만 그 '좋은 전문가'가 누구인지, 어디서 찾을 수 있는지는 여전히 미지수였다.

뜻밖의 접촉

그런데 며칠 후, 예상치 못한 연락을 받게 되었다. AURION 홈페이지의 문의 게시판에 올라온 게시글이었다.

류강준은 이 게시글을 보고 상당히 당황했다. 칭찬이 아닌 비판으로 시작하는 이런 접촉은 처음이었다.

서유진은 해당 게시글을 읽고 의심스러운 표정을 지었다.

"이런 식으로 접근하는 사람은 처음 봅니다. 혹시 컨설팅 영업 아닐까요? 요즘 이런 방식으로 접근하는 업체들이 많거든요."

최강혁은 홈페이지의 내용을 다시 꼼꼼히 살펴보며 말했다.

"그런데 틀린 말은 아닌 것 같기도 합니다. 실제로 우리가 너무 기술자 시선에서만 설명하고 있는 건 사실이니까요."

류강준도 잠시 마음속에 의구심이 스쳤다.

"혹시 우리 투자 소식을 듣고 영업 목적으로 접근하는 건 아닐까요? 지적하는 내용들이 정확해서 오히려 의심이 드네요."

"일단 만나볼까요? 영업이든 아니든 어떤 개선 방안을 가졌는지 들어보는 것도 나쁘지 않을 것 같네요. 다만 조심스럽게 접근해야겠어요."

■ 도발적인 첫 만남

일주일 후 성수동의 한 카페에서 이아름을 만났다. 40대 초반의 그녀는 첫인상부터 당돌하면서도 자신감으로 가득 찬 분위기를 풍겼다.

"AURION의 시장 세분화 전략이 명확하지 않습니다. STP 관점에서 보면 Segmentation 자체가 제대로 정립되지 않았습니다.

제대로 인사도 나누기 전에 던진 마케팅 전문 용어를 던졌다. 류강준은 '역시 컨설팅 영업이구나' 하는 생각과 함께, 무례하다는 기분도 느꼈다.

"구체적으로 어떤 부분이 문제라고 보시나요?"
류강준은 경계심을 가지고 질문을 하였다.

"우선 Segmentation부터 잘못됐어요. 현재 B2G를 하나의 세그먼트로 뭉뚱그려 보고 계시는데, 실제로는 중앙정부 산하기관, 광역지자체, 기초지자체가 완전히 다른 구매 패턴을 가집니다. 예산 규모도 다르고, 의사결정 기간도 다르고, 요구하는 KPI도 전혀 달라요."

이아름이 태블릿에서 준비해 온 분석 자료를 보여주며 계속 이야기를 이어 나갔다.

"Targeting도 마찬가지예요. Primary Target이 기술 담당자인지 예산 담당자인지 명확하지 않아요. 이건 4P 전략에도 직접 영향을 줍니다. 가격 정책이 기술 가치 기반인지 ROI 기반인지 일관성이 없거든요."

류강준이 점점 흥미를 느끼기 시작했다.
"판매 채널 전략은 어떻게 봐야 할까요?"

"현재 판매 채널 전략이 가장 큰 문제입니다. 정부 조달은 대부분 SI 업체나 시스템 통합업체를 거쳐서 진행되는데, 직접 판매만 고려하고 계시잖아요. 파트너 채널 전략이 아예 없어요. 그리고 Communication도 너무 단조로워요. 홈페이지 중심의 Pull 전략만 있고, 정부 세미나나 컨퍼런스 같은 Push 전략은 전혀 보이지 않습니다."

이아름의 마케팅 프레임 워크는 체계적이고 전문적이었다.

"그렇다면 Positioning은 어떻게 재설정해야 할까요?"

"현재 '기후 예측 솔루션'이라는 기능적 포지셔닝인데, 이걸 '재해 대응 효율성 극대화 플랫폼'으로 전환해야 합니다. 같은 기술이지만 고객 관점에서 얻는 가치를 우선 제시하는 것이지요."

류강준은 감탄을 금치 못했다.

"분석이 정말 예리하시네요. 그런데 왜 AURION에 대해서는 이토록 비판적으로 접근하신 겁니까? 보통은 긍정적인 부분부터 언급하지 않나요?"

이아름이 의미심장하게 웃으면서 대담하게 본심을 드러냈다.
"솔직히 말씀드리자면, 저는 AURION에서 일하고 싶습니다."

"네?!!"

"저는 기후테크 시장에서 진정한 변화를 만들 수 있는 회사를 줄곧 찾고 있었습니다. AURION의 기술력은 확실히 입증되어 있다고 생각합니다. 다만 마케팅 역량이 부족해 보여, 일부러 도발적인 방식으로 접근했습니다. 남들과는 차별화된 시각으로 제 능력을 증명하고 싶었기 때문입니다."

류강준은 흥미로우면서도 상당히 당혹스러운 감정에 휩싸였다. 도대체 이건 무슨 전략인지 도통 감을 잡을 수 없었다. 취업을 희망하는 회사의 약점을 정확히 짚어낸 후 해결책을 제시하는 이런 방식을 어떻게 받아들여야 할지 혼란스러웠다.

"그럼, 처음부터 저희와 일하고 싶다는 계획이었던 건가요?"

"맞습니다. 다만 '저를 뽑아주세요'라고 평범하게 말하는 것보다 '이렇게 개선할 수 있어요'라고 실제로 보여주는 게 훨씬 효과적이고 제 역량을 입증할 수 있는 가장 확실한 방법이라고 판단했습니다."

미팅이 끝난 후 류강준은 사무실로 돌아와 이아름에 관한 내용을 최강혁과 서유진에게 전하며 함께 의견을 나눴다.

"두 분은 어떻게 생각하시나요?"

최강혁이 먼저 말을 시작했다.
"STP 프레임워크로 우리 마케팅 문제를 정확히 진단한 부분이 인상적이었습니다. 특히 Segmentation 전략이 모호하다고 지적한 건 정말 핵심을 찌른 것 같아요. 실제로 우리가 지자체를 하나로 뭉뚱그려 봤던 게 사실이거든요."

서유진도 긍정적이었지만, 조금 다른 관점을 제시했다.
"기술을 이해하는 속도가 빨랐고, Place 전략에서 SI 업체 채널을 언급한 건 우리가 놓쳤던 중요한 부분인 것 같습니다. 다만 저희가 조금 성급하게 결정하는 건 아닐지 우려스럽습니다."

류강준도 서유진의 우려에 공감했다.
"맞습니다. 평판 체크부터 해보죠. 이전 회사에서의 실제 성과를 확인해 봐야 할 것 같아요."

며칠 후 이아름의 이전 직장 동료들과 연락을 취해본 결과가 흥미로웠다.
"창의적이고 에너지가 넘치며 팀원들과 협력을 잘 이끌어낸다."
"새로운 아이디어를 끊임없이 제안하고 실행력도 뛰어나다."
"고객사와의 관계 형성에 탁월한 능력을 보인다."는 긍정적인 피드백이 대부분이었다.

다만, "때로는 너무 적극적이어서 기존 프로세스를 무시하는 경향이 있다."는 의견도 있었다.

류강준은 피드백을 종합하며 복잡한 생각에 잠겼다. 지금 AURION에 가장 필요한 것은 바로 이런 추진력 있는 마케터가 아닐까 하는 생각이 들었다. 그러나 동시에 기존 프로세스를 무시하는 성향이 다른 팀원들과 갈등을 일으킬 수도 있다는 우려도 있었다. 다만 우리 회사의 상황을 고려하면, 사실상 확립된 프로세스가 많지 않기 때문에 오히려 장점이 될 수도 있었다. 게다가 마케팅 분야는 워낙 빠르게 변하는 영역이기에 진취적인 성향은 필수적이라고 그는 판단했다.

그러나 가장 큰 고민은 이아름이 기후테크 분야에서 실제 성과를 낼 수 있을지 여부였다. B2G 시장은 일반적인 B2B와는 전혀 다른 특성을 지니고 있으며, 복잡한 정부 조달 프로세스는 직접 경험하지 않으면 이해하기조차 어려웠다. 또 하나의 중요한 고민은 그녀의 포지션을 어떻게 설정할 것인가였다.

최강혁이 현실적인 문제를 제기했다.
"CMO라는 타이틀은 현재 상황에서 부담스럽고, 그렇다고 마케팅 매니저 역할만 맡기기에는, 그분의 역량을 충분히 발휘하기 어려울 것 같습니다."

2주간의 검토 끝에 류강준은 최종 결정을 내렸다.
그는 강남의 한 카페에서 이아름을 만났다.

류강준은 잠시 숨을 고른 뒤, 말을 시작했다.
"이아름님, 2주간 검토한 끝에 마케팅 디렉터 포지션을 제안 드리고 싶습니다.
회사가 더 성장하면 CMO로 승진하는 조건이고, 우선은 마케팅 전반의 전략 수립과 실행을 리드하는 역할로 시작하는 방식입니다.

처음 6개월은 수습 기간으로 진행하여 서로 맞는지 확인한 뒤 정규직 전환하는 방향으로 진행하면 어떨까요?"

이 말을 들은 이아름은 잠시 고민하더니 미소를 지으며 고개를 끄덕였다.
"좋습니다. 함께 해보겠습니다. 저도 이 기회를 통해 제 역량을 증명하고 싶습니다."

AURION의 새로운 퍼즐 조각

며칠 후 이아름은 AURION 마케팅 디렉터로 합류했다. 그녀의 가장 첫 번째 과제는 AURION의 복잡한 기술을 시장이 직관적으로 이해할 수 있는 언어로 완전히 번역하는 것이었다.

"아무리 기술이 훌륭해도 시장에서 제대로 인정받지 못하면 전혀 의미가 없습니다. 그 우수함을 고객들이 바로 알아볼 수 있게 하려면 기술자와 시장 사이에 소통의 다리가 반드시 필요합니다. 제가 바로 그 핵심 역할을 해내겠습니다."

이아름의 합류로 AURION은 드디어 기술과 시장 사이의 깊은 간극을 효과적으로 메울 수 있을 것으로 기대했다.

류강준은 새로운 팀 구성을 바라보며 앞으로의 회사 성장 전략에 대한 청사진을 그려보았다. 이제 CEO, CTO, CFO, 그리고 마케팅 디렉터까지 핵심 포지션이 확보되었다. 각자의 전문성을 체계적으로 결합하면 AURION이 본격적인 성장 궤도에 진입할 수 있는 준비가 갖춰진 상황이었다.

동시에 새로운 팀원 간의 화학 반응이 어떻게 나타날지에 대한 궁금증도 가지고 있었다. 특히 이아름의 적극적인 성향이 기존 팀원들과 어떤 시너지를 만들어 낼지 지켜볼 필요가 있었다.

18 마케팅 디렉터의 역할과 필수 역량

마케팅 디렉터의 역할은 전통적인 브랜딩과 광고를 넘어 기업의 성장과 혁신을 주도하는 전략적 파트너로 진화했다. 급변하는 비즈니스 환경 속에서 마케팅 디렉터는 데이터, 인사이트, 창의성을 융합하여 지속 가능한 성장을 이끌어야 한다.

마케팅 디렉터의 진화된 역할과 핵심 역량

1. 역할과 책임

- **전략적 의사결정의 중심** : 과거에는 브랜딩, 광고, 시장 조사에 국한되었지만, 이제는 기업 전략과 소비자 행동 논의의 중심에 서서 첨단 기술을 활용하고 지속적인 성장을 이끌 것으로 기대된다.

- **'목적의식' 마케팅 리더** : 고립감을 느끼는 소비자와 근로자의 니즈에 맞춰 문화적으로 의미 있는 순간과 플랫폼을 만들어내야 한다. 설득력 있는 스토리텔링, 사회적 책임 강조, 몰입도 높은 브랜드 경험 제공을 통해 고객과 깊은 공감대를 형성하고 유대감을 키운다. 이는 내부 직원 참여도 제고에도 영향을 미친다.

- **'미래학자' 역할** : 빠르게 변하는 시장에서 비즈니스가 나아갈 방향을 예측하고 기업을 포지셔닝 하는 역할을 수행한다. 트렌드, 소비자 행동, 기술 발전에 대한 깊은 이해를 바탕으로 단기 목표와 장기 비전의 균형을 유지해야 한다.

2. 핵심 필요 역량 : 데이터, 인사이트, 창의성

- **데이터 활용 능력**
  - **데이터 기반 전략** : 단순히 정보 수집을 넘어, 데이터를 실행에 옮길 수 있는 인사이트로 바꾸는 능력이 중요하다. 정교한 분석 도구와 복잡한 데이터 세트를 해석할 줄 알아야 한다.
  - **KPI 활용** : 고객 확보 비용, 고객 생애 가치(CLTV), 마케팅투자수익률(Return on Marketing Investment, ROMI) 등 비즈니스 성과를 정확하게 보여주는 지표에 초점을 맞춘다.
  - **고객 세분화 및 개인화** : 고객 데이터를 분석하여 타깃층을 세분화하고 개인 맞춤형 마케팅 캠페인을 기획하여 고객 참여도, 전환율, 충성도를 높인다.
- **창의성**
  - **설득력 있는 스토리텔링** : 데이터 기반의 통찰력에 창의력을 더해 고객의 공감대를 끌어내고 참여를 유도하는 설득력 있는 스토리텔링과 핵심 메시지를 구상한다.
  - **브랜드 포지셔닝 및 차별화** : 세분화되고 경쟁이 치열한 시장에서 브랜드 포지셔닝을 단순하고 명확하게 차별화하며, 모든 마케팅 채널에 일관되게 적용한다.
  - **혁신 문화 조성** : 마케팅팀 내에 혁신 문화를 조성하고 실험을 장려하여 혼잡한 시장에서 돋보이는 마케팅을 실현하고 브랜드 차별화를 이끌어낸다.

3. 내·외부 협력

- **연결고리 역할** : 데이터와 인사이트, 창의성을 잇는 연결고리로서, 비즈니스의 기술적 측면과 창의성 측면을 연결하는 가교역할을 한다.
- **타 부서와의 협업** : 타 부서와 협력하여 마케팅 자원을 확보하고 ROMI를

입증한다.

- **파트너십 육성** : 첨단 기술 벤더, 다른 기업, 심지어 경쟁사와도 파트너십을 맺어 새로운 시장 기회를 모색한다.

조언

마케팅 디렉터는 데이터를 기반으로 비전을 예측하고, 창의적인 스토리텔링으로 시장과 소통하며, 기업의 지속 가능한 성장을 설계하는 리더이다. 기술 중심의 기업일수록, 마케팅 디렉터는 기술의 언어를 시장의 언어와 감성으로 번역하여 고객에게 전달하는 '이야기꾼'이자 '전략가'가 되어야 한다. 다른 부서와의 긴밀한 협력을 통해 마케팅의 전략적 가치를 증명하고, 끊임없이 변화하는 시장에서 기업의 적응력을 강화하며, 혁신과 ROI를 입증하는 데 집중해야 한다.

<table>
<tr><td>실무
가이드</td><td>19</td><td>브랜드 전략 및 관리 :
기업가치 창출의 핵심자산</td><td></td></tr>
</table>

브랜드는 특정 제품을 다른 제품과 달리 인식시키는 차별화 도구로, 기업의 무형자산 중 가장 중요한 경쟁력이다. 체계적인 브랜드 관리를 통해 마케팅 효율성과 수익성을 극대화할 수 있다.

브랜드 관리의 핵심 실무 프로세스

1. 브랜드의 개념과 역할

- **정의** : 특정 제품을 다른 제품과 달리 인식시키는 데 사용된 모든 것(이름, 로고, 패키지, 음악, 심볼)
- **브랜드 역할** : ① 제품 아이덴티티, ② 제품 관련 불확실성 제거, ③ 상징제 (이미지)
- **브랜드 자산 구성** : 브랜드 인지도, 브랜드 연상·이미지, 브랜드 충성도, 지각된 품질의 4가지 핵심 요소
- **브랜드 에센스** : 브랜드 아이덴티티를 구성하는 핵심 요소이자 3-5 단어로 표현되는 짧은 핵심 메시지

2. 브랜드 평가 5대 기준

- **차별화(Differentiation)** : 경쟁 브랜드와의 명확한 구별 점과 독특한 가치 제안
- **이미지(Images)** : 소비자가 브랜드에 대해 갖는 연상과 감성적 연결
- **인지 용이성(Awareness)** : 소비자의 즉각적인 브랜드 인지와 회상 가능성
- **법적 보호(Protectability)** : 상표권 등록을 통한 법적 보호 가능성
- **유연성(Flexibility)** : 제품 카테고리와 시장 확장에 대한 적응 가능성

3. 브랜드 계층 구조(Brand Hierarchy)

- **Corporate Brand** : 회사/기업 브랜드(예 : 삼성)
- **Family Brand** : 2개 이상의 제품군에 사용되는 브랜드(예 : Galaxy)
- **Individual Brand** : 1개의 제품군에 사용되는 브랜드(예 : Galaxy Note)
- **Brand Modifier** : 하나의 제품군 내에서 모델의 특징을 나타내는 수식어

(예 : Galaxy Note 12)

4. 브랜드 이미지 구축

- **형성 요인** : 광고, 품질/속성, 가격, 서비스, 유통경로, 영업사원, 제품디자인, CSR 활동 등 소비자들의 다양한 브랜드 경험이다.
- **Holistic Branding** : 결국 브랜드 이미지는 그에 대한 고객의 다양한 경험에 의해 형성되므로, 이러한 전사적 경영전략의 수립 및 실행의 주체는 브랜드 관리이다.
- **HCEM** : 브랜드 관리는 조직의 모든 구성원이 동참해야 하는 Holistic Customer Experience Management이다.

5. 브랜드 요소(Brand Elements)

- **정의** : 브랜드를 상징하고 차별화하는 데 사용되는 법적으로 트레이드 마크로서 권한을 인정받을 수 있는 수단이다.
- **평가 기준** : ① Meaningfulness(쉽게 인지되고 회상됨), ② Memorability(설명적이고 설득력 있으며 시각적으로 풍부), ③ Transferability(제품 카테고리, 지역, 문화 간 전이 가능), ④ Adaptability(유연하고 업데이트 가능), ⑤ Protectability(법적 보호 가능)

6. 브랜드 인지도의 역할

- **구매 결정 과정의 첫 단계** : 브랜드 구매 결정 과정은 인지→태도→행동 또는 인지→행동→태도의 순서로 진행된다.
- 이어지는 브랜드 연상의 형성과 강도에 영향을 미치며, 저관여 제품의 경우 구매에 직접적 영향을 준다.

- **Krugman's Sequence Model** : 소비자가 제품을 경험할 수 있는 자극이나 경험이 부족할 경우, 친숙하거나 잘 알려진 브랜드를 선택하는 심리적 작용이다.

7. 브랜드 연상의 유형

- **제품 기능 및 품질과 관련된 연상** : 제품 범주, 제품 속성, 제품 편익, TPO, 품질, 가격 등
- **제품 속성과 직접적 관련이 없는 브랜드 개성 측면에서의 연상** : 정직함, 활기참, 혁신적임, 현대적임, 선도적임, 세련됨, 여성적임, 섬세함, 야성적임, 거침 등
- **기업 차원의 역량 및 활동 관련 연상** : Quality, Innovativeness, Growth, Customer Orientation, Concern with Environment, Social Responsibility, Top Management 등

8. 전략적 브랜드 관리 프로세스

- **1단계** : 브랜드 자산의 구축(Building Brand Equity)
- **2단계** : 브랜드 자산의 활용(Leveraging Brand Equity)
- **3단계** : 브랜드 자산의 강화/재활성화 단계(Fortifying/Revitalizing Brand Equity)

9. 파워 브랜드가 기업에 제공하는 혜택

- 마케팅 활동의 효율을 높여준다.
- 수익성(Profitability)을 높여준다.
- 가격 프리미엄(Price Premium)을 가져다준다.

- 가격 인상에 따른 저항을 줄여준다.
- 가격 인하에 따른 매력을 증가시켜 준다.
- 고객의 제품에 대한 평가에 긍정적인 영향을 준다.
- 충간 상에 대한 협상력을 높여준다.
- 경쟁자의 마케팅 활동이나 시장위기에의 대응력을 높여준다.

조언

브랜드는 고객의 총체적 경험을 통해 형성되는 무형자산이다. 성공적인 브랜드 관리를 위해서는 전사적 차원에서 브랜드 정체성과 경영전략의 연계가 필수적이며, 모든 고객 접점에서의 일관된 브랜드 경험 제공이 핵심이다. 브랜드 자산의 구축-활용-강화의 순환 프로세스를 지속적으로 관리해야 한다.

시장을 향한 걸음 :
다섯 번째 인물의 합류

■ 사업화 전략의 구체화

2020년 9월, 이아름이 AURION에 합류한 후 맡게 된 첫 번째 과제는 시장 진입 전략의 구체화였다. 홈페이지 개선으로 시작했지만, 진짜 매출을 만들려면 체계적인 영업 조직도가 필요했다.

첫 주간 회의에서 이아름이 화이트보드에 명확하게 세 개의 시장을 그렸다.

첫 번째 시장 : 정부·지자체 – 예산 규모가 압도적으로 크고 의사결정이 매우 체계적입니다. 다만 조달 절차가 상당히 복잡하고 계약까지 시간이 오래 걸립니다.

두 번째 시장 : 대기업 – ESG 투자 의무화로 수요는 확실히 보장됩니다. 하지만 기존 레거시 시스템과의 호환성을 매우 중요하게 봅니다.

세 번째 시장 : 스마트팜/제조업 – 수익성에 가장 민감하지만, 효과가 입증되면 업계 전체로 빠르게 확산될 가능성이 높습니다.

최강혁이 질문을 던졌다.
"어느 세그먼트부터 공략하실 계획이신가요?"

"우선은 스마트팜부터 시작하려 합니다. L-에너지 PoC 결과를 강력한 레퍼런스로 활용할 수 있고, 계약 주기가 상대적으로 짧아서 초기 진입하기에 가장 적합하기 때문입니다."

그리고 이아름이 중요한 현실적 문제를 제기했다.

"다만 이걸 제대로 실행하려면 각 세그먼트 별로 전문 영업 인력이 반드시 필요합니다. 정부 영업 전문가 1명, 일반 B2B 영업 전문가 1명은 최소한 확보해야 합니다. 접근 방식이 완전히 다르거든요."

서유진이 궁금한 표정으로 물었다.

"B2G와 B2B 영업이 어떻게 다른 건가요?"

이아름이 구체적으로 설명했다.

"완전히 다른 게임입니다. B2B는 의사결정자가 명확하고 수익성 중심으로 빠르게 판단합니다. 스마트팜 같은 경우도 농장주나 농업 법인이 ROI만 확실하면 바로 결정할 수 있습니다. 반면 B2G는 다단계 승인 과정을 거쳐야 하고, 투명성과 공정성이 최우선입니다. 정부는 예산 타당성, 공공 이익, 장기 지속성까지 모두 검토하고, 조달청 입찰 절차, 기술 검증, 보안 심사 등 단계마다 다른 전문성이 필요합니다."

■ 영업 전문가 채용 진행

앞서 논의된 영업 인력 채용 계획에 따라, 이아름이 적극적으로 후보자 물색에 나섰다. 하지만 일반적인 헤드헌팅 방식으로는 한계가 있었다.

"기후테크 전문 영업 인력이 생각보다 찾기 어려워요."
이아름이 며칠간의 탐색 결과를 공유했다.

"헤드헌터들도 이 분야는 인력 풀이 작다고 하네요."

그래서 이아름은 새로운 접근을 시도했다. 농업 기술 관련 아튜브 채널들을 체계적으로 분석하기 시작했다.

"요즘 스마트팜이나 농업 기술에 대해 설명하는 아튜브 채널들이 많더라고요. 그런데 그중에서 단순히 기술 소개만 하는 게 아니라 실제 농장 적용 사례나 경제성 분석까지 다루는 채널들이 눈에 띄었습니다."

특히 한 채널이 이아름의 관심을 끌었다.
"'스마트팜 현실 이야기'라는 채널이 있는데, 운영자가 정말 현장을 잘 알고 있습니다. 고가 장비 도입할 때 주의 사항부터 시작해서 실제 ROI 계산까지 농장주 입장에서 설명해 주거든요."

해당 채널 관련하여 좀 더 자세히 조사해 본 결과, 놀라운 사실을 발견했다.

"채널 운영자가 이현수라는 분인데, 낮에는 농업 IoT 회사에서 영업 팀장으로 일하고 퇴근 후에 개인적으로 아튜브를 운영하고 계시더라고요. 구독자도 20만 명이 넘고, 댓글을 보니 실제 농장주들이 많이 시청하고 신뢰하는 분위기입니다."

일주일 후 이아름은 추가 정보를 가져왔다.
"정말 유력한 후보인 것 같습니다. 그런데 조금 복잡한 케이스입니다."

류강준은 이현수라는 인물에 관심을 보였다.
"아튜브로 이런 활동을 하는 분이라면 확실히 우리에게 딱 맞는 인재 같은데요."

"문제는 현재 회사에서 팀장급이고 대우도 좋아서 이직 의사가 없을 가능성이 높다는 겁니다. 게다가 개인 브랜딩도 잘 되어 있어서 굳이 이직할 이유가 없어 보여요."

최강혁은 현실적인 방안을 제시했다.
"연봉을 현재보다 30% 이상 올려주면 어떨까요?"

그럼에도 불구하고, 이아름은 이현수가 쉽게 움직일지에 대해 회의적이었다.
"연봉만으로 설득하기 어려울 것 같아요. 이미 안정적인 위치에 계시고 또, 개인 브랜드까지 구축한 분이라서 경제적 조건보다는 다른 동기가 필요할 것 같습니다. 더 큰 임팩트를 만들 수 있다는 비전을 제시하는 접근 방식이 더 효과적일 수도 있을 것 같네요."

류강준은 잠시 생각에 잠긴 후, 입을 열었다.
"일단 만나 뵙고 직접 이야기해 보는 게 어떨까요? AURION의 비전과 성장 가능성을 설명드리고 그분의 생각을 들어보죠."

■ 전략적 접촉

류강준의 제안에 따라, 이아름은 직접적인 스카우트 접근보다는 좀 더 전략적인 방법을 모색했다. 며칠간 이현수의 SNS와 업계 활동을 꼼꼼히 분석한 결과, 흥미로운 패턴을 발견할 수 있었다.

"이 사람은 기술 자체보다는 '기술이 농업에 실제로 미치는 영향'에 더 관심이 많은 것 같습니다. 최근 포스팅을 보니까 기후 변화로 인한 농업 피해에 대해 상당히 자주 언급하고 계시더라고요."

"그렇다면 직접적인 채용 제안보다는 자연스럽게 접점을 만들어서 AURION 기술에 관심을 가지도록 하는 접근이 더 효과적일 것 같네요."

이아름은 아이디어를 떠올렸다. 이현수의 최신 아튜브 영상 '스마트팜에서 기후 이상 현상 대응법'에 전문적인 댓글을 남기기로 했다.

> "안녕하세요. 좋은 영상 잘 봤습니다. 미세 기후 예측 관련해서 질문이 있는데, 현재 농장별 기상 데이터의 정확도 한계를 어떻게 극복하고 계시나요? 저희 회사에서 딥러닝 기반 농장 단위 기후 예측 솔루션을 개발 중인데, 현장 전문가 관점에서 조언을 구하고 싶습니다."

며칠 후, 예상외로 빠른 답글이 달렸다.

> "반갑습니다! 정말 필요한 기술이네요. 현재 대부분 농장이 광역 예보에 의존하고 있어서 미세 기후 변화에 대응하기 어려운 게 사실입니다. 어떤 방식으로 정확도를 높이셨는지 궁금하네요. 혹시 시간 되시면 직접 이야기 나눠볼까요?"

■■ 자연스러운 첫 만남

일주일 후, 강남의 한 카페에서 처음으로 만난 이현수는 30대 후반의 반듯한 인상이었다.

"아튜브 댓글로 먼저 연락 주셔서 감사합니다. 기후 예측 솔루션이라고 하셨는데, 구체적으로 어떤 차별화된 기술인지 설명해 주실 수 있나요?"

이아름이 바로 이 질문을 기다리고 있었다는 듯이 준비된 설명을 시작했다.

"기존 기상청 예보는 광역 단위인데, 저희는 개별 농장 단위까지 정밀 예측이 가능합니다. 실제로 L-에너지와의 실증 테스트에서 기존 대비 23% 높은 정확도를 확인했습니다."

이 말에 이현수의 표정이 완전히 달라졌다. 그동안 겪었던 현실적인 고민이 쏟아져 나왔다.

"정말 절실한 기술이네요. 현재 스마트팜들이 가장 고생하는 부분이 바로 그거거든요."

이현수가 열정적으로 이야기를 하기 시작했다.

"예를 들어, 기상청에서 '내일 비 온다'고 예보하면 농장주들은 관수를 중단하잖아요? 그런데 정작 해당 농장에는 비가 안 오거나 아주 조금만 와서 작물이 말라죽는 경우가 정말 많습니다."

더욱 구체적인 사례가 이어졌다.

"특히 온실 환경 제어가 정말 까다롭습니다. 습도 관리만 해도, 외부 날씨 변화를 미리 알아야 환기 타이밍을 정확히 잡을 수 있거든요. 지금은 광역 예보만 보고 대략적으로 판단하는데, 실제로는 농장 주변 지형이나 바람 패턴에 따라 미세 기후가 전혀 달라요."

이현수가 더욱 열띠게 이야기를 계속해 나갔다.

"그리고 병해충 방제도 마찬가지입니다. 습도와 온도가 특정 조건을 만족하면 병해충이 급속히 번식하는데, 정확한 예측 없이는 예방적 방제가 불가능해요. 사후 대응하면 이미 늦거든요. 수확량이 30% 이상 줄어드는 경우도 허다합니다."

"저희가 바로 그런 문제들을 해결하려는 것입니다."

이아름이 확신에 찬 목소리로 답했다.

"AURION에서는 농장별 맞춤 예측과 병해충 발생 위험도, 최적 환경 제어 타이밍까지 종합적으로 제시하는 것을 목표로 하고 있습니다."

점진적인 관계 형성

그 이후로도 이아름은 성급하게 영입 제안을 하지 않았다. 대신 정기적으로 AURION의 기술 발전 소식을 자연스럽게 공유하며 신뢰 관계를 유지했다.

몇 주 후, 이현수가 먼저 이아름에게 연락을 했다.

"혹시 실제 데모를 볼 수 있을까요? 저희 기존 고객 중에 이런 솔루션에 관심 있어 할 농장들이 있을 것 같아서 여쭤어봅니다."

이아름은 드디어 기다리던 기회가 왔다고 생각했다.
"당연히 가능합니다. 저희 사무실에서 직접 시연해 드리겠습니다."

기술과 시장의 만남

AURION 사무실에서 열린 데모는 예상보다 성공적이었다. 서유진이 기술적 원리를 설명하고, 최강혁이 경제성 모델을 제시하는 동안 이현수는 끊임없이 현실적인 질문을 던졌다.

"농장주 입장에서 가장 궁금한 건 구체적인 ROI입니다. 초기 투자 대비 손익분기점을 언제로 예상하고 계시나요?"

최강혁이 준비된 자료를 펼치며 답했다.
"농장 규모에 따라 차이가 있지만, 평균적으로 18개월 내 투자비 회수가 가능합니다."

"기존 시스템과의 호환성은 어떤가요? 대부분 농장이 이미 상당한 초기 투자를 했거든요."

서유진이 자신있게 답했다.

"대부분의 IoT 센서와 완전 호환이 가능하고, API 연동도 매우 간단합니다. 기존 제품을 그대로 보호하면서 점진적으로 업그레이드할 수 있습니다."

자연스러운 제안

데모가 끝난 후 이아름이 조심스럽게 이현수에게 말을 건넸다.

"이현수 님, 오늘 데모를 보시면서 어떤 생각이 드셨나요? 특히 실제 산업 적용 가능성 측면에서요."

"솔직히 말하면 상당히 놀랐습니다. 이런 정밀도의 맞춤형 예측이 정말 가능하다면 농업뿐만 아니라 제조업, 심지어 지자체 재해 대응까지 활용 범위가 엄청날 것 같네요."

이아름이 원하던 반응이었다.

"바로 그 부분입니다. 저희 기술은 스마트팜에서 시작해서 물류, 건설, 스마트팩토리, 나아가 B2G 시장까지 확장할 수 있는 잠재력을 가지고 있습니다. 하지만, 시장은 결국 전쟁터거든요. 마케팅에서 경쟁사보다 더 날카로운 무기와 견고한 방패를 만들어 줄 수는 있지만, 실제 전장에서 그 무기를 제대로 휘둘러 고객의 마음을 사로잡는 건 영업의 몫이라고 생각합니다."

"구체적으로 어떤 역할을 염두에 두고 계시나요?"

"영업 디렉터로서 전체 B2B, B2G 시장 개척을 맡아주셨으면 합니다. 제가 만든 마케팅 무기를 가지고 이현수 님이 실제 고객 앞에서 경쟁사를 압도하는 것이지요. 우선은 이현수 님의 전문인 스마트팜으로 시작해서, 점차 건설, 물류, 스마트팩토리, 그리고 정부 프로젝트까지 확장하면서 각 전장에서 매출을 확보할 수 있는 전략을 함께 구축하는 것입니다."

이현수가 흥미롭다는 표정을 지었다.

"확실히 도전적인 프로젝트네요. 좋은 무기가 있어도 그걸 제대로 활용할 줄 아는 전사가 없으면 의미가 없죠. B2G 시장은 경험이 제한적이긴 하지만, 농업 IoT 경험을 바탕으로 충분히 확장가능 할 것 같네요."

■■ 합류 결정

2주간의 고민 끝에, 드디어 이현수가 최종 결정을 내렸다는 소식을 전해왔다.
"AURION에 합류하겠습니다. 다만 조건이 있습니다."

"어떤 조건인가요?"

"현재 팀원 중 2명도 함께 데려가고 싶습니다. 모두 스마트팜 영업에 특화된 인재들이고 저와 3년 넘게 호흡을 맞춰 와서, 팀워크가 검증된 상태입니다."

이아름은 잠시 당황했다. 애초 계획은 영업 전문가 2명 영입이었는데, 이현수 포함 3명이 되는 상황이었다.

"좋은 제안이긴 한데, 팀 내부 논의가 필요할 것 같아요. 조금만 시간을 주시면 답변드리겠습니다."

■ 긴급 팀 회의

그날 오후, 긴급 팀 회의가 소집되었다.

최강혁이 현실적인 문제를 제기했다.
"예산상으로는 부담이 되긴 합니다. 애초 2명 계획이었는데 3명이면 인건비가 10% 증가하는 셈입니다."

이아름은 다른 관점을 제시했다.
"하지만 검증된 팀을 통째로 영입할 기회는 흔하지 않다고 생각됩니다. 개별 영입보다 시너지 효과가 훨씬 클 수 있을 것 같은데요."

류강준은 잠시 고민하다 마침내 결정을 내렸다.
"솔직히 예산이 빠듯한 건 사실입니다. 하지만 새로 팀을 구성하는 것보다는 이미 검증된 팀을 통째로 데려오는 게 리스크가 훨씬 적을 것 같긴 합니다. 개별 채용하면서 서로 맞춰가는 시행착오 시간을 생각하면 오히려 빠를 수도 있고요."

"비용이 부담스럽긴 하지만, '검증된 영업조직을 통해 내부 역량을 확보했다는 사실만으로도 큰 의미가 있습니다."

이아름이 동의하며 덧붙였다.
"그리고 결국 나중에 팀원을 새로 뽑아야 하는데 그때 또 시간과 비용이 들어가지 않겠어요?"

류강준은 최종 결정을 내렸다.
"좋습니다. 이현수 님의 제안에 동의하겠습니다."

◼️ 최종 합류

2020년 12월, 이현수와 그의 팀원 2명이 공식적으로 AURION에 합류했다. 이제 기술, 재무, 마케팅, 영업 분야의 핵심 인력들이 모두 확보되었다. 물론 아직 각 부서가 완전히 체계화된 조직은 아니었지만, 적어도 시장 공략을 위한 기본적인 틀은 갖춰진 상태였다.

류강준은 새로운 팀 구성을 바라보며 한편으로는 기대감을, 다른 한편으로는 새로운 책임감을 느꼈다. 이제 진짜 시장에서의 경쟁이 시작될 것 같아서였다.

실무 가이드 20 기업 영업조직 구축 전략과 시장별 접근법

기업이 실질적인 매출을 창출하려면 체계적인 영업조직 구축이 필수다. 시장 특성에 맞는 전략적 접근과 검증된 프로세스가 매출 성장의 핵심이다.

기업 영업조직 구축의 핵심 원칙

1. 시장 세그먼트별 전문화된 접근 전략

- **B2G(정부/지자체) 영업** : 조달청 입찰 절차, 예산 타당성 검토, 공공 이익 검증 등 다단계 승인 과정을 거쳐야 한다. 공정성과 투명성이 최우선이며, 장기적 지속성까지 고려한 제안이 필요하다.

- **B2B(기업) 영업** : 의사결정자가 명확하고 ROI 중심의 빠른 판단이 특징이다. 기존 시스템과의 호환성과 경제성 분석이 핵심 요소이다.

- **특화시장(스마트팜 등) 영업** : 현장 실증 데이터와 즉시 체감 가능한 효과가 중요하며, 업계 내 레퍼런스 확산이 빠르다.

2. 검증된 팀 단위 영입의 전략적 가치

- **개별 채용 대비 시너지 효과** : 이미 검증된 팀원 간 협업 프로세스를 통해 학습 비용과 적응 기간을 획기적으로 단축할 수 있다.
- **즉시 전력화 가능** : 기존 고객 네트워크와 영업 노하우를 패키지로 확보하여 시장 진입 속도를 가속화한다.
- **투자 효율성** : 개별 채용 시 발생하는 시행착오 비용과 팀 빌딩 리스크를 최소화한다.

3. 영업조직의 구조적 설계 원칙

- **어셈블리 라인형 조직** : 리드 생성-상담-제안-계약 단계별로 전문 인력을 배치하여 각 단계의 전환율을 최적화한다. 하버드 비즈니스 리뷰 연구에 따르면, 구조화된 영업 프로세스를 갖춘 조직의 50%가 높은 성과를 보인다고 분석했다.
- **매트릭스형 조직** : 제품별/지역별 전문성과 고객별 통합 관리를 동시에 확보하여 복합적 요구사항에 대응한다.

4. 영업 전문가 발굴 및 평가 기준

- **업계 네트워크와 인사이트** : 해당 산업의 고객 니즈와 의사결정 프로세스에 대한 깊은 이해가 중요하다.
- **콘텐츠 생산 능력** : 전문성을 기반으로 한 사고 리더십 발휘 능력은 고객 신뢰 구축의 핵심 요소다.

- **레퍼런스 구축 역량** : 최초 1건의 성공 사례가 향후 비즈니스 확장의 기반이 되므로, 초기 레퍼런스 확보 능력을 중시해야 한다.

5. 영업조직 운영의 실무 포인트

- **고객별 맞춤형 제안** : B2B 영업은 100개 기관에 100개의 제안서가 필요하다. 획일적 접근보다 고객별 특화된 솔루션 제시가 성공률을 높인다.
- **데이터 기반 성과 관리** : 신규 리드 파이프라인, 전환율, 고객 평생 가치 (CLV) 등 핵심 지표를 체계적으로 추적한다.
- **장기적 관계 구축** : 기업 영업은 단기 성과보다 지속 가능한 고객 관계 형성에 집중해야 한다.

조언

영업조직 구축은 인력 확보가 아닌 시스템 구축이다. 개별 역량에 의존하는 각개 격파형보다는 프로세스 중심의 체계적 접근이 기업의 지속 성장을 보장한다. 특히 시장별 전문성과 팀 단위 시너지를 동시에 확보할 수 있는 전략적 채용이 성공의 열쇠다.

시장의 문을 열다 :
계약 성과

새로운 팀의 적응

이현수와 그의 팀원 2명이 합류한 후, AURION은 예상보다 복잡한 내부 조율 과정을 거쳐야 했다. 기존 팀원들과 새로운 영업팀 간의 업무방식이 상당히 달랐기 때문이다.

"우선 AURION의 기술을 완전히 이해하는 것부터 시작해야겠네요."
이현수가 첫 회의에서 말했다.

"현재 자료만으로는 고객에게 설명하기 어려운 부분이 많습니다."

서유진이 적극적으로 나섰다.
"기술 교육 세션을 정기적으로 진행하겠습니다. 다만 너무 복잡하지 않게 핵심만 전달하는 방식으로 진행하려 합니다."

협업 체계 구축

2주간의 집중적인 온보딩 기간 동안, 각 부서 간 협업 프로세스가 새롭게 정립되었다.
이아름이 마케팅 관점에서 정리한 고객 세그먼트를 이현수가 영업 관점에서 재검토했다.

"스마트팜 세그먼트 안에서도 시설 규모별로 완전히 다른 접근이 필요해요."
이현수가 화이트보드에 세부 분류를 그리며 설명했다.

"소규모 농장은 ROI 중심, 대규모 농장은 효율성 중심으로 메시지를 달리해야
합니다."

최강혁도 재무적 관점을 추가했다.
"고객별 수익성 분석도 필요하겠네요. 어떤 세그먼트가 장기적으로 가장 수익
성이 높을지 미리 파악해야 자원 배분을 효율적으로 할 수 있습니다."

전략에서 실행으로

한 달간의 준비 과정을 거쳐, 드디어 이아름이 세운 시장 전략을 본격적으로 실
행에 옮길 준비가 완료되었다.

"이제 준비는 충분히 됐습니다."
이아름이 자신감 있게 말했다.

"이 기술이 고객의 실제 현장에서 어떻게 활용되는지 직접 보여줄 때입니다."

팀 전체가 같은 목표를 향해 정렬된 상태였다. L-에너지 PoC가 기술적 검증이
었다면, 이제는 상업적 성공을 증명해야 할 시점이었다.

고객 맞춤형 접근

가장 중요한 변화는 AURION의 복잡한 기술을 고객 언어로 번역하는 방식이
었다.

서유진이 정교하게 개발한 AI 알고리즘과 정밀 센서를 이현수는 완전히 새로운 관점으로 재구성했다.

"이건 단순한 기술이라기 보다는, 농장의 손실을 최소화하기 위한 일종의 보험과 같습니다."

이현수의 새로운 프레젠테이션 자료에는 기술 스펙 대신 농장주들이 실질적으로 확인할 수 있는 구체적인 수치들이 중심을 이뤘다.

- '작물 폐기율 15% 감소'
- '연간 에너지 비용 28% 절감'
- '예상치 못한 기상 피해 85% 예방'

"결국 고객이 정말로 관심 있는 건 알고리즘이 아니라 자신의 손실을 얼마나 줄이고 수익을 얼마나 보전하며 늘릴 수 있는가 하는 점입니다."

■ 가격 전략의 딜레마

가격 설정은 예상보다 복잡한 문제였다. 경쟁사 네오테크는 이미 프리미엄 가격으로 대기업 시장을 선점한 상태였다.

회의실에 모인 팀원들 앞에서 이아름이 화이트보드에 경쟁사 가격표를 그리며 마케팅 관점에서 분석을 시작했다.

"시장 포지셔닝을 먼저 정해야 할 것 같습니다. 경쟁사는 대형 고객 중심으로 프리미엄 전략을 쓰고 있는데, 우리는 어떤 차별화 포인트로 접근할지를 결정해야 합니다."

이현수가 테이블 위에 고객사 자료를 펼치며 현장 경험을 바탕으로 의견을 제시했다.

"중소규모 농장부터 공략하는 게 현실적입니다. 초기에는 시장 침투 가격으로 진입하되, 성과가 확실히 입증되면 단계적으로 조정하는 방식이 효과적일 것이라 생각합니다."

특히 이현수는 계산기를 두드리며 고객 결제 패턴을 구체적으로 설명했다.
"스마트팜 운영자들은 초기 대규모 투자보다는 매월 예측 가능한 운영비를 선호합니다. 자본 여력이 제한적인 중소형 농장의 경우 구독형 모델이 접근성 면에서 훨씬 유리합니다."

최강혁이 노트북에서 재무 모델을 띄우며 타당성을 검토했다.
"구독 모델이면 초기 매출은 낮지만, 예측 가능한 수익을 만들 수 있겠네요. 고객 유지율만 높이면 장기적으로 더 안정적일 것 같습니다."

서유진도 기술적 관점을 추가했다.
"구독형이면 지속적인 업데이트와 기능 개선도 자연스럽게 제공할 수 있어서 고객 만족도 측면에서도 유리할 것 같습니다."

각자의 의견을 종합한 후, 류강준이 최종 결정을 내렸다.
"좋습니다. 월 구독료 기반의 유연한 가격 모델로 가겠습니다. 초기 설치비는 최소화하고 실제 성과에 따른 차등 요금 구조로 설계해 주세요. 이현수 님과 이아름 님이 함께 구체적인 판매가격표를 만들어 주시기 바랍니다."

이현수는 기존 네트워크 활용 계획을 구체적으로 제시했다.

"NH중상회 스마트팜 사업단과 미팅을 잡았습니다. 그들이 추천하는 시범 농장 3곳과 직접 파일럿 프로젝트를 논의할 수 있을 것 같습니다."

그리고 추가로 흥미로운 제안을 했다.

"제가 운영 중인 아튜브 채널을 적극적으로 활용하는 방안도 제안드립니다. 현재 구독자가 약 22만 명에 달하며, 주요 시청자는 실제 농장 운영자들입니다. AURION의 기술 적용 과정을 콘텐츠화한다면 상당히 효과적인 마케팅 수단이 될 것입니다."

이아름이 즉시 관심을 보였다.

"정말 좋은 아이디어네요. 실제 현장 적용 사례를 영상으로 보여주는 건 어떤 마케팅보다 강력할 것 같아요."

이현수가 더욱 구체적인 계획을 설명했다.

"실은 강원도 평창 지역에 제가 꾸준히 기술 자문과 봉사활동을 하고 있는 토마토 농장이 있습니다. 60대 농장주 부부가 운영하시는데, 처음에는 IoT 기술이 어려우셨지만, 지금은 완전히 습득하셔서 오히려 젊은 농민들에게 조언을 해주실 정도예요."

서유진이 흥미롭게 물었다.

"봉사활동이라니, 어떤 활동을 하고 계신 건가요?"

"매월 한 번씩 강원도로 가서 무료 기술 컨설팅을 해드리고 있어요. 농촌 지역은 기술 접근성이 떨어지거든요. 그런데 이분들이 AURION 기술을 먼저 적용해 보시고 아튜브에 후기를 올려주신다면, 진짜 현장의 목소리로 전달되는 마케팅이 될 것 같아요."

류강준은 이현수의 말을 들으면서 마음이 따뜻해졌다. 단순히 영업 실력만 뛰어난 게 아니라 이런 인간적인 면모를 가진 사람이 AURION에 합류했다는 사실이 정말 다행스러웠다.

"정말 의미 있는 활동이시네요. 그리고 그런 진정성 있는 스토리가 있다면 브랜딩 측면에서도 상당히 차별화될 것 같습니다. 이현수 님 같은 분이 우리 팀에 함께해 주셔서 정말 든든합니다."

이아름이 전략적 관점을 추가했다.
"농촌 봉사와 기술 지원을 연계한 콘텐츠는 ESG 마케팅 측면에서도 강력할 것 같습니다. 단지 제품을 파는 게 아니라 농업 발전에 기여하는 기업 이미지를 만들 수 있기 때문입니다."

이현수가 마지막으로 덧붙였다.
"평창 농장주님이 항상 하시는 말씀이 '기술은 복잡해도 마음은 따뜻해야 한다' 거든요. AURION도 그런 철학으로 접근하면 고객들에게 더 깊이 어필할 수 있을 것 같습니다."

류강준은 이현수를 보며 확신했다. 기술과 실력뿐만 아니라 진정성을 갖춘 이런 사람이야말로 AURION이 추구하는 가치와 완벽하게 맞는 인재라고 생각했다.

■■ 첫 번째 도전

앞서 논의된 영업 전략에 따라, 이현수가 꾸준히 봉사활동을 해왔던 강원도 평창의 대형 토마토 농장이 첫 번째 실전 타깃으로 선정되었다. 5만 평 규모로 연 매출 80억 원에 달하는 이곳은 이현수와 오랜 신뢰 관계를 구축 해온 곳이었다.

하지만 막상 AURION 기술을 본격 제안하는 자리에서 김 사장의 반응은 예상과 달랐다.

"이현수 씨, 그동안 도움 많이 받았지만, 혹시 시스템 교체 이야기입니까? 지난 3년간 이미 20억 원 넘게 투자했는데."

김 사장의 목소리에는 피로감이 역력했다. 수많은 기술 업체들의 제안을 받아왔지만, 기대했던 효과를 보지 못한 짜증이 누적되어 있었다.

이현수가 다른 접근을 시도했다.
"사장님, 그렇다면 1개월간 무료로 사용해 보시는 건 어떨까요?"

"무료요?"

"네. 저희 나노센서 샘플 및 시스템을 1개월간 실제로 사용해 보시고, 효과가 확실하다고 판단되시면 그때 정식 계약하시는 겁니다."

김 사장의 표정이 조금 누그러졌다. 무료 체험이라면 부담이 없었기 때문이다.
"1개월 후에는 어떻게 되는 건가요?"

"만족하시면 2년 계약으로 전환됩니다. 월 구독료 3천만 원으로 총 7억 2천만 원 규모이지요. 하지만 만족하지 않으시면 비용은 일절 받지 않겠습니다."

이현수가 구체적인 조건을 설명했다.

"1개월 동안 저희 시스템이 예측한 기상 정보와 실제 결과를 비교해서 정확도를 직접 확인하실 수 있습니다. 그리고 환경 제어 효율성도 기존 시스템과 비교 분석해 드려요."

"비용이 없다는 건가요?"

"1개월 체험 기간에는 설치비, 운영비 모두 받지 않겠습니다. 정말 효과가 있는지 직접 확인해 보시라는 것이지요."

김 사장은 고민 중이었다.

■ 실증 과정의 우여곡절

김 사장은 다른 조건을 제시했다. 3개월 무료 체험 후 효과가 확인되면 정식 계약을 검토하겠다는 것이었다.

AURION 팀은 내부적으로 고민에 빠졌다. 당장 매출이 절실한 상황에서 무료 체험 기간이 늘어나는 것은 리스크였지만, 첫 고객사 확보와 레퍼런스 구축을 위해서는 필요한 투자이기도 했다.

류강준이 결정을 내렸다.

"진행해 보겠습니다. 실증 데이터가 확보되면 다른 농장들 영업에도 활용할 수 있을 겁니다."

서유진과 기술팀이 현장에 나가 나노센서 및 시스템 설치 작업을 시작했다. 기존 IoT 센서들과의 연동부터 AI 모델을 해당 농장 환경에 맞게 최적화하는 작업까지 2주가 소요되었다.

초기 2주간은 특별한 변화가 없었다. 김 사장도 다시 회의적인 반응을 보였다.
"기존 시스템과 뭐가 다른지 체감이 안 되는데요?"

그런데 3주 차에 결정적인 순간을 맞이하게 되었다. AURION 시스템이 특이한 신호를 포착했기 때문이다. 기상청 예보는 평년 수준의 기온을 예측하고 있었지만, AURION의 농장 단위 미세 기후 분석 알고리즘은 전혀 다른 결과를 보여줬다.

"김 사장님, 48시간 후 이 지역 특정 구간에 찬 공기가 정체될 확률이 92%입니다. 기상청 예보보다 최대 8도 낮은 온도가 예상되니 미리 난방 준비를 권합니다."

김 사장은 당황했다. 기상청 예보는 영상 2도였고, 기존 농장 시스템들도 평상시와 동일한 수치를 보여주고 있었기 때문이다. 하지만, AURION 시스템만 유독 다른 경고를 발령하고 있었다.

"다른 시스템들은 아무 이상이 없다고 하는데요?"

이현수가 AURION 시스템의 핵심 차별점을 설명했다.
"저희 시스템은 단순히 광역 기상 데이터가 아니라, 이 농장 주변 지형과 바람 패턴, 토양 온도 변화까지 종합적으로 분석합니다. 특히 이 지역은 분지 형태라 찬 공기가 정체되기 쉬운 구조입니다."

이틀 후, 정확히 AURION이 예측한 대로 국지적 강추위가 몰아쳤다. 기상청 예보와 달리 해당 지역만 영하 6도까지 떨어졌고, 인근 농장들은 예상치 못한 피해를 입었다. 하지만 김 사장의 농장은 AURION의 사전 경고로 완벽하게 대비하여 피해가 전혀 없었다.

"이게 바로 농장별 맞춤 예측의 차이구나."

김 사장은 비로소 AURION 기술의 진짜 가치를 체감했다.

■■ 첫 계약 성사

"이현수 님, 계약서 준비해 주세요."

김 사장의 전화를 받은 이현수는 당일 농장으로 직접 찾아갔다. 체험 시작 3개월 만의 전화였다.

"이번에 한파 피해 안 본 것만으로도 최소 5천만 원은 절약했습니다. 그런데 솔직히 말하면, 이현수 님이 아니었다면 이런 큰 투자는 엄두도 못 냈을 겁니다."

김 사장이 솔직한 심경을 털어놨다.
"그동안 이현수 님이 우리 농장을 위해 해주신 무료 컨설팅들 정말 진심으로 도와주시는 게 느껴졌거든요. 그런 분이 추천하는 기술이니까 한번 믿고 시도해 본 거예요."

이현수가 겸손하게 답했다.
"사장님, 기술 자체가 검증된 결과를 보여드린 거죠."

"아니에요. 기술이 좋아도 신뢰할 만한 사람이 없으면 선뜻 투자하기 어려워요.

특히 7억 원이 넘는 금액을 누가 합니까? 이현수 님과 관계가 없었다면 애초에 체험도 안 했을 겁니다."

AURION의 기념비적인 상업 계약이 체결되는 순간이었다. 하지만 이 성공 뒤에는 이현수가 수년간 쌓아온 신뢰와 봉사 정신이 있었다.

사무실로 돌아온 이현수가 팀에게 소식을 전하면서 중요한 메시지를 전달했다.

"기술력도 중요하지만, 결국 사람과 사람 간의 신뢰가 계약의 핵심이었습니다. 앞으로도 고객과의 장기적인 관계 구축에 집중해야 할 것 같습니다."

■ 성공의 시작점

류강준이 긴급 팀 회의를 소집했다.

"본격적인 영업 확대 전략을 논의해야 할 때입니다."

"김 사장님 농장에서 나오는 실시간 성과 데이터를 다음 영업 자료로 활용해야 합니다. 특히 3개월, 6개월 단위로 구체적인 ROI 수치를 문서화해야 합니다."

이아름이 마케팅 캘린더를 확인하며 말했다.
"하나의 성공 사례만으로는 시장 확산의 한계가 명확합니다. 올해 목표 매출 달성을 위해서는 분기마다 3-5건씩 신규 계약이 반드시 필요합니다."

서유진이 기술팀 업무량을 검토하며 우려를 표했다.
"문제는 각 농장의 토양, 지형, 기후가 모두 다르다는 겁니다. 개별 맞춤 최적화에 엔지니어 한 명당 최소 2주가 소요되는데, 현재 인력으로는 동시다발적 프로젝트 진행이 물리적으로 어렵습니다."

이현수가 영업 파이프라인을 점검하며 덧붙였다.

"그리고 NH중상회를 통한 다음 후보 농장들도 김 사장님 케이스의 검증된 결과를 기다리고 있는 상황입니다. 빠른 성과 창출이 다음 영업의 열쇠가 될 것 같습니다."

성공의 여운보다는 당면한 현실적 과제들이 테이블 위에 가득 놓인 상황이었다.

■■ 확산의 신호

첫 계약 이후 예상하지 못한 일이 벌어졌다. 김 사장이 강원도 농업기술센터 월례 회의에서 AURION 시스템 사례를 발표한 것이다. 한파 피해를 완전히 차단한 구체적인 수치를 공개하면서 다른 농장주들의 관심을 끌었다.

그 결과 일주일 만에 횡성, 평창, 정선 지역 농장 3곳에서 동시에 문의가 들어왔다. 모두 김 사장과 비슷한 규모의 토마토, 파프리카 재배 농장들이었다.

여기에 더해, AURION의 기술 적용 과정을 담은 영상이 아튜브 채널에 공개되면서 파급효과가 더욱 커졌다. 실제 농장 운영자들을 중심으로 조회 수가 빠르게 늘어나며, 현장 사례에 대한 신뢰와 관심이 한층 높아졌다.

전화 통화량이 폭증하자, 이현수가 곧바로 팀에 상황을 보고했다.

"농촌 지역은 정보 전파 속도가 생각보다 빠릅니다. 특히 실제 수익과 직결된 기술이라면 더욱 그렇지요. 김 사장님이 구체적인 절약 금액을 공개하니까 신뢰도가 확실히 높아졌어요."

이아름이 문의 내용을 분석하며 말했다.

"3곳 모두 무료 체험을 요청했고, 김 사장님 농장과 동일한 조건을 원합니다. 예상 계약 규모는 각각 5~8억 원 정도로 추정됩니다."

21 실무 가이드 STP 전략

제품 개발과 PoC 검증을 마친 기업에게 다음 과제는 '어떻게 시장에 성공적으로 안착할 것인가'이다. 기술적 우수성만으로는 충분하지 않으며, 고객의 언어로 제품의 가치를 효과적으로 전달하고 실제 계약으로 이어갈 마케팅 및 영업 전략이 필수적이다. 이 단계에서 STP(Segmentation, Targeting, Positioning) 전략은 시장 진출의 핵심적인 나침반 역할을 한다.

STP 전략(시장 세분화 – 목표 고객 설정 – 포지셔닝)의 핵심

1. 시장 분류(Segmentation) : 광범위한 시장을 당신의 제품이 가장 강력한 영향력을 발휘할 수 있는 세분화된 고객군으로 나눈다.

- **고려 사항 :** 단순히 산업군을 나누는 것을 넘어, 고객의 특정 문제점, 지리적 위치, 기술 수용도, 예산 규모 등 다각적인 기준을 활용하여 시장을 세분화한다. 예를 들어, '스마트팜' 안에서도 '기후 변화로 인한 피해가 극심한 특정 지역의 대규모 스마트팜'과 같이 더욱 구체화할 수 있다.

2. 목표 고객(Targeting) : 세분화된 시장 중 당신의 초기 리소스(자금, 인력, 시간) 로 가장 효과적으로 진입할 수 있고, 가장 높은 성공 확률과 레퍼런스 가치를 제공할 수 있는 고객군을 우선순위로 설정한다.

- **고려 사항 :** 초기 타깃은 '누구나'가 아닌, '작지만 확실한 성공'을 가져다줄 고객이어야 한다. 이들이 당신의 첫 번째 성공 사례이자, 입소문의 근원이 된다. 이들의 니즈를 충족시키기 위한 맞춤형 접근 방식을 미리 계획해야 된다.

3. 포지셔닝(Positioning) : 선택된 목표 시장에서 제품이 경쟁사 대비 어떤 독점적 인 가치를 제공하는지, 그리고 왜 솔루션이 최고의 선택인지 명확하게 정의하 고 전달한다.

- **고려 사항 :** B2B/B2G 시장에서는 기술의 차별성뿐만 아니라, 고객의 '투자 대비 효과)', '운영 효율 증대', '리스크 감소', '정책 부합도' 등 구체적인 이점 을 강조해야 한다. 기술이 그들의 문제를 어떻게 근본적으로 해결하는지에 대한 명확하고 간결한 메시지를 만든다.

조언

STP 전략은 기업이 한정된 자원으로 가장 효율적인 시장 침투를 위한 전략적 나침반이다. 시장을 세분화하고, 명확한 목표 고객을 설정하며, 독보적인 가치를 포지셔닝 하는 과정은 마케팅과 영업의 방향성을 제시할 뿐만 아니라, 향후 제품 개발 로드맵과 비즈니스 모델 고도화에도 지속적으로 영향을 미친다. 고객의 목 소리에 귀 기울여 기업의 STP 전략을 끊임없이 다듬고 발전시켜 나가야 된다.

22 4P 전략

STP 전략으로 명확한 시장과 목표 고객, 그리고 포지셔닝을 정의했다면, 이제는 이를 실행에 옮길 구체적인 마케팅 믹스, 즉 4P 전략을 수립할 차례이다. 4P는 제품이 고객에게 효과적으로 도달하고, 구매로 이어지게 하는 실질적인 실행 계획이다.

4P 믹스(Product, Price, Place, Promotion) 전략 구체화의 핵심

1. **Product(제품)** : 당신의 제품이 단순한 기술이 아닌, 고객의 문제를 해결하고 실질적인 가치를 제공하는 '솔루션'임을 강조해야 한다.

   • **강조 포인트** : 기능 나열에 그치지 않고, 고객이 얻을 수 있는 구체적인 이점 (예 : 비용 절감, 효율성 증대, 안전성 확보, 생산성 향상 등)을 명확하게 제시해야 한다. B2B/B2G 고객은 특히 투자수익률에 민감하므로, 이를 수치화하여 보여주는 것이 강력한 설득 도구가 된다.

2. **Price(가격)** : 제품이 시장에서 경쟁력을 가지면서도 가치를 인정받을 수 있는 가격 정책을 수립해야 된다.

   • **고려 사항** : 경쟁사 분석을 통해 시장 내 포지셔닝을 고려해야 된다. 가치 기반 가격 책정(Value-Based Pricing)은 제품이 제공하는 독점적인 가치에 비례하여 가격을 설정하는 방식이다. 초기 시장 진입을 위해 경쟁사 대비 낮은 침투 가격을 설정할 수도 있지만, 장기적으로는 제공하는 효용성에 맞춰 프리미엄 가치를 확보할 전략이 필요하다.

3. **Place(유통)**: 제품이 목표 고객에게 가장 효과적으로 도달할 수 있는 채널을 구축해야 된다.

- **고려 사항**: B2B/B2G 시장에서는 정부 조달 시스템 등록, 산업별 B2B 전문 플랫폼 제휴, 그리고 직접 영업(Direct Sales) 채널을 복합적으로 활용하는 것이 일반적이다. 특히 직접 영업은 고객의 니즈를 깊이 이해하고 맞춤형 솔루션을 제공하는 데 필수적이다. 강력한 영업팀과 기술 영업 전문가의 역할이 중요하다.

4. **Promotion(홍보)**: 제품의 가치를 고객에게 알리고 신뢰를 구축하며, 궁극적으로 구매를 유도하는 모든 커뮤니케이션 활동이다.

- **고려 사항**: 성공 사례(Case Study)를 중심으로 한 콘텐츠 마케팅이 매우 효과적이다. 실제 고객의 문제를 해결하고 긍정적인 변화를 가져온 '이야기'를 영상, 인포그래픽, 보고서 등 다양한 형태로 제작한다. 웨비나, 산업 박람회, 컨퍼런스 참가는 잠재 고객과의 직접적인 소통 기회를 제공하며, 언론 홍보는 기업의 공신력과 인지도를 높이는 데 기여한다.

주요 광고 매체들의 장·단점

매체	장 점	단 점
온라인 광고 : 클릭당 비용 지불(검색 엔진)	특정 고객군에 대한 정밀한 타깃팅 가능, 결과에 따른 비용 지불, 전개가 빠르고 즉각적인 가시화, 불순한 수치 삭제, 광고의 효과분석을 위한 방문자 트래킹 가능	엉터리 클릭(예 : 경쟁자나 불만 있는 소비자나 직원들에 의한 클릭)으로 광고 비용이 낭비될 가능성
온라인 광고 : 소셜 미디어	다양한 방법으로 고객들과 연결, 바이럴 마케팅 가능, 특정 고객군에 대한 정밀한 타깃팅 가능, 비교적 저렴, 사용자 피드백 수집 가능, 실시간 효과 추적 가능	방문자가 고객으로 전환되는 가능성이 낮음, 소셜미디어 사이트의 인식과 접근도 높이기 어려움
텔레비전	시각·음성·동작이 섞인 감각적 풍부함, 높은 지역·인구통계학적 영향력, 독립적 매체로서 특정 고객군을 직접 겨냥하는 새로운 기회 제공	시청자 군이 너무 세밀하게 나눠짐, DVR 사용 증가로 광고 회피, 높은 비용, 순간적인 노출

매체	장 점	단 점
라디오	지역적·인구통계학적 높은 선택성, 중간 정도의 도달성, 비교적 저렴한 비용	오디오만 제공, 목표 고객 군 도달을 위해 여러 방송국 광고 시간 구매 필요, 순간적 노출
신문	시의적절성, 지역 시장 도달 가능성 높음, 넓은 수용자, 높은 신뢰성, 독자가 능동적으로 광고를 볼 수 있음, 선택 가능한 다양한 비용 범위	구독자 감소, 광고를 보지 않고 건너뜀 가능성, 독자의 품질 낮음, 여러 광고로 인한 혼잡, 특정 고객군 겨냥 어려움
잡지	높은 고객 선택력, 고품질 시각정보, 수명이 김, 중요한 기술적 정보 담을 수 있음, 독자 몰입도 높음	광고까지의 긴 리드타임, 낭비되는 구독률, 목표 달성 위해 여러 잡지에 광고 게재 필요
직접 우편	높은 독자 선택력, 매체 내 경쟁 없음, 중요한 기술적 정보 전달 가능, 독자와 직접 접촉, 반응도 파악 쉬움	비용 높음, 정크메일 이미지, 정확한 우편 주소 필요, 인쇄·배달 시간으로 긴 리드타임
야외 (광고판)	높은 반복적 노출, 낮은 비용, 낮은 경쟁	제한된 고객 선택권, 기술적 내용 제한
전화	높은 고객 선택력, 개별화된 메시지 제공	높은 비용, 짜증 섞인 반응 가능

조언

4P 전략은 각 요소가 상호 보완적으로 작용할 때 가장 큰 시너지를 낸다. 예를 들어, 혁신적인 제품(Product)은 가치 기반 가격(Price)을 정당화하고, 적절한 유통 채널(Place)은 제품이 올바른 고객에게 닿게 하며, 설득력 있는 홍보(Promotion)는 잠재 고객의 마음을 움직인다. STP에서 설정한 목표 고객의 특성을 항상 염두에 두고 4P 각 요소를 맞춤형으로 설계해야 한다. 끊임없이 시장의 피드백을 수집하고 4P 전략을 유연하게 조정하며, 기술적 우수성을 시장의 언어로 끊임없이 증명하는 것이 성공적인 시장 안착의 핵심이다.

성장통 :
첫 생산 파트너십

■ 예상치 못한 위기

이현수가 흥분된 목소리로 팀에게 보고했다.

"3곳 모두 무료 체험을 거쳐 정식 계약까지 체결됐습니다. 월간 구독료 매출만 총 3.2억 원 규모입니다!"

하지만 기쁨은 잠시뿐이었다. 서유진이 모니터를 돌리며 심각한 표정으로 생산 일정표를 보여줬다.

"현재 설비로는 이 물량을 감당하기 물리적으로 불가능합니다. 매월 납품해야 할 센서 모듈만 수백 개씩인데, 현재 구축한 소규모 생산설비로는 한계가 명확합니다."

최강혁이 어두운 표정으로 현실을 설명했다.

"1년 전 파주 산업단지 300평 규모 생산 시설에 이미 20억 원을 투자했습니다. 하지만 시공업체 파업으로 공사가 6개월째 중단되면서 가동이 지연되고 있습니다. 원래 계획대로라면 이미 가동돼야 했을 시설인데 아직 활용하지 못하고 있습니다."

이아름이 쌓여가는 계약서를 바라보며 우려를 표했다.

"결국 계약이 체결이 됐지만, 기한 내에 납품을 못하면 신뢰도가 완전히 무너질 수 있습니다. 특히 농업 분야는 입소문이 빠르거든요."

류강준이 깊은 고민에 빠진 채 말했다.
"파주 공장 완공까지 최소 4개월은 더 걸릴 것 같습니다. 그 기간 동안 고객들을 기다리게 할 수는 없고, 생산 파트너십 같은 대안을 모색해야 할 것 같습니다."

매출의 기쁨 뒤에 예상치 못한 생산 병목과 시설 완공 지연이 AURION의 새로운 위기로 떠올랐다.

■■ 전략적 대안

생산 위기를 두고 논의가 이어지던 중, 최강혁이 노트북을 펼치며 차분히 입을 열었다.
"사실 이런 상황에 대비해 미리 조사해 둔 대안이 있습니다. OEM 파트너십이 현실적인 해결책이 될 수 있습니다."

류강준이 신중한 표정으로 우려를 드러냈다.
"하지만 저희 제품은 나노센서 정밀 접합부터 AI 모듈 캘리브레이션까지, 밀리미터 단위의 오차도 허용되지 않는 작업이죠. 함부로 외부에 맡기기엔 위험이 너무 큽니다."

최강혁이 미리 준비한 파일을 화면에 띄우며 설명했다.
"그 부분까지 고려해서 이미 조사를 완료했습니다. CoreVentures 민경훈 심사역님 네트워크를 통해 확보한 정밀 제조 전문업체 리스트입니다."

화면에 나타난 업체 목록 중 '패스트 이노베이션'이라는 이름이 눈에 띄었다.

"강철민 대표님이 이끄시는 회사로, 나노정밀 부품과 센서 모듈 생산 분야에서 업계 최고 평가를 받고 있습니다. 특히 실시간 데이터 분석과 AI 기반 품질관리 시스템을 자체 구축한 것으로 파악됩니다."

류강준이 자료를 넘겨보았다. 생산위탁과 기술 파트너십 제안이 구체적으로 정리되어 있었다.

"파주 공장 완공을 기다릴 여유가 없는 상황이니, 일단 미팅부터 잡아보시죠. 다만 철저한 기술 검증과 품질 실사부터 진행해야겠습니다."

급한 불을 끄기 위한 대안 모색이, 구체적인 파트너십 논의로 발전하는 순간이었다.

■■ 현장의 진실을 보다

최강혁이 즉시 패스트 이노베이션에 연락을 취했고, 강철민 대표와의 통화는 예상보다 순조롭게 진행되었다.

"AURION 기술에 대해 이미 들어본 적이 있습니다. 흥미로운 프로젝트네요. 언제 방문 가능하신가요?"

이틀 후로 현장 방문 일정이 확정되었다. 류강준, 서유진, 최강혁이 함께 평택으로 향했다.

경기도 평택 산업단지 중심가에 위치한 3만 평 규모의 현대식 스마트팩토리인 패스트 이노베이션은 입구부터 인상적이었다.

강철민 대표가 직접 나와 일행을 맞이했다.

"류 대표님, 제안서는 인상 깊게 잘 보았습니다. 다만 저희는 기술력만을 기준으로 업체를 선정하지는 않습니다. 함께할 '사람'을 더 중요하게 생각합니다."

그의 옆에 서 있는 실무 담당 김도진 팀장을 소개했다.

"전체 공정을 총괄하고 있는 김도진 팀장입니다. 기술적인 질문들은 김 팀장이 답변드릴 겁니다."

공장 내부는 완전히 자동화된 시설이었다. 무인 로봇들이 끊임없이 부품을 실어 나르고, 대형 모니터에는 실시간 생산 현황이 3D 그래프로 표시됐다.

류강준이 메인 공정 라인을 살펴보며 질문했다.

"수요가 급증하면 라인 확장에는 어느 정도 시간이 소요되나요?"

"모듈형 설계로 구축해 뒀습니다. 신규 주문이 확정되면 1주 내로 생산이 가능합니다."

서유진은 곧바로 핵심 공정 라인으로 향했다. 나노센서 접합부와 AI 모듈 테스트 베드를 꼼꼼히 살펴봤다.

"저희 소프트웨어가 제조공정에서 충돌할 가능성은 없을까요?"

김도진 팀장이 설명했다.

"자체 개발한 MES가 외부 소프트웨어를 실시간으로 모니터링하고 있습니다. 미세한 오차도 즉시 감지하고 자동보정하도록 설계되어 있습니다."

2시간 넘게 이어진 질의응답을 통해 AURION 팀은 패스트 이노베이션의 기술력과 생산 역량을 확인할 수 있었다.

■: 첫 파트너십의 탄생

회의실로 자리를 옮긴 후에도 구체적인 논의는 계속 진행되었다.

최강혁이 현재 상황을 구체적으로 설명했다.

"현재 확정된 계약이 4개 농장이고, 총 2,400개의 센서 모듈을 납품해야 합니다. 문제는 저희 파주 공장 가동까지 아직 3개월이나 남아있다는 점입니다."

이에 강철민 대표가 제안을 하였다.

"그렇다면 전체 물량을 단계별로 나눠서 진행하는 것이 어떻겠습니까? 우선 첫 농장용 600개부터 시작해 품질과 프로세스를 검증한 뒤, 나머지를 순차 진행하는 방식으로 말입니다."

류강준은 제안에 동의했지만, 서유진이 기술적 우려를 제기했다.

"각 농장은 환경 조건이 다르기 때문에 센서 설정값을 미세하게 조정해야 합니다. 따라서 품질관리가 무엇보다 중요합니다."

이에 김도진 팀장이 구체적인 일정을 제시했다.

"첫 배치 400개는 2주 내 납품 가능하며, 품질 검증 완료 후 나머지 2,000개를 4주 동안 순차적으로 납품하는 일정으로 잡겠습니다."

이로써 계약 조건은 구체화 되었다. 품질기준, 납기 관리, 기술 보안까지 모든 업무 프로세스를 검증하는 첫 시험대였다.

그때 강철민 대표가 말을 이었다.

"계약 체결은 전자 방식으로 진행하겠습니다. 관련 서류를 이메일로 보내드리면 전자서명 부탁드립니다."

양사의 첫 파트너십 계약이 체결되면서, AURION은 파주 공장 완공 전까지의 생산 공백을 메울 수 있는 해결책을 확보했다.

류강준이 안도의 표정을 지으며 말했다.

"3개월 공백 기간 동안 고객들을 기다리게 하지 않아도 되겠군요. 정말 다행입니다."

예상치 못한 생산 위기가 오히려 새로운 파트너십 기회로 전환되는 순간이었다.

23 OEM 파트너 선정 시 핵심 체크리스트

공적인 OEM 파트너십은 기업의 성패를 좌우한다. 가격 비교를 넘어, 장기적인 관점에서 신뢰할 수 있는 파트너를 찾는 것이 중요하다.

OEM 파트너 선정 시 필수 고려 사항

1. 생산 능력 및 기술력

- 원하는 품질과 수량으로 제품을 안정적으로 생산할 수 있는 설비와 역량을 갖추었는가?
- 특히 AURION의 경우, 정밀 나노센서 및 AI 모듈 양산에 특화된 기술력과 경험이 있는가?

2. 품질 관리 시스템(QMS)

- 불량률을 최소화하고 일관된 품질을 유지하기 위한 체계적인 품질 관리 시스템(ISO 인증 등)을 갖추고 있는가?
- 샘플 검사, 공정 중 검사, 최종 검사 등 각 단계에서 품질관리가 철저한가?

3. 납기 준수 능력

- 약속된 생산 일정과 납기 기한을 철저히 준수할 수 있는가?
- 긴급 상황 발생 시 유연하게 대처할 수 있는 생산 스케줄 관리 능력이 있는가?

4. 비용 효율성

- 합리적인 생산 단가를 제시하는가?
- 초기 비용과 대량 생산 시의 단가를 모두 고려한 장기적인 관점에서 비용 경쟁력이 있는가?

5. 커뮤니케이션 및 대응 속도

- 문제 발생 시 신속하고 투명하게 소통하며, 해결책을 함께 모색할 수 있는가?
- 담당자와의 원활한 커뮤니케이션 채널이 구축되어 있는가?

6. 기술 보안 시스템

- 핵심 기술 및 지식재산권(IP) 보호를 위한 물리적/절차적 보안 시스템이 철저한가?
- 계약서에 강력한 비밀 유지 조항(NDA)이 포함되어야 한다.

7. 사업 이해도 및 협력 의지

- 우리 제품과 시장, 그리고 AURION의 비전에 대한 이해도가 높은가?
- 단순히 생산을 넘어, 장기적인 파트너십을 구축하고 함께 성장하려는 의지가 있는가?

8. 재무 건전성 및 평판

- 재무적으로 안정되어 있어 생산 중단 등의 리스크가 없는가?
- 기존 고객사들의 평판은 어떠한가?

9. (전략적 고려) 잠재적 시너지

- 향후 기술 협력, 혹은 장기적으로는 인수 대상으로서 AURION의 사업에 전략적 시너지를 가져올 수 있는 독특한 기술력, 인력, 또는 시장 접근성을 가지고 있는가?

조언

OEM 기업 선정은 신중해야 한다. 단기적인 이득보다는 장기적인 파트너십 관점에서 다각도로 검토하고, 특히 핵심 기술 관련 보안과 품질관리에 최우선을 두어야 한다.

위기를 넘어 :
협력의 증명

■■ 계약에서 실행으로

2021년 4월, 패스트 이노베이션과 파트너십 계약을 체결한 이후 본격적인 생산 준비가 시작되었다. 총 4개 농장에 2,400개 모듈을 납품하는 계획 가운데, 강원도 김 사장 농장이 첫 번째 납품처로 선정되었다.

"평창 두 곳, 횡성, 정선 순으로 진행하겠습니다."
이현수가 전체 일정을 정리했다.

"김 사장님 농장이 400개, 나머지 세 곳이 각각 500~600개씩 배정됩니다."

류강준이 일정을 신중하게 검토하며 말했다.
"첫 납품이 가장 중요합니다. 첫 납품이 성공해야 나머지 농장들도 안심하고 기다릴 수 있습니다."

■■ 첫 생산의 시험대

패스트 이노베이션과의 초도 생산 테스트가 본격적으로 시작되었다. 강원도 평창 농장에 공급할 400개 모듈을 2주 안에 완성하는 것. AURION이 축적해 온 정밀 나노센서와 AI모듈이 실제 양산 환경에서도 성능 유지할 수 있는지를 검증하는 중대한 과정이었다.

이현수와 서유진은 매일 같이 공장에 출근해 모든 공정을 직접 점검했다. 김도진 팀장 역시 AURION의 까다로운 기준을 충족하기 위해 밤낮으로 현장에 머물렀다.

24시간 내내 가동되는 클린룸은 쉴 새 없는 생산 활동으로 분주했다. 정밀 장비가 내는 낮고 둔탁한 진동음, 화학 약품의 냄새, 그리고 팽팽한 긴장감이 공기 속에 함께 뒤섞여 있었다.

▪️ 생산 위기

생산 시작 사흘째까지는 모든 일이 순조롭게 흘러갔다. 하지만, 첫 배치 100개에 대한 정밀 검사 결과가 나오자 상황은 급변했다. 샘플의 30%에서 심각한 불량이 발견된 것이다.

나노센서 접합부에 극미세한 균열이 발생하고, 이로 인해 AI 모듈이 간헐적으로 오작동하는 치명적 문제가 드러났다.

"대표님, 심각한 상황입니다."
이현수가 불량 샘플을 책상 위에 내려놓으며 긴급 보고했다. 며칠간 쌓인 피로와 걱정이 그의 얼굴에 고스란히 드러나 있었다.

"현재 불량률로는 양산이 불가능합니다. 납기까지 일주일밖에 안 남은 상황에서 즉시 전면 생산 중단이 필요할 것 같습니다."

류강준의 얼굴이 순식간에 굳어졌다. 첫 납품이 실패한다면 나머지 세 농장의 신뢰는 물론, 회사 전체가 흔들릴 수도 있었다.

김도진 팀장 역시 당황스러운 표정으로 고개를 떨구었다.

"죄송합니다. 저희도 이 정도 불량률은 전혀 예상하지 못했습니다. 전담팀을 꾸려 즉시 원인 규명에 집중하겠습니다."

순식간에 회의실은 무거운 침묵에 휩싸였다.

■ 리더십의 순간

그 무거운 침묵을 깬 것은 류강준 대표였다.

"지금은 원인 파악과 해결 방법에 집중해야 할 때입니다. 김도진 팀장님의 생산 노하우와 서유진 CTO님의 기술력을 총동원해 주시기 바랍니다. 최강혁 CFO 님께서는 추가 비용 지원안을 검토해 주십시오."

위기 상황에서도 류강준은 팀의 침체된 분위기를 반전 시키며, 문제 해결에 팀의 역량을 모았다.

■ 원인 추적의 시작

서유진과 김도진의 불량률의 원인을 규명하기 위해 본격적인 협업에 착수했다. 그들은 3D 현미경과 X선 검사 장비를 동원해 불량 샘플들을 하나씩 면밀히 분석했다.

육안으로 보이지 않는 미세 균열을 찾아내기 위해 반복적인 확대 관찰과 정밀 분석을 거듭했다. 김도진 팀장은 생산 라인의 각 공정을 재점검하여 원인 규명에 집중했다.

부품 투입 각도, 장비의 미세한 진동, 심지어 클린룸 내부의 미세 먼지 입자까지 모든 데이터를 수집했다.

■■ 돌파구의 발견

원인 파악에 매진하던 3일째, 드디어 결정적 단서가 발견되었다.

"문제를 찾았습니다."

바쁘게 달려온 서유진의 목소리에는 확신이 담겨 있었다. 그의 손에는 수치화된 온도 데이터와 불량률 상관관계 분석 자료가 들려 있었다.

"레이저 각인 공정에서 온도 편차가 발생하고 있었습니다. ±0.3℃의 미세한 차이가 나노센서에 치명적인 영향을 미치고 있었던 겁니다."

이현수가 다급하게 물었다.

"납기까지 4일밖에 남지 않았습니다. 지금 문제를 해결하고 납기를 맞출 수 있을까요?"

김도진 팀장이 데이터를 꼼꼼히 검토한 후 조심스레 답변했다.

"이 정도 미세한 온도 변화는 기존 센서로는 감지조차 어려웠습니다. 공차 범위 안에 있는 값이었으니까요. 하지만 레이저 장비의 온도 제어 시스템을 정밀하게 튜닝하면 납기를 맞출 수 있을 것 같습니다."

협력의 완성

김도진 팀장은 즉시 공정 환경의 미세 조정에 착수했다. 장비의 반응성을 하나하나 재설정하고, 센서 민감도와 제어 주파수까지 세밀하게 조율했다.

서유진과 김도진의 협업은 정교한 시계의 톱니바퀴처럼 매끄럽게 맞물려 돌아갔다. 기술과 현장 경험이 완벽한 조화를 이루었다.

그리고 마침내 결과가 나왔다. 수정된 공정에서 생산된 샘플의 불량률은 5%로 떨어졌고, AI 모듈의 오작동 문제도 완전히 사라졌다.

성공적인 첫 납품

결국 강원도 농장용 400개 모듈은 약속된 납기 일을 정확하게 맞추어 납품되었다. 이로써 나머지 세 농장들도 안심하고 자신들의 차례를 기다릴 수 있게 되었다.

이번 위기는 AURION과 패스트 이노베이션 사이에 진정한 신뢰가 구축된 순간이었다.

파주 공장을 향한 준비

횡성과 정선 농장 납품이 순조롭게 진행되던 중, 류강준은 팀 전체에게 중요한 메시지를 전했다.

"파주 공장 가동까지 이제 얼마 남지 않았습니다. 오늘 우리가 경험한 것들을 꼭 기억해 주시기 바랍니다."
"패스트 이노베이션과의 협업을 통해 배운 정밀 온도 제어 기술, 품질관리 시스템과 같은 노하우는 파주 공장에 그대로 적용되어야 합니다."

최강혁이 재무적 관점에서 덧붙였다.

"특히 불량률을 낮추는 공정 관리 역량은 자체 생산에서도 필수입니다. 외주 의존도를 줄이고 자립적인 제조 역량을 확보해야 합니다."

이현수도 시장 확장 측면에서 의견을 보탰다.

"자체 생산 능력이 갖춰지면 더 빠른 대응과 유연한 제품 커스터마이징이 가능해집니다. 고객 요구에 즉시 대응할 수 있는 경쟁력이 생기게 됩니다."

류강준이 팀을 바라보며 다짐을 새롭게 했다.

"언젠가는 우리도 이런 생산 역량을 갖추어야 합니다. 패스트 이노베이션과의 파트너십은 그 목표를 향한 중요한 학습 과정이라 생각합니다."

파주 공장 완공을 앞두고, AURION은 제조업체로 성장하기 위한 준비를 한 걸음씩 착실히 다져가고 있었다.

실무 가이드 24 TQM과 6시그마를 활용한 품질관리

제조 기업이 양산 단계에서 직면하는 품질 위기는 기업 생존을 위협하는 중대한 도전이다. 이때 TQM(전사적품질경영)과 6시그마의 체계적 방법론을 활용하면 위기를 극복하고 조직 역량을 한 단계 끌어올릴 수 있다.

TQM과 6시그마 기반 품질 위기관리 전략(AURION 사례)

1. TQM(Total Quality Management, 전사적품질경영) 기반 조직적 대응

- **전사적 참여 체계** : 품질 문제는 생산 부서만의 문제가 아니다. 기업 내 모든 조직원이 품질 목표 달성을 위해 장기적인 품질 목표 수립과 품질관리 방법론을 활용해야 한다.

- **고객 만족 중심 접근** : 품질 위기 상황에서도 고객 만족을 최우선으로 하며, 불량품이 고객에게 유출되지 않도록 신속한 대응을 통한 해결 방안을 제시한다.

- **지속적 개선 문화** : 일회성 문제 해결이 아닌 모든 공정에서 소비자 만족, 불량, 문제점, 안전 등의 지속적인 모니터링을 통해 피드백을 산출하고 이를 통해 공정을 보완 및 수정해 나가는 실행 과정을 구축한다.

- **구성원들에 대한 지속적 교육과 훈련** : 품질 목표 달성을 위한 합리적인 목표 수립과 관리 방식으로 설계, 생산, 서비스, 재고관리, 운송에서 활용한다.

2. 6시그마 DMAIC 방법론 적용

- **Define(정의)** : 현재 프로세스에 대한 공부를 시작하고 현재 프로세스 문제점에 대한 데이터수집을 통해 개선점을 위한 계획을 수립한다. 불량률 30%라는 구체적 문제를 명확히 정의하고 고객 기대치와의 차이를 분석한다.

- **Measure(측정)** : 계획 실행, 변화에 대한 기록을 남기고 분석을 위한 데이터수집을 진행한다. 나노센서 접합부 균열, AI모듈 오작동 등 정량적 측정 가능한 품질 특성을 파악한다.

- **Analyze(분석)** : 실행 과정에 있어서 수집된 데이터를 평가하고 계획 과정에 있어서 형성된 목표와 목표가 달성되었는지에 대한 결과를 점검한다. 레

이저 각인 공정의 ±0.3℃ 온도 편차가 불량의 근본 원인임을 데이터로 입증한다.

- **Improve(개선)** : 결과가 성공적이면 새로운 방법을 표준화하고 관련자와 소통을 활성화한다. 온도 제어 시스템 정밀 튜닝을 통해 불량률을 5%대로 개선한다.
- **Control(관리)** : 결과가 실패하면 계획을 변경하고 과정을 반복한다. 개선된 공정의 지속적 모니터링과 표준화를 통해 재발을 방지한다.

3. 품질 측정 도구 활용

- **순서도** : 생산 공정의 전체 흐름을 시각화하여 문제 발생 지점을 명확히 파악한다.
- **체크 시트** : 불량 유형별 발생 빈도를 체계적으로 기록하여 데이터 기반 분석을 지원한다.
- **파레토 분석** : 80 : 20 법칙을 적용하여 가장 중요한 불량 원인에 집중한다. 온도 편차가 전체 불량의 주요 원인임을 파악한다.
- **히스토그램** : 공정 데이터의 분포를 시각화하여 정상 범위를 벗어나는 변수를 식별한다.
- **산포도** : 온도 변화와 불량률 간의 상관관계를 시각적으로 확인한다.
- **특성요인도** : 인간(Man), 기계(Machine), 재료(Material), 방법(Method), 환경(Environment) 등 5M 관점에서 불량 원인을 체계적으로 분석한다.

4. 시스템 접근 방식 구현

- **프로세스 매핑** : 정보 수집 → 프로세스 흐름 → 프로세스 분석을 통해 전체 생산 흐름을 체계화한다.

- 가장 중요한 문제와 각각의 스텝에 구체적인 문제를 파악하여 프로세스를 재설계한다.
- **공급업체 품질관리** : OEM 파트너와의 협업에서도 동일한 품질기준을 적용하여 전체 공급망의 품질을 보장한다.

5. 지속적 개선과 경쟁적 벤치마킹

- **경쟁적 벤치마킹** : 비용 감소와 고객 만족 향상을 달성하기 위해 불량 각소를 목표로 설계한 프로그램을 운영한다.
- 전략적 사업 결과 달성을 위한 특정 툴이나 기술들을 특정 프로젝트에 활용한다.

조언

품질 위기는 조직의 품질 역량을 한 단계 끌어올리는 기회다. 위키백과에 따르면 6시그마는 100만 개 기회 중 3.4개 이하의 불량을 목표로 하는 완벽에 가까운 품질 경영 기법이다. TQM과 6시그마의 체계적 방법론을 통해 위기를 극복하고, 이를 조직의 DNA로 만들어 지속 가능한 품질 경쟁력을 확보하는 것이 핵심이다.

시장의 스포트라이트 :
성공과 그림자

■ 성공의 기반 구축

패스트 이노베이션과의 OEM 생산 체계 안정화는 AURION에 새로운 전기를 마련해 주었다. 4개 농장에 총 2,400개 모듈을 성공적으로 납품하며, 이제 그들은 '초정밀 예측 기반 지역 맞춤형 재난 대응 AI 솔루션'을 안정적으로 공급할 수 있는 기반을 완성했다.

특히 김 사장 농장에서 6개월간 축적된 실증 데이터는 AURION 기술의 효과를 객관적으로 입증하는 강력한 무기가 되었다.

이아름의 눈빛에는 자신감이 가득했다.
"대표님, 이제 강원도 스마트팜 사례를 본격적으로 활용할 때라고 생각합니다."

그녀는 준비된 자료를 펼치며 설명을 이어갔다.
"AURION의 제품이 가져오는 경제적 효과와 탄소 저감 성과를 구체적인 수치로 제시해야 합니다."

이아름은 MS소프트의 2030년 100% 재생에너지 전환 목표 등 글로벌 기후테크 기업들의 그린 스토리텔링 전략을 사례로 들며, AURION의 기술적 성과를 정리했다.

〈강원도 스마트팜 실증 결과〉

- 전력 소비 평균 12.7% 절감
- 연간 재난 복구 비용 9억 4,000만 원 절약
- 돌발 재난 발생률 75% 감소
- 3년간 생산 손실 리스크 28% 저감
- 연간 간접 탄소배출 30.3% 감소

이 데이터를 기반으로 인포그래픽, 영상 콘텐츠, 미디어 키트 등 체계적인 홍보 제작이 본격화되었다.

파주 공장 가동을 앞둔 AURION은 제조 역량과 마케팅 역량을 동시에 강화하며, 본격적인 시장 확장을 준비하고 있었다.

■ 미디어의 주목

그날 오후, AURION의 이름이 처음으로 농업 전문지 헤드라인을 장식했다.

『스마트팜 예측 정확도 85% 달성… AURION 시스템 주목』
『강원도 농장 한파 피해 완전 차단… AI 예측 기술 효과 입증』
『기후 변화 대응 농업 솔루션, 국산 기술로 돌파구 찾나』

뉴스가 배포되자마자, 사무실 전화기가 하루 종일 쉴 새 없이 울렸다. 농업기술센터 담당자, 지역 농장주들의 문의가 빗발쳤다.

"문의 전화가 하루에 20통이 넘게 오고 있습니다."
이아름이 보고했다.

"대부분 실제 도입 비용과 효과에 대한 구체적인 질문들이에요."

그날 저녁, 류강준은 사무실에 홀로 남아 미처 확인하지 못한 이메일들을 정리했다. 피상적인 관심 표명이 아닌, 구체적인 사업 제안들이 섞여 있었다.

경기도 농업기술원에서 온 메일 제목에는 "도내 스마트팜 15곳 대상 시범 사업 검토 중"이라 적혀 있었고, 충남도청 담당자는 "센서 모듈 설치 및 용역 제안"이라는 메일을 보내왔다.

잠시 노트북 화면만 바라보던 류강준은 묘한 현실의 괴리감을 느꼈다. 불과 몇 달 전만 해도 한 건의 계약을 위해 고군분투했는데, 이제는 동시에 쏟아지는 제안들을 감당해야 하는 상황이 된 것이다.

다음 날 아침 9시 농기원 미팅, 오후 2시 충남도청 화상 미팅, 저녁 7시 사업 계획 검토 일정표를 확인하며 그의 입가에 미소가 번졌다. 바쁘지만, 더없이 의미 있는 하루가 될 것임을 예감했기 때문이다.

■ 경쟁자의 시선

한편, 서울 강남의 한 고층 빌딩. 고급스러운 대리석 테이블 위에 정갈하게 놓인 보고서 표지에는 굵은 글씨로 이렇게 적혀 있었다.

「AURION 분석 리포트 - 기술력 및 경쟁 평가」

보고서를 내려다보는 여성은 완벽하게 정돈된 정장 차림에 날카로운 인상을 풍기고 있었다.

그녀는 다름 아닌 AURION의 경쟁사, 네오테크의 CEO 오윤서였다.

"스타트업인 AURION이 우리 영역에 도전하겠다고?"

오윤서 CEO의 목소리에는 냉소가 스며 있었다. 그녀는 보고서 페이지를 천천히 넘기며 내용 하나하나를 꼼꼼히 훑었다.

곧이어 그녀는 내선 전화를 집어 들었다.

"전략기획팀으로 연결해 줘. AURION 관련 자료를 전부 종합해. 기술 이력, 투자 현황, PoC 성과까지 빠짐없이."

잠시 침묵이 흐른 뒤, 그녀는 차갑게 미소 지으며 다시 중얼거렸다.

"그 '젊은 창업가' 류강준이라... 우리와 경쟁하겠다고? 흥미로운 상대군."

AURION은 아직 알지 못했다. 그들을 겨냥한 새로운 국면이 막 열리고 있음을.

25 스타트업 PR과 보도자료 작성 전략

스타트업이 미디어 노출을 통해 시장에서 인지도를 확보하고 투자 유치, 고객 확보, 인재 채용 등의 기회를 얻기 위해서는 전략적인 PR 활동이 필요하다. 그러나 많은 스타트업이 보도자료의 본질을 오해하여 효과적인 PR에 실패하곤 한다.

효과적인 스타트업 PR을 위한 핵심 원칙

1. 보도자료의 본질 이해

- **보도자료는 '프로덕트'가 아니라 '정보 제공'이다** : 보도자료는 기자에게 정보

를 제공하는 수단이며, 기자는 이를 바탕으로 독자적인 판단으로 기사를 작성한다. 완성된 기사문을 보내거나 게재를 강요하는 것은 잘못된 접근이다.

- **관계 형성의 도구** : PR은 Public Relations의 약자로, 미디어와의 장기적인 신뢰 관계 구축이 핵심이다. 일회성 보도보다는 지속적인 소통을 통해 기자가 우리 회사를 이해하고 관심을 두도록 하는 것이 중요하다.

2. 보도자료 작성 시 피해야 할 실수

- **회신 요청 금지** : "게재 여부를 알려주십시오", "회신 주십시오"와 같은 요청은 기자의 업무 부담을 가중시키며 비전문적으로 보인다. 기자는 보도 가치가 있다고 판단하면 자발적으로 기사화한다.
- **여러 안 제시 지양** : A안, B안 등 여러 버전의 보도자료나 완성된 기사문을 보내는 것은 기자를 마케팅 대행자로 오해하는 행동이다.
- **타 매체 링크 첨부 자제** : 다른 매체의 기사 링크를 첨부하며 "이런 식으로 써달라"는 요청은 무례하게 받아들여질 수 있다.
- **압축 파일과 대용량 첨부 피하기** : 첨부 파일은 가능한 한 용량을 작게 하고, 압축 파일은 지양한다. 보도자료 본문에 핵심 내용을 모두 담는 것이 원칙이다.

3. 기사 가치 있는 보도자료 작성법

- **뉴스 가치 판단** : 당장 쓰거나 발표할 기삿거리가 있는지, 시간 한정성이 있는지, 실제 기업이나 업계에 의미 있는 일인지를 스스로 점검한다.
- **명확한 팩트와 수치** : 투자 유치 규모, 사용자 증가율, 매출 변화 등 구체적인 수치를 포함하여 신뢰성을 높인다. 최근 IT·스타트업 분야에서는 개인 맞춤 정기구독 서비스 가입률 상승, 특정 연령대 고객 증가 등 구체적 지표를 제시하는 것이 효과적이다.

- **간결하고 명료한 제목** : 제목에서 핵심 메시지를 즉시 파악할 수 있어야 한다.
- **적절한 발송 시점** : 보도자료는 월요일 오전 10~12시가 적절하다. 기자의 업무 패턴을 고려한 발송이 중요하다.

4. 기자와의 관계 관리

- **장기적 관점** : 한 번의 보도자료로 성과를 기대하기보다는, 꾸준한 소통을 통해 기자가 우리 회사에 대한 이해도를 높이도록 한다.
- **적절한 거리 유지** : 기사가 나오지 않았다고 따지거나, 반복적으로 독촉하는 것은 관계를 악화시킨다.
- **상호 존중** : 기자는 마케팅 대행자가 아니며, 보도자료를 보내는 것과 기사 작성은 별개의 문제임을 인정해야 한다.

조언

효과적인 PR은 그저 보도자료를 많이 배포하는 것이 아니라, 우리 회사의 이야기가 독자에게 '의미 있는 뉴스'로 전달될 수 있도록 기자와 협력하는 과정이다. 발생(what)과 의미(why)를 모두 갖춘 학습형 PR이 장기적으로 효과적이다. 보도자료는 그 시작점일 뿐, 진정한 PR은 미디어와의 신뢰 관계에서 비롯된다.

Chapter 5

거대 그림자,
그리고 흔들리는 비전

AURION의 성공 그림자 뒤에서, 경쟁자 네오테크의 CEO 오윤서는 치밀한 음모를 가동한다.

오윤서는 자회사 GTS를 통해 정태수 전무를 잠입시키고, 내부의 서유진 CTO와 최강혁 CFO의 갈등을 교묘히 부추겨 균열을 심화시킨다. 심리적으로 지친 서유진은 정태수의 파격적인 이직 제안과 함정에 빠져 핵심 기술 정보를 유출하는 실수를 저지른다.

류강준 대표는 단서를 통해 GTS의 정체가 네오테크의 손자회사임을 밝혀낸다. 류강준은 흔들리는 신뢰를 재건하고 서유진과의 약속을 상기시키며 내부 불화를 봉합한다.

하지만 위기 극복의 기쁨도 잠시, 오윤서는 AURION의 IPO 시점을 겨냥한 특허 침해 소송이라는 기술 탈취 계획을 세운다.

보이지 않는 손 :
음모의 씨앗

■■ 경쟁자의 계산

2021년 6월, AURION의 농업 분야 성공은 네오테크에 뚜렷한 위기감을 불러일으켰다. 특히 오윤서 CEO는 자사가 3년 전 수익성 문제로 철수했던 중소 농장 시장에서 AURION이 실제 매출을 올리고 있다는 사실에 주목했다.

"월간 구독료 9억 원 규모라니…"
오윤서가 시장 분석 보고서를 넘기며 중얼거렸다.
"우리가 놓친 시장이 실제로 존재했던 거네."

그녀는 치밀하게 대응책을 모색하기 시작했다. 직접적인 충돌은 피하고, 우선 자회사 GTS(글로벌 테크 솔루션즈)를 통한 우회 접근으로 내부 정보 수집에 나서기로 했다.

"정태수 전무, 내일 오전 10시에 별도 미팅 진행해."

전화를 끊은 뒤, 오윤서는 다시 AURION의 관련 자료를 펼쳤다. 그녀의 시선은 곧 서유진 CTO의 이름에 멈췄다.

'핵심은 이 사람이군. 저 기술자를 확보할 수만 있다면, AURION의 기술력이

크게 흔들릴 거야.'

"그녀는 혼잣말하듯 중얼거렸다. 눈빛에는 서늘한 각오가 번졌다." AURION은 아직 알지 못했다. 경쟁의 무대가 새로운 국면으로 접어들고 있음을…

■■ 전략적 접근

정태수 전무는 'AI 컨퍼런스 2021'에서 서유진의 기조연설 일정을 파악했다. 행사 프로그램에는 "농업 AI 혁신 사례와 미래 전망"이라는 제목으로 오후 2시에 발표가 예정되어 있었다.

컨퍼런스 당일, 서유진은 30분간 L-에너지 PoC 결과와 농장 적용 성과 데이터를 중심으로 발표했고, 청중들로부터 큰 호응을 이끌어냈다.

발표가 끝나고 네트워킹 시간이 되자, 정태수는 다른 참석자들 사이에 섞여 자연스럽게 서유진에게 다가갔다.

"GTS 정태수 전무입니다. 오늘 발표는 정말 인상적이었습니다. 특히, 예측 정확도 부분은 놀라웠습니다."

서유진이 명함을 받으며 미소 지었다.

"감사합니다. 실제 현장에서 검증된 데이터라 의미가 있다고 생각합니다."

정태수는 차분하게 말을 이어갔다.

"저희 GTS도 스마트 인프라 분야에서 AI 솔루션을 개발 중인데, 특히 제조업 진출을 준비하고 있습니다. AURION의 예측 기술을 제조 환경에 접목한다면 상당한 시너지가 있을 것 같습니다."

서유진의 눈빛이 호기심으로 바뀌었다. AURION 역시 스마트팩토리 시장 진출을 내부적으로 검토 중이었기 때문이다.

"흥미로운 아이디어네요. 구체적으로 어떤 협력을 고려하고 계신가요?"

정태수는 잠시도 망설이지 않고 답했다.

"저희가 보유한 제조업 고객망과 인프라 기술, 그리고 AURION의 AI 예측 엔진을 결합하는 방식입니다. 농업에서 증명하신 기술을 제조업에 확장하면 새로운 시장을 열 수 있을 거라 생각합니다."

서유진은 고개를 끄덕였다.

"정말 관심 있는 분야입니다. 저희도 고민해 왔던 부분이거든요."

정태수는 미소를 띠며 덧붙였다.

"그렇다면 정식으로 논의해 보는 건 어떨까요? 구체적인 협력 방안을 제안서로 정리하여 전달드리겠습니다."

■ 합법적 침투

일주일 후, AURION 사무실에 한 통의 제안서가 도착했다. 제목은 「스마트팩토리 AI 솔루션 공동 개발 및 시장 진출 협력 제안서」. 서류에는 다음과 같은 구체적인 협력안이 담겨 있었다.

- GTS의 기존 제조업 고객사 20여 곳 활용
- AURION 예측 기술의 제조공정 최적화 적용
- 공동 R&D를 통한 제조업 특화 모델 개발
- 초기 시장 진입 비용 분담

류강준이 곧바로 팀 회의를 소집했다.

"타이밍이 좋습니다. 마침 우리도 스마트팩토리 진출을 논의하고 있던 참이니까요."

서유진이 기술적 관점에서 의견을 냈다.

"제조업 환경은 농업과는 많이 다르지만, 저희 알고리즘의 핵심 원리는 충분히 적용 가능합니다. 다만, 그 과정에서 추가 연구가 필요할 것 같습니다."

이아름이 시장성을 집었다.

"제조업 시장은 농업보다 훨씬 규모가 큽니다. 성공적으로 진출할 수 있다면 매출 확장에 큰 기여가 될 겁니다."

최강혁은 재무적 시각을 보탰다.

"신규 시장 진입의 리스크를 분담할 수 있다는 점도 매력적입니다."

류강준이 잠시 생각하다가 결론을 내렸다.

"긍정적으로 검토해 보겠습니다. 우선 MOU를 체결하고, 구체적인 협력 방안을 단계적으로 논의해 나가도록 합시다."

■ MOU 체결

3주간의 협상 끝에 AURION과 GTS 간의 MOU가 체결됐다. 주요 합의 내용은 다음과 같았다.

- **스마트팩토리 AI 솔루션 공동 연구개발**
- **상호 기술 교류 및 정보 공유**

- 시장 진출 전략 수립 협력
- 6개월 단위 성과 검토 및 재계약 검토

류강준이 펜을 내려놓으며 말했다.
"새로운 시장 개척의 좋은 파트너가 되기를 바랍니다."

정태수 전무도 손을 내밀며 화답했다.
"AURION의 기술력과 GTS의 시장 경험이 결합된다면 좋은 결과가 있을 거라 확신합니다."

악수가 오가며 양사는 공식적으로 손을 맞잡았다. 그러나 이 순간은 단순한 협력 이상의 의미를 담고 있었다. 정태수에게 이번 MOU는 외형상 협력을 가장한 AURION 내부 정보에 접근할 수 있는 통로를 동시에 열어주는 전략적 수단이었다.

■■ 정보 수집의 시작

MOU 체결 후 첫 달부터 양사 간 정기 회의가 시작되었다. 이제 정태수 전무는 '합법적인 파트너'라는 명분으로 AURION 사무실을 자유롭게 드나들 수 있었다.

하지만, 그의 진짜 목적은 따로 있었다. 그는 정기 회의뿐 아니라 비공식적인 자리에서도 AURION 팀원들과 자연스럽게 교류했다. 커피챗에서의 짧은 대화, 회식 자리에서의 가벼운 농담 속에서도 정태수는 늘 AURION 내부 동향을 주의 깊게 관찰하며 정보를 수집했다.

특히 그의 눈에 들어온 것은 최강혁 CFO와 서유진 CTO 사이의 미묘한 견해 차이었다.

어느 회의에서 오간 대화는 이를 잘 보여주었다.

"신규 고객사 계약 조건을 좀 더 유연하게 가져가면 어떨까요? 초기 도입 비용을 낮추고 성과 기반으로 요금을 받는 방식으로요."
최강혁이 제안했다.

서유진은 고개를 저었다.
"성과 기반 요금제는 리스크가 큽니다. 예측 정확도가 조금이라도 흔들리며 손해는 저희가 떠안게 됩니다."

"하지만 고객 입장에선 초기 부담이 줄어드니 계약 성사율이 높아질 수 있지 않습니까?"

"단기적으로는 그렇겠죠. 하지만 장기적으론 수익성 악화, 나아가 기술에 대한 신뢰도 하락으로 이어질 수 있습니다."

대화는 곧 다른 주제로 넘어갔지만, 정태수는 이미 필요한 단서를 얻었다. 최강혁은 시장 확장을, 서유진은 기술 가치 보호를 우선시한다는 사실.

몇 달에 걸친 관찰 끝에 그는 이 패턴이 여러 의사결정 과정에서 반복된다는 점을 확인했다.

그가 오윤서 CEO에게 제출한 보고서의 핵심 요지는 다음과 같았다.
"AURION은 기술력과 시장 대응력을 모두 갖춘 조직이지만, 성장 과정에서 팀 내 우선순위에 대한 시각 차이가 드러나고 있습니다. 현재로선 큰 문제가 아니지만, 향후 중요한 의사결정 국면에서 분열의 불씨가 될 가능성이 있습니다."

정태수의 다음 단계 계획이 서서히 구체적인 형태를 띠기 시작했다.

26 보안 체계 구축 전략

고객 데이터 보호, 투자자 신뢰 확보, 규제 준수를 위해 체계적인 보안 인프라 구축이 요구된다.

보안 체계 구축 가이드

1. 배경 : 보안 투자가 필요한 이유

- **인터넷 확산과 디바이스 다양화** : 모바일, 클라우드 환경에서 접근 경로가 복잡해지며 보안 취약점 증가한다.
- **디지털 데이터 자산 가치 증대** : 고객 정보, 거래 데이터 등 기업의 핵심 자산을 보호할 책임이 발생한다.
- **글로벌 시장 진출** : 해외 진출 시 현지 법규(GDPR, CCPA 등) 준수 의무가 발생한다.
- **클라우드 서비스 의존도 증가** : 대규모 인프라를 외부에 의존하면서 통제권 이슈가 발생한다.
- **국가 차원의 정보보호 요구** : 개인정보보호법, 정보통신망법 등 법적 준수가 필요하다.

2. 주요 위험 요소와 대응

- **ID 도용 및 권한 오용** : 계정 정보 유출로 인한 무단 접근 시도 차단을 위해 다단계 인증(MFA), 접근 권한 관리 체계 구축이 필요하다.

- **시스템 On/Offline 장애** : 개발과 운영 환경 분리, 백업 및 복구 절차 수립, 모니터링 시스템 도입이 필요하다.
- **악성코드와 바이러스** : 보안 업데이트 정기 실행, 백신 소프트웨어 설치, 네트워크 격리 조치가 필요하다.
- **개별 시스템 증설에 따른 보안 관리 어려움** : 통합 보안 관제 시스템(ESM Agent) 도입으로 중앙 집중 관리가 필요하다.
- **보안 사고 대응 절차 부재** : 사용자 신고 시스템 구축, 상황별 대응 매뉴얼 작성, 담당 부서 지정이 필요하다.

3. 구축 전략 : 통합 인프라의 3단계 접근

- **다단계(Multi-Layered) 보안** : IT Layer별로 단계별 보안 체계 적용. 네트워크 계층에서는 방화벽과 침입탐지 시스템, 애플리케이션 계층에서는 보안 코딩, 데이터 계층에서는 암호화 적용이 필요하다.
- **Embedded(내재화) 보안** : 보안 요건을 개발 단계부터 통합. Add-on 방식이 아닌 시스템 설계 시 보안을 기본(Embedded) 구조로 반영. Secure Coding Guide 적용, 테트리스 Zone별 보안 정책 수립이 필요하다.
- **통합 능동형 보안** : 실시간 보안 모니터링 체계 구축. 이 기종 간 다양한 보안 솔루션을 중앙에서 통합 관리하는 ESM Agent 도입해야 한다.

4. 핵심 보안 요건 체크리스트

- **사용자 인증** : 인증서 기반 사용자 인증, 전자서명 등을 포함한 강력한 접근 제어
- **데이터 보호** : 응용 보안, DB 보안, 시스템 보안, 네트워크 보안을 포괄하는 다층 방어

- **암호화** : 가상사설망(VPN) 활용, 데이터 전송 구간 암호화, 저장 데이터 암호화
- **접근 제어** : 컴플라이언스 및 감사 기능 내재화, 업무별 접근 권한 차등 부여
- **모니터링** : 내부자 통신 기록, 사용자 활동 로그, 이벤트 추적을 통한 실시간 감시

조언

보안은 지속적인 관리가 필요한 영역이다. 초기 단계에서는 최소 필수 보안(ID 관리, 방화벽, 백업)부터 시작하고, 성장 단계에 따라 통합 보안 관제, 임베디드 보안으로 확장하는 단계적 접근이 효율적이다. 특히 파트너사의 보안 감사(Security Audit) 요청이 증가하므로, 체계적인 문서화와 정기적인 점검 체계 구축이 필수적이다.

흔들리는 균형 :
이간질과 내부의 틈

균열의 시작점

정태수 전무는 또다시 AURION 내부의 미묘한 긴장감을 포착했다. 이번에는 신제품 관련 실무 회의에서 갈등이 더욱 뚜렷해졌다는 소식이었다.

안건은 차세대 AI 모델 개발의 예산 배분과 기술 로드맵이었다.

최강혁 CFO가 차분히 입을 열었다.
"서유진 CTO님, 이번 프로젝트의 예산 검토 결과를 말씀드리겠습니다. 제안하신 AI 모델 고도화 작업에는 약 30억 원이 필요합니다. 현시점에서는 투자 대비 수익 창출 시점을 고려해 단계적으로 접근하는 편이 적절해 보입니다."

서유진 CTO는 굳은 표정으로 응수했다.
"CFO님의 우려는 충분히 이해합니다. 하지만 예측 정밀도 높이려면 대규모 데이터셋 구축과 고성능 컴퓨팅 인프라가 필수입니다."

그녀는 준비해 온 기술 자료를 화면에 띄우며 설명을 이어갔다.
"정밀도가 0.1% 개선되는 게 사소해 보일 수 있지만, 실제 재난 예방 효과는 30% 이상 증가합니다. 이는 표면적인 기능 개선이 아니라, 생명과 직결된 안전망의 문제입니다."

서유진 CTO의 목소리에 열정과 동시에 답답함이 묻어났다.

"예산을 축소한다면 기술적 타협이 불가피합니다. 그것은 결국 AURION이 추구하는 가치와 배치되는 선택이 될 수 있습니다."

회의실 공기가 무거워지자, 류강준 대표가 중재에 나섰다.

"두 분 말씀 모두 맞습니다. 서유진 CTO님의 기술적 비전도, 최강혁 CFO님의 재무적 안정성도 회사에는 똑같이 필요합니다."

그는 잠시 생각을 정리한 뒤 결론을 내렸다.

"현 상황을 고려하면 현재 상황에서는 핵심 기능에 집중하고, 성과에 따라 추가 투자를 검토하는 것이 균형 잡힌 접근일 것 같습니다."

이아름 CMO도 의견을 보탰다.

"시장 반응을 보며 점진적으로 확대하는 것이 리스크관리 측면에서도 적절해 보입니다."

결국 회의는 류강준의 조율로 정리되었지만, 서유진 CTO의 마음속에는 아쉬움이 깊게 남았다. 그녀의 기술적 신념이 온전히 받아들여지지 않았다는 감정이 점점 쌓여가고 있었던 것이다.

■ 교묘한 심리전

"대표님, AURION 내부에 흥미로운 역학관계가 형성되어 있습니다."

정태수 전무의 목소리는 차분했지만, 이미 상황을 정확히 파악한 듯 자신감이 묻어났다.

"서유진 CTO는 기술적 완벽성을 추구하는 성향이 강하고, 최강혁 CFO는 현실적 제약을 중시합니다. 둘 다 합리적이지만 접근 방식이 근본적으로 다릅니다."

오윤서 CEO가 관심을 보였다.
"구체적으로 어떤 계획을 염두해 두고 있나?"

정태수는 잠시 숨을 고른 뒤, 계획을 내놓았다.
"각자의 전문성은 존중하되, 서로의 방식에 대한 의구심을 서서히 키우는 겁니다. 서유진 CTO에게는 '다른 기업들은 기술팀에 더 많은 권한을 준다'는 메시지를 은근히 주입하고, 최강혁 CFO에게는 '과도한 기술 투자가 회사를 위험에 빠뜨릴 수 있다'는 불안을 강조하는 것이죠."

오윤서가 잠시 생각에 잠기다 입을 열었다.
"조심스럽게 접근해. 우리의 목적은 핵심 기술 정보 확보야. 너무 노골적인 개입은 오히려 경계심만 키울 수 있어."

정태수는 고개를 끄덕였다.
"물론입니다. 자연스러운 대화와 상황을 활용해 불만을 증폭시키겠습니다. 특히 서유진 CTO가 기술적 압박으로 스트레스를 받을 순간을 포착해, 그 틈을 공략할 계획입니다."

그의 눈빛은 이미 AURION 내부의 갈등을 정교하게 흔들 준비가 되어 있었다. 정태수의 치밀한 심리전이, 이제 막 본격적으로 시작되려 하고 있었다.

정태수 전무는 개별 면담 기회를 만들었다. 먼저 그는 최강혁과 마주 앉았다.

"최강혁 CFO님, 요즘 투자 환경이 점점 까다로워지고 있죠. 사실 저희도 기술 개발 예산 배분 때문에 늘 고민이 많습니다."

최강혁이 공감의 반응을 보이자, 정태수는 구체적인 사례를 들었다.

"작년에 알고 있는 스타트업 하나가 기술개발에만 올인하다가 현금 흐름이 막혀 어려움을 겪었던 적이 있었습니다. 아무리 좋은 기술이라도 타이밍을 놓치면 의미가 없더라고요."

이번에는 서유진과의 별도 대화 자리였다. 정태수는 다른 톤으로 이야기를 하였다.

"서유진 님, 기술적 완성도에 대한 신념이 정말 인상적입니다. 다만, 시장에서는 완성도가 80% 수준이라도 먼저 출시해 선점하는 기업이 오히려 성공하는 경우가 많습니다."

서유진이 방어적인 반응을 보이자, 정태수는 곧바로 한발 물러서며 덧붙였다.

"물론 AURION만의 철학이 있으시겠죠. 다만... 혹시 기술팀의 의견이 경영진의 의사결정 과정에서 충분히 반영되고 있는지, 개인적으로 궁금할 따름입니다."

겉으로는 가벼운 대화였지만, 정태수는 이미 두 사람의 마음속에 각기 다른 불씨를 심어두고 있었다.

몇 주 후, 열린 정례 회의는 이전과는 확연히 달라진 분위기였다.
"이번 분기 목표를 달성하려면 일정을 조정해야 합니다."
최강혁이 스프레드시트를 가리키며 말했다.

그러자 서유진이 곧바로 반박했다.
"일정을 단축하면 품질 저하로 이어질 수밖에 없어요."

최강혁은 물러서지 않았다.
"하지만 경쟁사들이 유사한 제품을 준비하고 있다는 정보도 있잖아요."

서유진은 목소리를 높이며 맞섰다.
"그렇다고 서두르면 나중에 더 큰 문제가 터질 겁니다."

류강준이 개입했지만 두 사람의 시각 차이는 쉽게 좁혀지지 않았다.

멀리서 이 장면을 지켜보던 정태수는 속으로 미소를 지었다.
자신의 작은 개입들이 조금씩 균열을 키워내고 있음을 확인할 수 있었기 때문이다.

이제는 다음 단계를 준비할 시점이었다.

27 직무 역량 모델 수립과, Job Profile 체계 구축

조직이 성장하며 인력이 증가하면 체계적인 직무 관리가 필수가 된다. 직무를 명확히 정의하고 역량을 체계화하는 것은 채용·평가·육성·보상의 전 과정에서 공정성과 효율성을 확보하는 기반이 된다.

직무 역량 모델과 Job Profile 구축 핵심 프로세스

1. 직무 역량 모델 수립의 5단계 접근

- **1단계 : 직무조사 및 직무 체계 정립**

  - 현 직무 체계를 분석하고 직무조사표를 작성한다. 직무조사 대상 조직과 대상자를 선정하며, 직무조사 실시 후 SME Interview(전문가 인터뷰)와 인사정책팀 협의를 거쳐 직무조사표, 직무조사 결과, 직무분류 결과를 도출한다.

- **2단계 : 직무 역량 도출**

  - 직무 조사표와 Best Practice 검토를 통해 직무 역량 List를 작성한다. 내부 자료와 외부 선진 사례를 비교·분석하여 조직에 적합한 역량을 선정한다.

- **3단계 : 숙련도 및 숙련도별 행동 기준 확정**

  - 숙련도 구조를 특성에 맞게 결정하고, 직무 역량별 숙련도 구조를 확정한다. 행동 기준 작성 방법을 정의하고 행동 기준을 구체적으로 작성한다. 행동 기준 요령으로는 직무 역량 Dictionary를 활용한다.

- **4단계 : 직무별 역량 및 목표 숙련도 설정**

  - 직무별 과업 검토를 통해 과업별 요구 역량을 도출하고, 과업별 목표 숙련도를 설정한다. 직무 역량 Matrix를 완성한다.

- **5단계 : Job Profile 작성**

  - Job Profile 양식을 확정하고 직무 정의 기입, 직무 역량 기입, 성과 지표 기입 등을 통해 완성한다.

2. 직무 역량 인사 모델의 활용 체계

직무 역량 모델은 인사관리의 각 요소 제도와 긴밀히 연계되어야 실효성을 갖는다.

- **채용/선발** : 자격 요건 비교 정합과 선발, 직무 기초 설정을 통해 적합한 인재 선발

- **경력개발** : 역량 개발 방향 제시(전사 Career Path, 개인 경력 개발 계획)를 통해 성장 경로 설계

- **교육훈련** : 부족한 역량 개발에 교육을 제공하고, 맞춤식 과정 운영. 능력 평가의 객관적 기준으로 활용(공정성/신뢰성 확보)

- **개인 평가(업적·역량)** : 성과와 역량을 분리하여 자유/보상. 역량 중심 전략으로 보상 체계 설계, 보직 적합자를 선임

- **재배치** : 역량 적합도를 고려한 직무 재배치, 보직 적합자 선임을 통해 조직 역량 최적화

- **Match-Up 시스템** : 조직의 요구 역량과 개인 역량 Profile을 매칭하여 역량 Gap을 분석하고 개발 방향 제시

3. 조직 유효성 통합모델 적용

조직의 유효성을 높이기 위해서는 네 가지 기준을 균형 있게 관리해야 한다.

- **자원 확보 강조(구조의 유연성)** : 외부 환경 변화에 빠르게 대응하고, 변화와 혁신을 통한 경쟁력 확보를 추구한다.

- **내부 프로세스 강조(구조 안정성)** : 조직의 안정적 유지가 핵심 목표다. 효과

적인 커뮤니케이션 시스템과 의사결정 시스템이 중요하다. 교육훈련, 경력 개발, 동기부여, 집단응집성 등이 강조된다.

- **개발 시스템 강조(구조 안정성)** : 핵심 목표는 성장과 자원의 획득이다. 신제품 개발 효율, 시장 점유율, 투자 유치를 위한 경쟁적 의무 평가가 필요하다. 자원의 획득과 성장을 위해 외부 반응과 공정성에 새로운 관점을 설정한다.
- **합리적 목표 강조(부적 강조, 조직 유연성)** : 성장률과 수익률이 핵심 목표다. 전략과 목표 설정이 중요하며, 목표 달성 방법과 유사하다.

4. 통합모델의 두 가지 차원

조직 유효성의 통합모델은 유효성을 전체적 관점에서 파악함으로써 조직 안에서는 경쟁 지향뿐 아니라 구성원들의 가치와 적절한 이해 당사자들이 추구하는 가치가 병존하며 갈등을 이해하고 실천하도록 돕는다.

- **유연성 vs. 통제** : 조직이 환경 변화에 얼마나 신속히 대응할 수 있는지(유연성), 또는 안정적 질서를 유지하는지(통제)의 축이다.
- **내부 지향 vs. 외부 지향** : 조직이 내부 효율성과 안정을 우선시하는지(내부 지향), 시장과 고객을 향한 성장을 추구하는지(외부 지향)의 축이다.

조언

직무 역량 모델은 조직 변화에 맞춰 지속적으로 업데이트해야 한다. 급격한 조직 성장기에는 6개월~1년 주기로 직무 체계를 재점검하고, 신규 직무 발생 시 즉시 Job Profile을 작성하여 채용과 평가 기준의 일관성을 유지해야 한다. 직무 역량 모델이 실제 인사제도와 연계되지 않으면 형식적 문서에 그치므로, 평가·보상·육성 시스템에 반드시 임베디드(embedded) 되도록 설계해야 한다.

갈등의 폭발 :
디지털 전쟁터에서

■ 설랙 채널의 전쟁

사건의 발단은 의외로 사소했다. AI 모델 개발 방향을 두고 벌어진 온라인 논쟁이었다.

strategy-discussion 설랙 채널에서 서유진이 올린 메시지가 시작이었다.

서유진 CTO — 8.11 오전 09 :23

2025년 하반기 로드맵 검토 결과 공유드립니다.
각 농장별 맞춤형 AI 모델 개발에 집중 제안 표준화보다는 맞춤화, 정밀도가 핵심이라고 판단됩니다.

30분 후, 최강혁의 답장이 올라왔다.

최강혁 CFO — 8.11 오전 09 :54

@서유진 맞춤형은 개발 리소스가 너무 많이 듭니다.
표준화 솔루션으로 확장성 확보가 우선 아닐까요?
마케팅 예산도 늘려야 고객 기반 확대가 가능합니다.

서유진 CTO — 8.11 오전 10 :02

@최강혁 표준화하면 예측 정확도가 떨어집니다.

메시지들이 오가면서 채널 분위기는 점점 차가워졌다.

■ 화상 회의실의 충돌

오후 2시, 긴급 화상회의가 열렸다.
류강준이 중재에 나섰지만, 이미 감정이 격해진 상태였다.

최강혁이 조심스럽게 입을 열었다.
"서유진 님, 기술적 정밀도를 추구하는 건 이해하지만…"

최강혁이 말을 꺼내자마자 서유진이 말을 끊었다.
"정밀도요? 이건 단순 정밀도 문제가 아니에요. 각 사업장마다 환경이 완전히 다른데, 어떻게 하나의 표준화된 솔루션으로 해결하겠다는 거죠?"

그녀의 말에는 지난 몇 달 동안 쌓였던 불만이 터져 나왔다.
"강원도 고랭지와 전남 해안가의 기후가 같습니까? 토양 성분, 바람 패턴, 습도 변화까지 전부 다른데, 단일 알고리즘으로 정확한 예측이 가능하다고 생각하세요?"

최강혁도 더는 참지 않았다.

"서유진 CTO님, 너무 감정적으로 접근하시는 것 같은데요. 저도 기술의 중요성은 인정합니다. 하지만, 우리는 아직 중소기업이에요. 리소스가 제한적인 상황에서 농장마다 다른 모델을 개발한다면, 언제 시장에 진입할 수 있겠습니까?"

서유진이 단호히 맞섰다.

"시장 진입이요? 틀린 예측으로 농가에 피해가 발생하면 그게 과연 경쟁입니까?"

최강혁도 목소리를 높였다.

"그럼 연구만 계속하다가 경쟁사에게 시장 점유율 빼앗기면 어쩔 거예요? 마케팅 투자 없이는 아무도 우리 기술을 모를 거라고요."

급기야 류강준이 손을 들어 제지했다.
"잠깐, 잠깐! 두 분 다 진정하고, 차근차근 논의해 보죠."

그러나 이미 감정의 골은 깊어져 있었고, 화면 너머로도 긴장감이 그대로 흘러넘쳤다.

■ AI 어시스턴트가 포착한 갈등

흥미롭게도 AURION의 업무용 AI 어시스턴트 'AURIA'가 이번 갈등을 실시간으로 분석하고 있었다.

AURIA는 팀 내 커뮤니케이션 패턴을 모니터링하며, 감정 분석과 갈등 지수를 자동으로 측정하는 기능을 갖추고 있었다. 최근 몇 주간 서유진과 최강혁 간의

'협업 지수'가 급격히 하락하고 있다는 알림이 류강준에게 전달되었다.

AURIA 시스템 알림

협업 효율성 경고 : CTO-CFO 간 커뮤니케이션 패턴 분석

- 긍정적 키워드 사용률 : 23% ↓ (전월 대비 −31%)
- 회의 중 발언 겹침 횟수 : 평균 12회 ↑ (+85%)
- 메시지 응답 지연시간 : 평균 47분 ↑ (+156%)

*권장 사항 : 중재 개입 필요

류강준은 알림창을 바라보며 상황이 심각하게 흘러가고 있다는 것을 깨달았다.

■■ 철학적 충돌로의 확산

회의가 더욱 격해지자, 갈등은 예기치 못한 지점에서 폭발했다.

서유진이 목소리를 높였다.
"최강혁 CFO님은 숫자만 보시는 것 같아요."
"기술자의 직관이라는 게 있습니다. 모든 걸 숫자로만 판단할 수는 없거든요."

최강혁이 곧바로 받아쳤다.
"직감으로 30억 원을 결정하자는 겁니까?"
"죄송하지만 그런 방식으로는 투자자들을 설득할 수 없습니다. 데이터가 없으면 아무도 믿지 않아요."

서유진은 날카롭게 쏘아붙였다.
"투자자, 투자자... 늘 그 말뿐이시죠. 우리가 만드는 기술은 사람 목숨과 직결된다는 생각은 안 해보세요?"

"그래서 더 신중해야 하는 거 아닌가요? 검증되지 않은 기술로 시장에 나가면 더 위험한 거잖아요."

"검증, 검증... 도대체 언제까지 검증만 할 겁니까? 경쟁사들은 이미 시장에 나와 있는데..."
서유진의 눈빛이 매서워졌다.

그리고 돌이킬 수 없는 말이 튀어나왔다.
"솔직히 말씀드리면, 금융 분야 출신이라 기술개발이 얼마나 복잡한지 이해하지 못하시는 것 같네요."

순간 최강혁의 얼굴이 굳어졌다.
"제가 기술을 모른다고요? 그럼 CFO 자격이 없다는 말씀이신가요?"

서유진이 당황해 손사래를 쳤다.
"그런 뜻이 아니라..."

하지만 최강혁은 말을 끊었다.
"아니, 그럼 뭔데요? 지금 분명히 그렇게 말씀하셨잖습니까?"

류강준이 급히 화면에 나타났다.
"잠깐만요, 두 분 다 너무 감정적으로 가고 있어요."

그러나 이미 선은 넘어 있었다. 화상회의 화면 속 두 사람은 서로를 날카롭게 노려보고 있었고, 대립은 단순한 업무 갈등을 넘어 철학과 자존심의 문제로 비화되고 있었다.

■ 카툭 단톡방의 뒷담화

회의가 끝난 후, AURION 직원들의 비공식 카톡방이 달아올랐다.

[AURION 사담 단톡방]

김개발A 오후 2 :47

오늘 회의 분위기 어땠어요? 소리가 복도까지 들리던데…

박기획B 오후 2 :48

ㅋㅋㅋ CTO님이 완전 박치신 듯
맞춤형 vs 표준화 가지고 싸우던데

유마케팅C 오후 2 :49

솔직히 둘 다 맞는 말임
근데 예산 배분 문제는 진짜 어렵네

김개발A 오후 2 :52

연구개발 vs 마케팅 예산 싸움은
모든 스타트업이 겪는 문제 아님?

박기획B 오후 2 :53

그래도 예전엔 이렇게까지 안 했는데
요즘 뭔가 너무 예민해진 느낌이랄까?

류강준의 고민

그날 밤, 류강준은 사무실 불을 끄지 않은 채 홀로 책상에 앉아 깊은 생각에 잠겨 있었다. 듀얼 모니터에는 AURIA가 분석한 팀 조직 리포트가 떠 있었고, 화면 위의 붉은 그래프가 갈등의 심화를 그대로 보여주고 있었다.

'어디서부터 잘못된 걸까?'

그의 기억은 창업 초기로 거슬러 올라갔다.

서유진과 함께 밤을 새워 코드를 짜던 순간들, 최강혁이 합류해 회사에 체계적인 경영 시스템을 불어넣어 주던 날들… 함께 수많은 위기를 헤쳐 나왔던 사이였다. 하지만 언제부턴가 알 수 없는 벽이 서서히 그들 사이를 갈라놓고 있었다.

잠시 한숨을 내쉬던 류강준의 시선에 스마트폰 화면이 들어왔다. 미처 확인하지 못했던 알림 하나가 떠 있었다.

류강준은 잠시 망설였다. 외부 파트너의 조언이 필요한 상황임은 분명했지만,
내부의 민감한 문제를 외부에 노출하는 것이 과연 옳은 선택일까 하는 고민이 그
를 붙잡았다. 그러나 지금 상황에서 그가 기댈 수 있는 선택지는 많지 않았다.

결국 그는 답장을 보냈다.

그 순간, 화면 불빛이 그의 얼굴을 희미하게 비추고 있었다.
류강준은 자신이 정태수의 보이지 않는 덫에 발을 들이고 있다는 사실을, 아직은
전혀 알지 못했다.

<table>
<tr><td>실무
가이드</td><td>

28 조직 구조별 특징과 성장 단계별 적응 전략

</td><td></td></tr>
</table>

기업이 성장하면서 조직 구조를 어떻게 설계하느냐에 따라 의사결정 속도, 혁
신 역량, 업무 효율성이 달라진다. 각 조직 구조는 고유한 장·단점을 가지며, 기업
의 발전 단계와 사업 특성에 맞는 구조 선택이 핵심이다.

4가지 주요 조직 구조의 특징과 적용 시점

1. 부과 조직(기능별 조직, Functional Organization)

1) 구조적 특징

- 부서를 A과, B과, C과 등 기능별로 구분하고, 각 부서 아래 팀과 파트를 배치하는 전통적 계층 구조다.
- 명확하고 세분화된 과업을 기준으로 단위조직을 세분화하고 공식화된 운영 체계를 갖춘다.

2) 장점

- **전문성 확보** : 유사 업무를 담당하는 인력이 한 부서에 집중되어 전문성과 효율성이 높아진다.
- **명확한 책임 소재** : 기능별로 역할이 명확해 성과측정과 책임 부여가 용이하다.
- **규모의 경제** : 중복 업무 제거로 비용 절감 효과가 크다.

3) 단점

- **부서 이기주의** : 부서 간 협력보다 자기 부서 이익을 우선시하는 경향이 생긴다.
- **의사결정 지연** : 부서 간 조율이 필요한 사안은 상위 결재가 많아져 속도가 느려진다.
- **변화 대응 제약** : 시장 변화나 고객 요구에 신속히 대응하기 어렵다.

4) 적용 시점 : 단일 제품/서비스로 안정적 성장을 추구하는 Series A~B 단계, 업무 프로세스 표준화가 가능한 제조업이나 금융업에 적합하다.

2. 사업부 조직(Divisional Organization)

1) 구조적 특징

- CEO 아래 Comp. Center를 두고, 사업부 A, B, C로 구분한다. 각 사업부는 독립적으로 PDS(기획·개발·영업) 기능을 보유한다.
- 제품이나 고객 또는 지역별로 나뉜 사업부가 자율적으로 사업을 운영하며, 각 사업부에서 각기 자율적으로 관련 기능을 수행한다.

2) 장점

- **사업 중심 운영** : 제품/시장별 특화된 전략 수립과 실행이 가능하다.
- **빠른 의사결정** : 사업부 내에서 대부분의 결정이 이루어져 신속성이 높다.
- **성과측정 명확** : 사업부별 손익 계산이 가능해 책임 경영이 구현된다.

3) 단점

- **자원 중복** : 각 사업부가 유사 기능을 보유하여 인력과 비용이 중복 투입된다.
- **전사 시너지 부족** : 사업부 간 협력과 정보 공유가 제한적이다.
- **핵심 역량 분산** : 회사 차원의 기술 축적이나 브랜드 통합 관리가 어렵다.

4) 적용 시점 : 다각화 단계, 여러 제품군이나 지역 시장을 운영하는 중견기업 이상에 적합하다.

3. 매트릭스 조직(Matrix Organization)

1) 구조적 특징

- CEO 아래 기능 A, B, C와 제품 1, 2, 3이 교차하는 이중 보고 체계를 갖춘다.
- 각 기능 활동과 제품별 제품 간 동등한 권한(혹은 약한 힘을 가짐)을 부여하며, 조직 내에서 종적 권리와 횡적 권리가 동시에 걸쳐 있어 복잡하다.

2) 장점

- **유연한 자원 활용** : 프로젝트나 제품별로 필요한 인력을 탄력적으로 배치한다.
- **전문성과 신속성 동시 확보** : 기능별 전문성을 유지하면서도 사업 중심의 빠른 대응이 가능하다.
- **다양한 관점 통합** : 기능과 사업 양쪽 관점에서 의사결정이 이루어진다.

3) 단점

- **이중 보고 체계의 혼란** : 직원이 기능 관리자와 프로젝트 관리자 두 상사를 섬겨야 해 갈등이 발생한다.
- **의사결정 복잡성** : 권한과 책임이 불명확해 조율 시간이 길어진다.
- **높은 관리 비용** : 조정과 커뮤니케이션에 많은 자원이 소요된다.

4) **적용 시점** : 여러 프로젝트를 동시 진행하는 IT·컨설팅 기업, R&D 집약적 산업, 글로벌 기업의 지역·제품 매트릭스에 적합하다.

4. 네트워크 조직(Network Organization)

1) 구조적 특징

- A, B, C, D, E 등 독립된 노드(조직 단위)가 서로 유기적으로 연결되며, 중앙의 통제보다는 각 노드 간 자율적 협력을 강조한다.
- 환경 변화에 기민하게 대응하며, 협력 역량을 보유하고 있는 자원을 마치 자사의 자원과 같게 활용하기 위한 조직 간의 상태다.

2) 장점

- **극대화된 유연성** : 시장 변화에 가장 빠르게 대응하며, 필요에 따라 협력 관계를 재구성한다.
- **핵심 역량 집중** : 자사는 핵심 역량에만 집중하고 나머지는 외부 파트너와 협력한다.

- **혁신 촉진** : 다양한 외부 주체와의 협업으로 새로운 아이디어와 기술이 유입
된다.

3) 단점

- **통제의 어려움** : 외부 파트너에 대한 직접 통제가 불가능해 품질과 일정 관
리가 어렵다.
- **의존성 리스크** : 핵심 파트너의 문제가 전체 사업에 영향을 미친다.
- **조직 정체성 약화** : 느슨한 연결로 인해 조직문화나 비전 공유가 어렵다.

4) 적용 시점 : 플랫폼 비즈니스, 오픈이노베이션을 추구하는 기업, 생태계 기반
사업 모델(우버, 에어비앤비 등)에 적합하다.

조언

대부분의 기업은 초기에 부과 조직(기능별)으로 시작해 효율성을 확보한 후, 성
장하며 사업부 조직이나 매트릭스 조직으로 전환한다. 현재 사업 단계와 전략에
맞는 구조를 선택하고 주기적으로 재검토하는 것이다. 1년 단위로 구조 적합성을
점검하고 필요시 과감하게 변경해야 한다. 조직 개편 시에는 구성원과의 충분한
커뮤니케이션을 통해 변화의 목적과 기대효과를 공유하는 것이 성공의 핵심이다.

위험한 제안 :
유혹의 그림자

■■ 류강준과의 만남

다음 날 오후, 류강준은 정태수 전무와 강남의 한 비즈니스 센터 카페에서 만났다. 최근 팀 내 갈등으로 지쳐있던 그의 얼굴에는 피로와 고민이 묻어 있었다.

"류 대표님, 어제 회의 분위기가 많이 좋지 않았던 것 같습니다."
정태수 전무는 차분한 어조로 대화를 시작했다.

"회의실 밖에까지 목소리가 들렸는데, 팀 간 의견 충돌이 있었나 봅니다. 사실 성장하는 과정에서 대부분의 기업이 겪는 일이기도 합니다. 저희 GTS도 예전에 비슷한 경험을 했었습니다."

류강준은 어색하게 웃으며 깊은 한숨을 내쉬었다.
"소리가 밖까지 들렸다니... 부끄럽네요. 서유진 CTO와 최강혁 CFO, 두 사람 모두 회사를 위한다는 건 분명하지만, 관점 차이가 점점 심해지고 있습니다. 서로 접근 방식이 너무 달라서 도저히 간극이 좁혀지질 않네요."

정태수가 고개를 끄덕이며 물었다.
"구체적으로 어떤 부분에서 갈등이 생겼습니까?"

그 질문에 류강준은 망설임도 잠시, 답답한 마음을 이기지 못하고 최근 상황을 털어놓았다. R&D 예산 배분 문제, 맞춤형 vs 표준화 솔루션 논쟁, 그리고 각자가 추구하는 회사 방향성의 차이까지... 내부의 깊은 갈등이 정태수의 귀에 그대로 흘러 들어갔다.

"서유진 CTO는 기술적 완성도를 최우선으로 생각하고, 최강혁 CFO는 시장 진입 타이밍과 수익성을 중시합니다. 둘 다 맞는 말인데 어떻게 조율해야 할지 정말 고민입니다."

정태수는 류강준의 말을 주의 깊게 들으면서도, 동시에 자신에게 필요한 정보들을 머릿속에서 정리하고 있었다.

"정말 어려운 상황이겠네요. 두 분 모두 능력 있는 분들인 만큼 해결 방안이 필요할 것 같은데요?"

■■ 교묘한 정보 수집

정태수는 류강준의 이야기를 들으며 AURION 내부의 균열을 점점 더 선명하게 그렸다. 특히 서유진의 심리 상태에 관한 정보는 그에게 무엇보다 유용한 열쇠였다.

"서유진 CTO님이 꽤 지쳐 보이시더군요. 기술자로서의 자부심이 강한 분이니, 자신의 비전이 충분히 인정받지 못한다고 느낄 때 받는 압박감은 상상 이상일 겁니다."

류강준은 무겁게 고개를 끄덕였다.

"맞습니다. 기술적 역량은 탁월하지만… 요즘 회의에서는 예전 같은 날카로움
이 잘 보이지 않아요."

그 순간, 정태수는 기다렸다는 듯 차분히 제안을 내놓았다.
"혹시 제가 개별적으로 팀원들과 대화를 나눠보는 건 어떨까요? 외부의 시각에
서라면 새로운 해법이 보일 수도 있고, 무엇보다 내부에서는 꺼내기 힘든 이야기
도 조금은 더 편하게 할 수 있을 겁니다."

함정에 빠지는 류강준

류강준은 잠시 고민에 빠졌다. 하지만 팀 갈등이 이미 심각한 수준에 이른 상황
에서, 가능한 방법은 모두 시도해 봐야 한다고 생각했다.

"좋은 제안 같습니다. 다만, 팀원들에게는 어떻게 설명하는 게 좋을지 모르겠
네요."

정태수가 차분히 답했다.
"간단합니다. GTS 협력 프로젝트와 관련해 각 분야별 심화 논의를 진행한다고
하시면 됩니다. 실제로도 필요성이 있지 않습니까."

그 설명은 논리적이고 설득력 있게 들렸다.

정태수는 한 마디를 더 보탰다.
"특히 서유진 CTO님과는 기술적인 부분에서 깊이 있는 대화를 나눌 수 있으면
좋겠습니다. 저희 연구진들도 같은 문제로 고민하고 있습니다."

류강준은 조심스레 고개를 끄덕였다. 그렇게 그는 정태수가 만든 틀 속으로 한 발 더 들어가고 있었다.

■ 서유진에게의 접근 기회

며칠 후, 정태수는 서유진에게 전화를 걸었다.

"서유진 CTO님, 류강준 대표님께서 팀원들과 심화 논의를 진행하라고 하셨습니다. GTS 협력 프로젝트와 관련해 기술 및 시장 측면을 함께 점검할 필요가 있다고 하시더군요."

그는 덧붙였다.
"이아름 디렉터도 함께 참석하실 예정입니다. 기술과 시장 전략을 동시에 논의해야 하니까요."

서유진은 동료와 함께하는 공식적인 미팅이라고 생각하고 안심했다.
"네, 알겠습니다. 언제 시간이 괜찮으세요?"

"내일 오후 3시 강남 쪽 비즈니스 센터 카페에서 만나시죠. 논의하기 좋은 장소입니다."

서유진은 흔쾌히 수락했다.

하지만 정태수는 이미 다른 계획을 세우고 있었다. 이아름이 참석한다는 말은 사실이 아니었고, 그는 서유진과 단둘이 만나 대화를 이끌어낼 생각이었다. 이미 경계심을 무너뜨린 상태에서 정보를 얻기 위한 자리는 차근차근 준비되고 있었다.

■■ 계획된 상황

다음 날 오후, 서유진은 약속 장소에 도착했다. 정태수가 이미 자리에서 기다리고 있었다.

"안녕하세요, 정태수 전무님."

"서유진 CTO님, 어서오세요.

그런데... 이아름 CMO님은 아직 안 오셨나요?"

서유진이 주변을 둘러보다 고개를 갸웃했다.
"이상하네요. 제가 먼저 온 건가요? 연락해 볼게요."
스마트폰을 확인한 서유진의 표정은 당황스러웠다.

"어? 이아름 디렉터님께서 급한 일이 생겨서 참석이 어렵다는 메시지를 보내셨어요. 미리 알려드리지 못해서 죄송합니다."

정태수 전무는 태연하게 거짓말을 했다.

"아, 그런가요?"

"일단 오신 김에, CTO님과 먼저 기술적 부분을 논의하고, 이후에 이아름 CMO님과는 따로 시장 이야기를 나누는 게 좋을 것 같습니다."

◼ 의도된 단독 대화

서유진은 혼자 남게 된 상황이 조금은 불편했지만, 이미 자리에 앉은 이상 쉽게 일어날 수도 없었다.

정태수는 한층 부드러운 어조로 말을 꺼냈다.
"그럼, 기술적인 부분부터 이야기해 볼까요?"
"사실, 류강준 대표님께서 CTO님에 대해 많은 말씀을 해주셨습니다. 최근에 팀 내에서 기술 방향성 때문에 스트레스를 많이 받고 계시다고..."

그 순간, 서유진의 표정이 굳어졌다.
"류강준 대표님이... 그런 말씀을 하셨나요?"

"아, 걱정하는 차원에서 말씀하신 겁니다. CTO님의 역량은 인정하지만, 현실적 제약으로 뜻대로 되지 않아 스트레스가 크실까 염려하시더군요."

서유진의 마음속에는 복잡한 감정이 뒤섞였다. 자신을 진심으로 걱정하는 것인지, 아니면 불안 요소로 바라보고 있는 것인지 분간하기 어려웠다.

정태수는 그 미묘한 흔들림을 놓치지 않았다.
"시간도 늦었는데, 근처 식당에서 식사하며 편하게 이야기하는 게 어떨까요? 여기서는 눈치도 보이고요."

서유진은 공식 미팅이라는 명분 앞에 거절하기 어려웠다. 애매하게 끊기에는 상황이 이미 너무 진척되어 있었다.

"네... 그렇게 하죠."

■ 편안한 분위기 속 깊어지는 대화

강남의 한적한 골목에 자리한 참치 전문점. 은은한 조명이 비친 작은 룸에 둘은 마주 앉았다.

정태수는 자연스럽게 소주 한 병을 시키며 잔을 채웠다.

"일단 오늘의 어색한 상황에 대해 사과드려야겠네요. 이아름 CMO님이 갑작스러운 일정으로 참석을 못 하게 되어서..."

서유진은 소주 한 잔을 들이키며 말했다.
"괜찮습니다. 그럴 수도 있죠."

술기운이 돌자 서유진의 긴장이 조금씩 풀리기 시작했다. 여전히 어색하기는 했지만, 그래도 오랜만에 회사 밖에 있으니, 잠시나마 업무 스트레스에서 벗어난 기분이었다.

■ 기술적 공감대와 솔직한 대화

한 병, 두 병 차곡차곡 쌓여가는 소주병과 함께 서유진의 표정은 점차 편안해졌다. 평소보다 말수도 많아지고, 억눌렀던 고민을 털어놓기 시작했다.

"정태수 전무님, 솔직히 말하면 요즘 정말 힘듭니다."
그녀는 소주잔을 내려놓으며 깊은 한숨을 내쉬었다.

"제가 추구하는 기술적 완성도와 회사의 현실적 제약 사이에서 매번 타협해야 하는 상황이 반복되거든요."

정태수는 공감하는 표정으로 그녀의 이야기를 경청했다.

"그런 고민은 기술자라면 누구나 하는 법이죠."

"맞아요. 최강혁 CFO는 항상 숫자와 효율성만 강조하고, 대표님도 결국은 그쪽 의견을 따르시는 경우가 많아서..."

술기운이 조금 올라온 서유진은 평소보다 더 솔직하게 자신의 감정을 드러냈다.

"저희도 비슷한 고민을 합니다. 정확도를 높이려면 지역별 맞춤 모델이 필요한데, 개발 시간과 비용 때문에 항상 절충안을 찾아야 하죠."

"그렇죠?! 제 고민을 이해해 주시니 정말 반갑네요."

서유진은 순간 반가운 듯 웃었다. 오랜만에 자신의 전문 영역을 제대로 이해하는 사람을 만난 기분이었다.

"표준화된 모델로는 정말 한계가 있어요. 저희는 다층 신경망 구조를 통해서 지역별 환경 특성을 반영한 가중치 조정을 구현했어요. 각 지역의 미세 기후 데이터를..."

취기가 오르자 평소보다 더 열정적으로, 그리고 더 구체적으로 기술적 내용을 설명하기 시작했다.

"자가 학습 알고리즘의 편향성 문제는 정말 어려웠는데, 초기 데이터셋의 다양성 확보가 핵심이었어요. 3년간 축적한 다양한 기후 조건 데이터를 활용해서... 특히 센서 융합 부분에서는..."

정태수는 진지하게 그녀의 이야기를 들으며 때때로 전문적인 질문도 던졌다. 그의 질문들이 서유진의 전문가적 자부심을 자극했고, 그녀는 더욱 자세한 기술적 세부 사항까지 공유하게 되었다.

그리고 눈치채지 못하는 사이, 그의 손이 스마트폰으로 향했다.
녹음 버튼이 눌렸고, 대화는 고스란히 저장되기 시작했다.

■ 파격적인 제안과 위험한 순간

네 번째 소주병이 비워질 즈음, 정태수의 표정이 달라졌다. 그는 마침내 준비해
온 카드를 꺼냈다.

"서유진 CTO님, 오늘 대화를 나누면서 확신이 생겼습니다."
"저희 GTS에서 CTO 포지션을 제안하고 싶습니다. 연구개발 예산과 인력 구성
권한 모두 CTO님께 드리겠습니다. 원하시는 방향대로 자유롭게 연구하실 수 있
을 겁니다."

서유진이 마시고 있던 소주잔을 멈췄다.
"갑자기 무슨 말씀을..."

정태수는 주저함 없이 말을 이어갔다.
"연봉은 현재의 2.5배. 해외 출장비 별도 지원. 무엇보다 연구를 포기하라는 압
박은 절대 없을 겁니다."

술기운에 억눌렸던 감정이 풀려 있던 서유진은 순간 흔들렸다.
"...사실... 정말 지쳐요. 매번 기술적 타협만 강요받고, 제 비전을 온전히 펼칠
기회가 없으니까요."

"그럼 진지하게 고려해 보시는 건 어떨까요? 단 한 가지 부탁이 있습니다."

그는 주변을 흘끗 살피더니 속삭였다.

"이 이야기는 비공식입니다. 다른 분들께는, 특히 류강준 대표님께는 말씀하지 않는 게 좋겠습니다. 괜한 오해를 살 수 있거든요."

술에 취한 서유진은 그 말의 무게를 깊이 따져볼 겨를이 없었다.

"네... 알겠습니다."

그녀는 정태수의 속내를 알지 못하였다.

■ 후회와 죄책감

참치집을 나서자 차가운 밤공기가 서유진의 뺨을 스쳤다. 취기로 흐려졌던 정신이 조금씩 맑아지자, 후회가 파도처럼 밀려들었다.

'내가 너무 많은 걸 얘기한 건 아닐까?'

집으로 향하는 택시 안에서, 그녀는 오늘의 대화를 곱씹었다.
AURION의 핵심 기술, 개발 과정의 난관과 해결책, 그리고 팀 내 갈등까지...
평소라면 결코 외부인에게 털어놓지 않았을 이야기들이었다.

더 뼈아픈 사실은, 이 모든 과정이 류강준 대표가 부재한 가운데 진행되었다는 점이었다.
이아름마저 자리를 비운 상황에서 홀로 맞이한 대화는 '업무적 미팅'이라는 이름을 달고 있었지만, 실상은 개인적인 고백에 가까웠다.

'내가 뭘 한 거지. 이건 잘못된 거야.'

집에 도착해도 불안은 가시지 않았다. 오히려 정태수가 건넨 제안이 그녀의 마음을 더 흔들었다. "무제한 연구 환경, 기술적 자유, 비전 실현의 기회." 달콤한 약속이 귓가에서 맴돌았다.

그러나 동시에 AURION에 대한 의리, 류강준 대표와 함께 해온 시간들, 그리고 오늘 자신이 저지른 실수에 대한 죄책감이 그녀를 동시에 무겁게 짓눌렀다.

스마트폰 화면에는 정태수의 메시지가 떠 있었다.

정태수 전무 오후 9 :45

오늘 좋은 대화였습니다.
제안에 대해 충분히 생각해 보시고 연락주세요.

서유진은 메시지를 당장 지워버리고 싶었지만, 손이 뜻대로 움직이지 않았다.
침대에 누워서도 계속 뒤척였다. AURION을 배신한 건 아닌지, 아니면 정말 더 나은 기회인 건지 확신이 들지 않았다. 혼란스러운 생각들만이 머릿속에서 뒤섞였다.

'당장 내일 회사에서 류강준 대표님을 어떻게 마주 봐야 하지...'

그날 밤, 서유진은 죄책감과 유혹 사이에서 갈등했다.

29 애자일(Agile) 경영 체계 도입과 실행 전략

빠르게 변화하는 시장 환경에서 전통적인 계획 중심 경영만으로는 경쟁력을 유지하기 어렵다. 애자일 경영은 유연성과 적응성을 강조하는 새로운 관리 시스템으로, IT 업계를 넘어 제조·금융·서비스 등 전 산업으로 확산되고 있다.

애자일 경영의 핵심 개념과 실행 방법

1. 애자일 경영의 본질

- **'날렵한, 민첩한'이라는 의미** : 변화에 신속하게 대응하고 지속적으로 개선하는 조직 운영 방식을 뜻한다.
- **유연한 대응이 핵심** : 최근 급격한 사회 변화와 조직 단위에서의 유연한 대응이 필수가 되면서, IT 업계를 넘어 전 산업으로 확산되고 있다.
- **과거 '기계'의 조직에서 '유기체'의 애자일 조직으로 전환** : 조직 자체의 관성을 극복하고 외부 환경 변화에 유연하게 적응하는 구조로의 변화가 요구된다.

2. 애자일 경영의 두 가지 핵심 방식

1) 기존 방식 : 사전에 이뤄지는 철저한 기획과 계획

- 단계별로 개발이 진행되며 중간 단계에서 문제가 발생하면 전체 일정이 지연되고 비용이 증가한다.
- 최종 결과물이 시장 요구와 맞지 않을 위험이 크다.
- 변화 대응이 느리고 경직된 프로세스로 인해 혁신이 제한된다.

2) 애자일 방식 : 시장 환경에 맞춰 일단 민첩하게 실행

- 고객의 반응에 따라 지속적으로 수정과 보완을 통해 완성도를 높인다.
- 짧은 주기(Sprint)로 반복 개발하여 빠른 피드백과 개선이 가능하다.
- 실패 비용을 최소화하고 시장 적합성을 조기에 확보한다.

3. 애자일 관리 시스템의 특징

- **변화 대응력** : 일상이 된 경영 환경 속에서 기업이 경쟁력을 유지하고 지속 성장하기 위해 조직의 모든 시스템을 이러한 변화에 민첩하게 대응하고 빠르게 적응할 수 있도록 관리한다.
- **관료 조직의 한계 극복** : 의사 결정자와 실행자가 분리된 전통적 피라미드 구조에서 벗어나, 권한을 현장에 위임하고 신속한 의사결정을 가능하게 한다.
- **조직간 장벽(Silos) 제거** : 부서 간 칸막이를 없애고 세부적 지식 공유를 통해 협업을 강화한다.

4. 애자일 조직으로의 전환 구조

1) 과거 '기계'의 조직에서

- **관료 조직** : Top-down 방식의 명령 체계
- **의사결정자와 실행자 분리** : 현장과 경영층의 단절
- **조직 간 장벽(Silos)** : 부서 이기주의와 정보 단절
- **세부적 지식 사양** : 전문성 결여와 일반화된 업무 처리

2) '유기체'의 애자일 조직으로

- **실행에 초점을 맞춘 권한 위임** : 현장 중심의 의사결정 권한 이양
- **변화를 계시하고 동기를 유발하는 리더십** : 비전 제시와 자율성 부여
- **의사결정자와 실행자가 동일한 E2E(End to End) 팀 조직** : 기획부터 실행까지 one-team 체제

5. 애자일 경영 실행을 위한 핵심 원칙

- **고객 중심** : 고객 피드백을 지속적으로 수집하고 제품·서비스 개발에 즉시 반영한다.
- **반복적 개선(Iteration)** : 2~4주 단위의 짧은 주기(Sprint)로 개발하고 검증한다.
- **자율적 팀 운영** : 소규모 다기능 팀(Cross-functional Team)에 권한과 책임을 부여한다.
- **투명한 소통** : 일일 스탠드업 미팅, 칸반 보드 등으로 진행 상황을 실시간 공유한다.
- **지속적 학습** : 회고(Retrospective)를 통해 문제점을 파악하고 프로세스를 개선한다.

6. 애자일 도입 시 주의 사항

- **형식만 따라 하지 말 것** : 스크럼, 칸반 등의 방법론을 맹목적으로 적용하기보다 조직 상황에 맞게 조정한다.
- **문화 변화가 선행** : 애자일은 방법론이 아니라 마인드 셋의 전환이다. 실패를 용인하는 문화, 권한 위임, 수평적 소통이 먼저 확립되어야 한다.
- **단계적 확산** : 전사 도입보다는 파일럿 프로젝트로 시작해 성공 사례를 만든 후 확대한다.
- **리더십 역할 재정의** : 관리자는 통제자가 아닌 장애물 제거자(Servant Leader)로 역할을 전환해야 한다.

조언

애자일은 만능 해결책이 아니다. 규제가 엄격한 산업(금융, 의료 등)이나 대규모 인프라 프로젝트에서는 전통적 계획 방식과 혼합한 하이브리드 접근이 효과적일 수 있다. 중요한 것은 '애자일을 하는 것'이 목적이 아니라, '변화에 빠르게 대응하는 조직 역량'을 확보하는 것이다.

천재의 번뇌 :
유혹과 신념의 갈림길

■ 차가운 현실 인식

다음 날 아침, 서유진을 깨운 것은 알람이 아니라 무거운 죄책감과 후회였다. 숙취로 지끈거리는 머리를 감싸며 일어난 그녀는 다시 어젯밤의 대화를 차근차근 되짚어봤다.

정태수의 질문들과 자신이 답한 내용들이 하나씩 떠올랐다.

'다층 신경망 구조', '지역별 가중치 조정', '센서 융합 알고리즘'... 직접적인 코드나 데이터를 넘긴 것은 아니었지만, 숙련된 개발자라면 충분히 활용할 수 있는 중요한 정보였다.

'내가 정말 그런 얘기를 다 했다고? 진심 미쳤네..!'

불길한 상상이 이어졌다. 만약 정태수가 대화를 녹음했다면? 요즘 AI 음성 분석은 녹취를 데이터화해 체계적으로 정리하는 데 몇 시간도 걸리지 않는다. 어젯밤 자신이 흘린 말들이 곧바로 '기술 문서'로 변해 있을지도 모른다.

하지만 무엇보다 마음을 무겁게 짓누르는 건 류강준 대표 모르게 이직 제안을 받았다는 사실이었다.
생각할수록 힘들었고, 얼굴을 어떻게 마주해야 할지조차 막막했다.

■■ 냉정한 분석

샤워를 마치고 커피를 들이부어 마시며, 서유진은 마음을 진정시키며 상황을 다시 정리했다.

어젯밤의 실수가 AURION에 미칠 수 있는 영향을 차분히 따져보았다. 만약 정태수가 악의를 품고 있었다면, 이미 충분한 정보가 그의 손에 들어갔다. 개발 기간을 단축할 수 있고, 시행착오를 피하며, 핵심 기술을 우회 개발할 수도 있었다. 그로 인한 선행 이익은 최소 6개월에서 1년. 스타트업에겐 치명적인 격차였다.

'이게 정말 배신인 건가...?'

그녀는 스스로에게 물었다. 업무상 미팅에서 기술적 대화를 나누는 것 자체는 문제가 없었다. 하지만 술에 취해 필요 이상으로 세세한 내용을 풀어낸 것, 그리고 내부 갈등까지 흘린 것은 돌이킬 수 없는 실수였다.

자책감은 점점 더 무겁게 내려앉았다. 그녀는 머리를 감싸 쥐며 조용히 속삭였다. "이건 그냥 대화가 아니었어. 나... 선을 넘은 걸까?"

■■ 정태수의 메시지

그러던 중, 스마트폰에 메시지가 도착했다.

정태수 전무 오전 6 :45

서유진 CTO님, 어제 제안 드린 사항 관련하여 조금 더 구체적으로 논의해 볼 시간이 있으실까요?
다음 주 중으로 가능하신 시간에 다시 한번 만나 뵙고 싶습니다.

서유진은 메시지를 보며 복잡한 감정에 휩싸였다. 삭제하고 싶었지만, 차마 그럴 수도 없는 상황이었다.

곧이어 또 다른 메시지가 왔다.

이 메시지를 보는 순간, 서유진은 불편한 기분을 넘어 본능적인 경계심을 느꼈다. 비밀 유지 요구 자체가 잘못됐다는 신호 같았다.

■ 두 개의 선택지

창가 너머로 보이는 도시의 불빛은 차갑게 반짝였다. 서유진의 머릿속에서는 두 갈래 길이 끝없이 교차했다.

하나, 모든 것을 털어놓는다.
정태수의 제안, 어젯밤의 실수, 그리고 스스로가 짊어진 죄책감까지. 류강준에게 고백한다면 짐은 덜 수 있겠지만, 그 대가는 치명적일 수 있었다. 이미 CFO 최강혁과 대립하는 상황에서 신뢰를 잃는다면 CTO로서의 입지는 무너질 것이다.

둘, 새로운 길을 선택한다.
무제한의 연구 환경, 2.5배의 연봉, 그리고 기술적 자율성. 정태수의 제안은 달콤한 유혹이었다. 마음속 깊이 숨겨왔던 비전을 온전히 실현할 수 있을지도 몰랐다.

그러나 시선이 무심결에 책상 위로 향했을 때, 오래된 사진 속 얼굴들이 그녀를 붙잡았다.

류강준과 함께 밤을 새우며 코드를 짜던 순간, 첫 투자를 받았을 때의 눈물 어린 기쁨, 그리고 이 기술로 세상을 지키겠다고 다짐하던 그날.

빛바랜 사진 속의 그녀는 현재의 그녀에게 묻는 듯 하였다.
"정말 이 길이 너의 길이 맞니?"

신념과 현실 사이에서

서유진은 커피를 마시며 지난 7년을 돌아봤다.
예산 부족, 끊임없는 의견 충돌, 그리고 불가피한 기술적 타협. 쉽지 않았지만, 그 과정에서 AURION이 추구한 가치는 분명했다.

하지만, 그 모든 과정에서 그들이 추구한 것은 이익은 아니라, 재난을 막고 생명을 지키며 더 안전한 사회를 만드는 것이었다.

'정태수의 제안이 정말 그런 가치를 추구하는 걸까?'

그녀는 정태수의 제안을 다시 떠올렸다.
겉보기에는 매력적이었지만, GTS가 정말로 같은 가치를 추구하는지는 알 수 없었다. 그들의 진정한 목적이 기술 혁신인지, 아니면 경쟁사 견제일지는 여전히 불분명했다.

결단의 순간

오후가 되자, 서유진은 결심을 굳혔다.

정태수에게 답장을 보냈다.

전송 버튼을 누른 뒤에도 마음은 쉽게 가라앉지 않았다. 그래도 가슴 한켠에는 '옳은 선택을 했다'는 묵직한 확신이 자리했다.

저녁이 되어 집에서 홀로 식탁에 앉은 그녀는 또 다른 결심을 굳혔다.

'이 일은 반드시 류강준 대표님께 말씀드려야 한다.'

비록 자신의 실수였지만, AURION과 동료들을 위한 투명함이 우선이라고 생각했다. 신뢰를 잃을 위험을 감수하더라도, 정직한 길이 옳다고 믿었다.

그날 밤 서유진은 다음 날 아침, 출근하자마자 류강준을 찾아가 모든 것을 털어놓기로 마음먹으며 잠자리에 들었다. 긴 밤이 고요히 흘렀다.

실무
가이드 30 내부 갈등 관리와 영업비밀 보호

기업의 성장은 소수의 핵심 인재에게 크게 의존한다. 그러나 이들은 과중한 업무, 불확실한 미래, 내부 정치적 압박으로 인해 심리적 불안과 번 아웃에 쉽게 노

출된다. 이는 성과 저하와 갈등으로 이어져 조직 전체에 영향을 미칠 수 있다.

기업 핵심 인력이 겪을 수 있는 내·외적 압박과 정보 유출 위협에 대한 대응 전략

- **핵심 인재의 심리적 관리** : 기업의 핵심 인재들은 높은 업무 강도와 불확실성 속에서 극심한 스트레스를 겪기 쉽다. 특히 외부의 견제나 내부 갈등은 이들의 심리적 동요를 가중시켜, 판단력을 흐리게 하거나 잘못된 결정을 내리게 할 수 있다. 리더는 팀원의 감정적 상태를 세심하게 살피고, 고충을 솔직하게 털어놓을 수 있는 개인적인 소통 채널을 유지해야 한다. 이는 잠재적 위기를 사전에 감지하고 예방하는 첫걸음이다.

- **영업 비밀 및 기술 보안 교육 강화** : 모든 팀원에게 영업 비밀의 중요성과 정보 공유의 범위를 명확히 교육해야 한다. 외부와의 미팅이나 비공식적인 자리에서 어떤 정보까지 공유할 수 있는지에 대한 구체적인 가이드라인을 제시한다.

- **외부 접촉 시 주의 사항 강조** : 특히 핵심 기술 인력이 외부 전문가나 경쟁사 관계자와 접촉할 경우, 미팅의 목적과 논의 범위를 사전에 공유하고, 필요하면 동반 참석을 통해 정보 유출 위험을 관리해야 한다.

- **리더의 투명하고 일관된 메시지** : 내부 갈등이 외부로 노출되거나 소문이 돌기 시작하면, 리더는 즉시 모든 팀원에게 상황을 투명하게 공개하고, 단합된 메시지를 전달해야 한다. 이는 외부의 이간질 시도가 사실임을 밝히는 것을 넘어, 팀 내 신뢰를 회복하고 흔들림 없는 리더십을 보여주는 기회가 된다.

- **기술 유출 사고 발생 시 대응** : 만약 기술 유출이나 영업 비밀 침해 의심 상황이 발생했다면, 감정적으로 대처하기보다 신속하고 냉철하게 대응해야 한다.

- **즉각적인 사실 확인 및 증거 보전** : 관련 대화 기록, 이메일, 기술 접근 로그 등 모든 잠재적 증거를 즉시 확보하고 보전한다.

- **법률 전문가와의 즉각적인 상담** : 기업 법무 전문가와 즉시 상담하여 법적 대응 방안(예 : 내용증명 발송, 부정경쟁방지법 위반 소송 검토)을 논의하고, 추가적인 피해를 막기 위한 조치를 취한다.
- **내부 보안 시스템 재점검** : 유출 경로를 파악하고 보안 시스템의 취약점을 보완하여 재발을 방지한다.

조언

팀원의 심리적 건강과 소속감을 꾸준히 관리하고, 정보 보안에 대한 철저한 인식과 시스템을 구축하는 것이 중요하다. 예방이 최선이지만, 위기 발생 시에는 감정적 동요에 휩쓸리지 않고 전략적이고 법률적인 대응을 통해 기업을 보호해야 한다.

진실의 단서 :
어둠 속의 빛

■ 고백의 아침

다음 날 오전, 서유진은 류강준의 사무실 문을 두드렸다. 밤새 고민했었던 말들이 목구멍에서 맴돌았다.

"대표님, 시간 좀 내주실 수 있을까요? 중요한 얘기가 있어서요."

류강준은 커피잔을 내려놓으며 고개를 끄덕였다.
"물론이죠. 무슨 일인가요?"

서유진은 깊게 숨을 들이쉰 후 말을 시작했다.
"사실... 어젯밤에 정태수 전무와 만났습니다."

"팀원 미팅 말이죠? 제가 허락한 그 건이요?"

"아? 네. 처음엔 기술 논의라고 하셨는데... 좀 이상했어요. 이아름 님도 함께 온다고 하셨는데 혼자 오셨거든요?"

"뭐라고요? 이아름 CMO가 함께 간다고 했다고요?"

"네, 그렇게 말씀하셨어요. 그래서 안심하고 만났는데..."

서유진의 목소리가 미세하게 떨렸다.

"아... 그리고 술이 들어가면서 제가 너무 많은 걸 말했습니다."

"구체적으로 어떤 내용을 말했나요?"

그녀의 목소리는 점점 떨려왔다.
"다층 신경망 구조, 지역별 가중치 조정 로직, 센서 융합 알고리즘... 직접적인 코드는 아니었지만, 숙련된 개발자라면 충분히 응용할 수 있을 겁니다."

류강준은 침묵했다. 분노보다는 걱정이 앞섰다.
"그래서 지금 상황은 어떤가요?"

"정태수 전무가 이직 제안을 했어요. 하지만 거절했습니다."
"그래서 대표님께 사실대로 말씀드리려고 합니다."

류강준의 표정이 굳어졌지만, 서유진을 비난하지는 않았다.

■■ 예상치 못한 반격

그날 오후, 서유진의 스마트폰에 문자 메시지가 도착했다.

정태수 전무 ― 오후 2 :23

CTO님, 제안을 거절하신 것은 아쉽지만 이해합니다.
다만 어제 논의했던 기술적 내용들이 흥미로웠습니다.
혹시 관련 레퍼런스나 논문이 있다면 공유해 주실 수 있나요?
순수한 학술적 호기심에서 요청드립니다.
아, 그리고 추가로 코드 설계 방법도 익혀보고 싶습니다.

■ 류강준의 대응

서유진은 즉시 류강준에게 상황을 보고했다. 두 사람은 회의실에서 긴급히 논의했다.

"정태수 전무가 다시 연락해 오면 모두 거절하세요."
류강준이 말했다.
"그리고 어제 나눈 대화 내용을 가능한 한 자세히 기록해 두세요."

"대표님… 정말 죄송합니다. 제가 경계를 늦췄습니다."

"지금은 자책보다 대응이 중요합니다."
류강준은 차분히 답했다.

그는 바로 노트북을 열어 보안 프로토콜을 확인했다. 핵심 소스코드와 데이터는 별도 서버에 안전히 보관되어 있는 것이 확인됐다. 문제는 막았지만, 방심의 대가는 결코 가볍지 않았다.

■ 거짓말의 발각

그날 오후, 류강준은 서유진과 이아름을 함께 불렀다.

"이아름 CMO님, 어제 정태수 전무님이 서유진 CTO님과 미팅이 있다고 이야기한 적 있었나요?"

이아름은 당황하고 놀란 표정을 지었다.
"네?!! 저는 그런 미팅이 있는지도 몰랐는데요. 언제 그런 약속이 있었나요?"

서유진의 얼굴이 창백해졌다.

"분명히 정 전무님이 이아름 CMO님도 함께 오신다고 했는데…"

"저는 어제 오후 급한 일이 생겨 반차를 쓰고, 바로 집에 갔습니다. 그런 약속 자체가 없었는데요?"

이아름이 놀란 목소리로 말했다.

그 순간 세 사람 모두 상황을 이해했다. 정태수가 의도적으로 거짓말을 한 것이었다.

■ 진실 추적

그날 밤, 사무실에 홀로 남은 류강준은 화이트보드에 굵은 글씨로 타임라인을 써 내려갔다.

- **3주 전** : MOU 체결, 정태수의 적극적인 기술 질문 시작
- **2주 전** : 서유진-최강혁 갈등 심화, 정태수의 개별 접촉 제안
- **1주 전** : 정태수의 이직 제안 암시
- **어제** : 서유진의 기술 정보 유출
- **오늘** : 정태수의 추가 정보 요구, 이아름과의 약속 거짓말

정태수의 접근이 단순 협력이 아니라 계획된 움직임이라는 사실이 드러나기 시작했다.

문득 그는 GTS에 대한 정보가 부족하다는 걸 깨달았다. MOU를 체결할 때도 정태수의 화려한 프레젠테이션에 현혹되어 회사 배경을 제대로 조사하지 못했다.

검색해 보니 공식 홈페이지는 있었지만, 설립 연도, 주요 투자자, 계열사 정보 등이 모호하게 기술되어 있었다.

'업계 사람한테 물어보자.'

류강준은 스마트폰 연락처를 뒤져보다가 L-에너지의 박성진 팀장을 떠올렸다. 에너지 업계에 오래 있었던 그라면 GTS에 대한 정보를 알고 있을지도 몰랐다.

류강준은 박성진 팀장에게 전화를 걸었다.
"박 팀장님, 늦은 시간에 죄송합니다. 궁금한 게 있어서 연락드렸어요."

"류 대표, 무슨 일인가?"

"GTS라는 회사에 대해 혹시 알고 계신가요?
아무리 찾아봐도 해당 회사명이 검색되지 않네요.
혹시 정태수 전무라는 분에 대해서도 아시는 바가 있을까요?"

박성진의 목소리가 급변했다.
"GTS? 혹시 그 회사가... 네오테크 손자 회사인 거 알고 있나?"

"네? 네오테크의 손자회사라고요?"
류강준의 목소리에 놀라움이 섞였다.

"응, 정태수는 네오테크에서 M&A 업무를 전담하던 인물이야. 류 대표, 혹시 기술 관련 자료를 공유했나?"

류강준의 머릿속이 하얘졌다.

"그렇다면…"

"오윤서 회장이 AURION 기술을 노리고 있을 가능성이 높아. 조심해."

통화가 끝난 뒤, 류강준은 책상에 몸을 떨구듯 주저앉았다. 이제야 모든 퍼즐 조각이 맞춰지고 있었다. 정태수의 집요한 질문, 서유진과의 술자리, 교묘한 거짓말… 그것은 우연이 아닌, 치밀하게 설계된 네오테크의 그림자였다.

■ 진실 규명

류강준은 상황의 심각성을 깨달았다. 이건 기술 협력이 아니라 오윤서 회장이 AURION의 핵심 기술을 빼내려는 치밀한 계획이었다.

그는 다급하게 서유진에게 메시지를 보냈다.

류강준 대표 — 오후 7 :47

서유진 CTO님, 내일 오전 긴급 임원 회의 소집하겠습니다.
GTS의 정체를 알아냈습니다. 네오테크의 손자회사입니다.
함께 대응책을 논의해 봅시다.

AURION은 이제 오윤서와 네오테크의 음모에 맞서야 했다.

31 기업의 핵심자산 보호

창업자의 혁신적인 아이디어와 기술은 기업의 생존을 결정짓는 핵심 자산이다. 이를 보호하지 못하면 경쟁사의 모방, 핵심 인력 이탈 시 기술 유출, 투자유치 실패 등으로 이어질 수 있다. 체계적인 지식재산권 확보 전략은 기업의 지속 성장을 위한 필수 요건이다.

기업 핵심 자산 보호 전략

1. 지식재산권 포트폴리오 구축

- **특허권 확보** : 한국지식재산연구원에 따르면 특허 보유 스타트업은 미보유 기업 대비 성장 가능성이 35배, 5년간 고용 증가율은 4배, 매출 증가율은 3배 높다. 핵심 기술을 중심으로 경쟁사가 회피할 수 없는 범위의 청구항을 확보하되, 제한된 자원을 고려해 사업과 직결된 발명에 집중한다.

- **선행 기술 조사** : 창업 전 경쟁사 특허 동향을 파악하고 침해 가능성을 사전 검토해야 한다. Google Patents, KIPRIS, Espacenet 등을 활용하면 키워드와 경쟁 사명으로 쉽게 검색할 수 있다.

- **상표권 조기 출원** : 제품 출시 최소 1년 전에 상표를 출원해야 한다. 출시 임박 시점에 상표가 거절되면 브랜드 전면 수정이라는 치명적 손실이 발생할 수 있다.

2. 영업비밀 관리 체계 수립

- **보호 대상 식별** : 영업 비밀은 공공연히 알려지지 않고 독립된 경제적 가치를 지니며 비밀로 관리된 생산방법, 판매방법, 기술정보, 경영정보를 의미한다. 고객 리스트, 제품 배합비, 소스코드, 제조 공정 등이 대상이 될 수 있다.
- **3단계 관리 조치** : ① 비밀 표시(문서·파일에 'Confidential' 표기), ② 접근 통제(시건장치, 비밀번호, 접근 권한 제한), ③ 법적 조치(임·직원 비밀유지 서약서, NDA 체결). 2019년 개정으로 '비밀로 관리'된 것으로 인정되면 보호받을 수 있도록 요건이 완화되었다.
- **원본 증명제도 활용** : 한국지식재산보호원의 원본 증명 서비스를 이용해 영업비밀 보유 시점과 내용을 법적으로 입증할 수 있는 근거를 확보한다.

3. 단계별 IP 전략 실행

- **창업 초기** : 법인 설립과 동시에 핵심 기술 특허 출원을 검토한다. 가출원(임시 출원) 제도를 활용하면 아이디어 설명자료나 연구 노트만으로도 출원일을 확보한 후 1년 내 정식 출원이 가능하다.
- **투자 유치 단계** : 특허는 투자자에게 기술적 해자와 시장독점력을 입증하는 핵심 지표다. IR 자료에 확보된 IP 현황을 포함시켜 기업가치를 제고한다.
- **사업 확장기** : IP 금융을 활용한 자금조달을 고려한다. 기술보증기금이나 신용보증기금에서 IP 가치평가를 기반으로 보증서를 발급받아 대출을 실행할 수 있으며, 대부분 가치평가 비용은 정부가 지원한다.

4. 정부 지원사업 활용

- **특허 비용 지원** : IP나래, IP디딤돌, 스타트업 지식재산 바우처 사업 등을 통해 변리사 비용, 국내·외 출원비용, 기술가치평가 비용을 지원받을 수 있다.

- **컨설팅 지원** : 한국지식재산보호원의 영업비밀 관리 체계 컨설팅(기초·심화)을 통해 기업 수준에 맞는 관리 방안을 제공받을 수 있다.
- **가점 효과** : 정부 R&D, 정책자금 지원사업에서 특허 보유는 가점 요소로 작용한다.

5. 전문가 협업

- **변리사 선정** : 해당 산업 분야에 전문성을 가진 변리사를 주치의처럼 활용한다. 비용 효율을 위해 핵심 기술에만 집중하되, 청구항의 '질'을 높여 강력한 권리 범위를 확보한다.
- **법률 리스크 대응** : 영업비밀 침해행위의 70~80%가 전·현직 임·직원을 통해 발생한다. 퇴직자 관리, 경업금지 조항 등 예방적 법률 검토가 필요하다.

조언

지식재산권은 기업 성공을 보장하는 충분조건이 아니라 필요조건이다. 사업 성공에 역량을 집중하되, 그 성과를 보호할 적절한 수준의 IP 전략을 병행해야 한다. 특히 코카콜라의 제조법처럼 특허보다 영업 비밀이 유리한 경우도 있으므로, 기술 특성에 따라 보호 수단을 전략적으로 선택하는 것이 중요하다.

벼랑 끝 리더십 :
신뢰를 재건하다

■ 긴급 임원 회의

다음 날 오전 9시, AURION 회의실에는 긴장감이 감돌았다. 류강준은 어젯밤 정리한 자료를 펼쳐놓고 서유진, 최강혁, 이아름과 마주했다.

"어젯밤 확인한 사실을 공유하겠습니다."

"GTS는 네오테크의 손자회사이고, 정태수는 M&A 전문가입니다. 이번 MOU 는 처음부터 우리 기술을 탈취하려는 계획이었습니다."

서유진은 고개를 숙였다.
"제가 다층 신경망 구조, 센서 융합 알고리즘 등 너무 많은 걸 정태수에게 말했습니다."

"서유진 CTO님."
류강준은 서유진의 말을 끊었다.

"이건 개인의 실수라기보다는 조직적인 공작이었습니다. 정태수가 이아름 디렉 터도 함께 온다고 거짓말한 것도, 우리 내부 갈등을 부추긴 것도 모두 계획된 일 이었습니다."

최강혁이 조심스레 물었다.

"현재 상황은 어떻게 흘러가고 있는 건가요?"

"다행히 소스코드나 핵심 데이터는 유출되지 않았습니다. 하지만 기술 개념과 구현 방식은 상당 부분 노출된 상태입니다."

■ 대응 계획의 제시

류강준은 노트북을 열어 대응 방안을 정리했다.

"첫째, GTS와의 모든 관계를 즉시 차단하고, 오늘 바로 MOU 해지를 통보합니다."

"둘째, 내부 보안을 강화합니다. 앞으로 외부 파트너와의 기술 논의는 반드시 2인 이상 참석을 원칙으로 합니다. 또한, 핵심 기술은 단계별로만 공개하는 프로토콜을 만들겠습니다."

서유진이 조심스럽게 물었다.

"제가 유출한 정보 때문에 피해가 크진 않을까요?"

류강준은 고개를 저으며 답했다.

"직접적인 코드나 데이터는 안전합니다. 다만, 개념과 구현 방식이 알려진 만큼, 그들의 개발 속도는 빨라질 겁니다."

■ 전 직원 소집

임원 회의 직후, 류강준은 전 직원을 불러 모았다.

"최근 외부에서 우리 회사를 흔들려는 시도가 있었습니다."
순간 회의실 안이 술렁였다.

"구체적인 내용은 말씀드리기 어렵지만, 저희가 그 의도를 확인했고 대응 중임을 알려드립니다."

김 개발 팀원이 손을 들어 물었다.
"대표님, 우리 기술이 유출된 건 아니죠?"

류강준은 잠시 고민하다 답했다.
"일부 개념적 정보가 노출된 것은 사실입니다. 하지만 핵심 소스코드와 데이터는 안전합니다. 앞으로는 보안 체계를 더 강화해 같은 일이 다시 발생하지 않도록 하겠습니다."

◾ 다시 확인된 신뢰

회의가 끝난 뒤, 류강준은 서유진을 따로 불러 조용한 카페로 향했다. 유리창 너머 햇살이 비치는 자리에서 두 사람은 마주 앉았다.

"서유진 CTO님, 솔직한 마음을 들어보고 싶습니다. 이번 일로 많이 힘들었죠?"

류강준의 물음에 서유진은 잠시 눈을 피했다가, 결국 담아 두었던 마음을 꺼냈다.
"대표님, 저는 사실 퇴사를 진지하게 고려했었어요."

류강준은 깜짝 놀랐다.

최강혁 CFO님과의 갈등이 깊어질수록, 제가 정말 이 회사에 필요한 사람인지

의문이 들었습니다. 정태수 전무의 제안에 흔들렸던 것도, 제가 인정받고 자유롭게 연구하고 싶다는 마음 때문이었어요. 그런데 결국 기밀을 흘려버렸습니다. 배신자가 된 기분이에요."

서유진의 눈가가 붉어졌다. 그 순간, 류강준의 기억 속에 오래된 장면 하나가 떠올랐다. 그가 서유진을 처음 영입하던 날 했던 말이었다.

** "유진 씨, 저는 이 일이 반드시 성공할 거라고 믿어요. 어떠한 순간이 와도 제가 먼저 포기하거나 도망가지 않을 겁니다. 유진 씨가 동참해 준 것에 대해 끝까지 책임질 겁니다. 합류해 주셔서 정말 감사해요." **

"유진 CTO님, 그때 했던 말 기억하죠? 유진 CTO님이 동참해 준 이 길에 끝까지 책임지겠다는 그 약속 말입니다. 저는 지금도 그때와 똑같은 마음입니다."

서유진이 숙였던 고개를 들었다.

"어떤 일이 있어도 우리는 같은 편이고 동료입니다. 혼자 책임질 필요 없습니다. 이건 우리가 함께 해결해야 할 문제입니다."
류강준의 목소리에는 진심이 담겨 있었다.

"제가 최강혁 CFO의 현실적 논리에만 치중했을 때, 소외감을 느꼈다면 대표로의 역할을 제대로 못 한 것이지요. 대학원 시절부터 유진 CTO님의 열정과 신념을 누구보다 잘 알고 있었는데, 그 믿음을 너무 당연하게 여겼나 봅니다."

서유진의 눈에서 눈물이 흘러내렸다.

"제가 확신할 수 있는 건, 무슨 일이 있어도 AURION을 유진 CTO님과 끝까지 함께 키워내고 싶다는 것입니다."

서유진은 손등으로 눈물을 닦으며 떨리는 목소리로 말했다.
"대표님, 정말 감사합니다. 부족한 저를 다시 믿어주신다면 더 신중하게 일하겠습니다."

"다시 기회를 주는 게 아닙니다. 애초부터 한 팀이었으니까요."
오래된 신뢰가 다시 확인되는 순간이었다.

■ 갈등의 해소

그날 오후, 카페테리아의 창가 자리에 서유진과 최강혁이 마주 앉았다. 며칠간의 긴장감이 무겁게 드리워져 있던 두 사람 사이에, 처음으로 온기가 스며드는 순간이었다.

서유진이 먼저 입을 열었다.
"CFO님, 정말 죄송합니다."
"제 실수로 회사를 위험에 처하게 만들었습니다."

최강혁은 잠시 그녀를 바라보다 고개를 저었다.
"저도 어젯밤 내내 생각했습니다. 결국 소통의 문제였던 것 같아요. 서로 말하는 방식과 접근법이 달라서 부딪힌 겁니다. 저도 죄송합니다."

그는 이어서 말했다.
"앞으로는 예산과 기술을 따로 떼어 생각하지 않겠습니다. CTO님의 판단을 더 신뢰하겠습니다. 대신 제가 보는 재무적 시각도 함께 고려해 주시면 좋겠습니다."

서유진도 고개를 끄덕였다.

"저 역시 기술만 고집하지 않고 회사 전체 상황을 함께 보겠습니다."

둘 사이의 어색했던 분위기가 한결 부드러워졌다.

■■ 위기를 기회로

그날 오후, 류강준은 혼자 사무실에 남아 상황을 정리했다. 위기 상황을 극복하고 나니, 이번 일을 통해 얻은 교훈이 많았다.

그는 팀 전체에 메시지를 전달했다.

AURION 전체 공지 오후 4 :23

시련을 통해 우리가 더 끈끈해졌다고 생각합니다.
투명한 소통과 상호 신뢰를 바탕으로 더 큰 성장을 이루어 나갑시다.
내일부터는 새로운 AURION으로 출발합시다.

■■ 되찾은 활기

다음 날 아침, AURION 사무실 분위기는 확연히 달라졌다. 며칠 전까지 갈등과 긴장이 드리웠던 공간은, 이제 집중력과 활기가 교차하는 에너지로 가득 차 있었다.

화이트보드 앞에서는 서유진과 최강혁이 나란히 서 있었다. 서로의 시선을 피하던 과거와 달리, 두 사람은 마커를 번갈아들며 의견을 나누고 있었다. 기술적 목표와 재무적 현실이 조화롭게 맞물리며 새로운 개발 로드맵이 그려지고 있었다.

한쪽에서는 이아름이 새로운 파트너십 기준을 정리하고 있었다. 그녀는 실사 체크리스트를 세밀하게 작성하며, 앞으로 어떤 기업과 협력하더라도 철저한 배경

조사를 거치도록 기준을 강화했다.

어제까지 위기와 불신이 드리웠던 공간이, 다시 예전처럼 하나의 팀으로 의기투합하는 모습으로 변해 있었다. 위기는 분명 존재했지만, 그것을 넘어선 결속은 오히려 이전보다 더 단단해 보였다.

■ 상장 목표 선언

오후 3시, 대회의실은 AURION 전 직원들의 기대와 긴장으로 가득했다. 류강준은 단상에 서서 프로젝터 화면을 가리켰다.

"지난 몇 주간 우리는 큰 어려움을 겪었습니다. 그러나 그 과정을 통해 오히려 더 단단해졌습니다. 이제 앞으로 나아갈 방향을 함께 공유하고자 합니다."

순간, 화면에 굵은 글씨가 떠올랐다. 『2027년 상장 목표』. 회의실 안에서 작은 술렁임이 퍼져나갔다.

류강준은 목소리에 힘을 담아 말했다.
"9년간 우리가 쌓아온 기술력과 최근의 성과를 바탕으로, AURION을 앞으로 5년 내에 상장기업으로 만들겠습니다. 이건 저 혼자가 아니라, 여러분 모두와 함께 써 내려갈 새로운 역사입니다."

그는 이어 성과를 구체적으로 제시했다.
"Series A 100억 원 투자 유치 완료, 정부 계약 7건 확정, 그리고 물류·건설 분야 신규 진출까지. 이 모든 성과는 우리 팀의 힘으로 가능했습니다."

순간, 회의실은 박수와 환호로 뒤덮였다. 작은 스타트업에서 시작된 AURION 이 드디어 큰 도약을 향해 나아가고 있었다.

그날 저녁, 'AURION, 2027년 상장 목표 공식화'라는 제목의 보도자료가 각 언론사로 배포됐다. 새로운 여정의 시작을 알리는 신호탄이었다.

32 상황별 리더십 스타일

기업은 본질적으로 불확실성과 위기의 연속 위에서 성장한다. 이때 리더의 역할은 단지 경영자나 관리자가 아니라, 조직의 방향성을 제시하고 불확실성 속에서 구성원을 이끄는 중심축이 된다.

리더십 이론 핵심 포인트

- **변혁적 리더십(Transformational Leadership)**
  - 위기 상황에서 리더는 단순한 지시자가 아니라 비전을 공유하고 동기를 부여하는 자가 되어야 한다. 창업자가 불확실성 속에서도 명확한 목표를 제시하면 팀은 흔들리지 않고 따라갈 수 있다.
- **상황적 리더십(Situational Leadership)**
  - 위기에는 정답이 없다. 때로는 빠른 의사결정이 필요하고, 때로는 팀원과의 협의가 우선된다. 리더는 상황에 맞는 리더십 스타일을 선택할 수 있는 유연성을 가져야 한다.

- 서번트 리더십(Servant Leadership)
  - 위기의 순간일수록 리더는 앞에서 끌기보다 뒤에서 팀을 받쳐주는 역할이 필요하다. 구성원 개개인의 심리적 안정과 성장을 지원해야, 전체 조직이 버틸 수 있다.

조언

기업 리더는 위기를 제거하는 사람이 아니라, 위기를 조직의 학습과 성장의 자산으로 전환하는 사람이다. 이때 중요한 것은 일관된 비전, 상황에 맞는 유연성, 그리고 팀을 끝까지 지지하는 태도다.

기술 탈취 :
일격 준비

새로운 계획의 서막

같은 시각, 네오테크 본사 최고층 회장실. 천장까지 닿은 통유리 너머로 한강이 잿빛으로 흐르고 있었다. 공간에는 묘한 정적이 감돌았다.

정태수는 굳은 표정으로 보고를 시작했다.
"AURION과의 MOU는 일방적으로 파기됐습니다. 서유진 영입도 실패했고, 내부 균열을 유도하는 계획도 무산됐습니다."

그의 목소리에는 아쉬움과 자조가 묻어 있었다. 치밀하게 설계한 전략이 마지막 순간에 무너져 내린 탓이었다.

그러나 오윤서는 다른 반응을 보였다. 그녀는 손에 쥔 스마트폰 화면을 가만히 바라보고 있었다. 화면에는 AURION의 최신 실적 보고서와 '2027년 상장 목표'라는 헤드라인이 떠 있었다.

"실패라니…" 그녀가 천천히 몸을 돌리며 말했다.
"정 전무, 당신은 상황을 너무 단순하게 보는군."

그녀의 눈빛에는 패배의 그림자가 없었다. 오히려 차갑고 또렷한 빛이 깃들어 있었다. AURION의 상장 계획을 확인하며, 더 큰 게임판을 구상하고 있었던 것이다.

확보한 정보의 가치

"서유진이 흘린 정보들을 다시 정리해 봐."
오윤서가 화면을 정태수에게 보여줬다.

"AI 모델의 자가 학습 및 재훈련 로직, 나노센서의 미세 기류 제어 원리, 지역별 가중치 조정 방식 등."

그녀는 각 항목을 손가락으로 가리키며 설명을 이어 나갔다.
"직접적인 소스코드는 아니지만, 이건 AURION이 9년간 시행착오를 통해 찾아낸 핵심 노하우야. 우리는 이제 AURION이 걸어온 길을 단 1년 만에 따라잡을 수 있게 됐단 말이지."

정태수가 물었다.
"그럼 기술 개발을 앞당길 수 있다는 말씀이신가요?"

"그것뿐만 아니라, 더 중요한 건 타이밍이야."

반격 설계

오윤서는 전자칠판에 작성된 타임라인을 가리켰다.
"AURION의 현재 상황을 봐. Series A 투자 유치 완료, 정부 계약 7건 진행, B2B 계약 진행 중, IPO 준비 단계 진입 예정... 성장 곡선이 가파르게 올라가고 있지?"

그녀는 5년 후 지점에 빨간 점을 찍었다.

"바로 저 시점이 우리가 치고 들어갈 기회야. IPO 준비하는 순간 말이지."

정태수가 물었다.

"IPO 준비할 때가 왜 기회인가요?"

"그때가 가장 취약한 순간이거든. 기술 분쟁이라도 터지면 신뢰는 무너지고, IPO는 물 건너가는 거야. 우리는 그 한순간만 노리면 돼."

■ 덫의 완성

오윤서는 내선 번호를 눌렀다.

"김 이사, 회장실로 당장 올라와. 긴급 프로젝트가 있어."

5분 후 법무팀 김 이사가 들어왔다.

"김 이사, 특별 태스크포스를 구성해."
오윤서가 파일을 건네며 말했다.

"AURION의 기술과 우리가 확보한 정보 간의 유사점을 법적 관점에서 분석하고..."

"특허 침해 소송 준비인가요?"

"더 정교하게. 우리가 먼저 관련 특허를 출원하고, AURION이 IPO를 진행하는 시점에 특허 침해 주장을 제기하는 스토리로 기획해."

오윤서는 달력을 펼쳐놓고 일정을 재확인했다.

"우리는 AURION IPO 3개월 전에 특허 출원 완료하고, IPO 직전에 침해 소송 제기할 거야."

정태수가 이해했다는 표정을 지었다.

"그럼 IPO가 무산되거나 크게 지연되겠네요."

"바로 그거야. 투자자들이 발 빼면서 AURION은 자금난에 빠질 거고, 그때 우리가 AURION을 인수하는 거지. 5년 후엔 AURION의 기술과 인재 모두 우리 것이 되는 거지."

최종 계획

오윤서가 정태수를 바라봤다.

"너무 복잡하게 생각할 필요 없어. 이건 철저히 계산된 비즈니스 전략이야."

"AURION이 맞대응을 한다면요?"

"자금력 차이가 얼마나 난다고 생각해? 몇 년만 끌면, 그들은 스스로 지쳐 무너질 거야."

"어차피 결론은 정해져 있어. 시간문제일 뿐이지."

정태수가 고개를 끄덕였다.

"언제부터 시작할까요?"

"당장 내일부터. 김 이사와 태스크포스 구성이 끝나는 즉시 보고해."

회의는 더 길어질 필요가 없었다. 계획은 이미 굳어졌고, 남은 건 실행뿐이었다.

33 기술 탈치와 특허 분쟁 대응 전략

경쟁사가 기술 유출 소송은 기업 경영에 매우 큰 리스크이다. 실무에서는 ① 사전적 IP 전략, ② 분쟁 대비 체계, ③ 투자자 커뮤니케이션이 핵심이다.

기업이 반드시 점검해야 할 IP(지식재산권) 방어 전략

1. 특허·영업비밀 이중 방어 구조 마련

- 핵심 기술은 특허로 권리화하고, 공표 시 위험이 큰 부분은 영업 비밀로 관리해야 한다.
- 영업비밀 관리 요건(① 비밀성, ② 경제적 가치, ③ 합리적 관리조치)을 충족해야 법적 보호가 가능하다.

2. 선제적 특허 포트폴리오 구축

- '방어적 특허(Defensive Patent)' 전략 : 경쟁사가 소송을 제기하기 전에 핵심 기술 영역을 선점해 출원해야 한다.

3. 특허 맵핑(Patent Mapping)

- 관료 조직 : 유사 기술군·경쟁사 보유 특허와의 충돌 가능성을 사전에 분석한다.

4. 특허 트롤·경쟁사 전략 대응 프로토콜

- 소송 대응 시뮬레이션(법무·기술팀 합동)을 정기적으로 수행하고, 외부 로펌과 방어 전략을 미리 협의해야 한다.

5. 장기적 기술 보호 체계

- CTO와 R&D 팀은 기술 문서화 시점부터 IP 관점의 리뷰 프로세스를 운영해야 하며, 신제품 개발 단계별로 특허 출원·비밀 유지 여부를 병행 검토해야 한다.

조언

경쟁사는 기업이 성장하는 타이밍을 노려 특허 소송을 걸어오며 협상력을 키운다. 따라서 "기술개발 → 특허 확보 → 영업 비밀 관리 → 분쟁 대응 시뮬레이션"의 선순환 체계를 갖추는 것이 숨은 안전장치이다.

위기의 전환

AURION의 성장은 생산 능력 부족과 납기 지연이라는 성장통을 불러왔다. 류강준은 1,000억 원 규모의 자금조달을 통해 패스트 이노베이션 인수라는 수직계열화 전략으로 이 위기에 대응한다. M&A 완료 후 L-에너지와의 3자 JV로 미국 진출까지 성공하며, 연 매출 947억 원 달성과 650억 원 Pre-IPO 투자 유치로 기업가치 7,200억 원의 기업으로 성장한다.

생산의 벽을 넘어 :
성장통의 재발

성장의 역설

2022년 3월, AURION 회의실. 대형 모니터에는 실시간 대시보드가 요란하게 점멸하고 있었다. 초록색 알림창이 연이어 떠오르며 새로운 계약 체결 소식을 전했지만, 그 옆의 생산 현황 차트는 붉은색으로 물들어 있었다.

'납기 지연 32일'
경고 메시지가 화면을 가득 메웠다.

"상황이 복잡해지고 있습니다."
이현수 영업 디렉터가 노트북을 덮으며 말했다.
"고객사에서 또 컴플레인이 들어왔습니다. 약속한 납기를 지키지 못한다는 불만입니다."

류강준이 이현수 디렉터의 보고를 받으면서 물었다.
"이번 주 신규 계약 규모는 어느 정도인가요?"

"대략 237억 원입니다. 그런데 아직 화요일밖에 안됐습니다. 태동 건설, KL 에너지 솔루션, 한국철강까지… 건설과 물류 분야 중견 및 대기업의 계약이 늘어나고 있습니다."

"좋은 소식인 동시에 골치 아픈 소식이군요."

"맞습니다. 우리 연 생산 능력 최대치가 150억 원인데, 주문량은 이미 400억 원을 넘어섰습니다. 지금 이 상태로는 내년까지 밀릴 수밖에 없습니다."

◾◾ 외주의 한계

파주 공장 가동률이 1년 만에 95%에 임박하면서 류강준은 외주 확대의 필요성을 절감하고 있었다. 하지만 현실은 녹록지 않았다.

"현재 OEM 협력사는 패스트 이노베이션 한 곳뿐이죠?"
류강준이 물었다.

"네. 지금까지는 문제없었지만, 물량이 늘면서 그들도 한계에 도달했습니다. 우리 주문이 그들의 전체 생산능력의 40%를 차지하고 있습니다."
서유진이 설명했다.

"어떤 문제들이 발생하고 있나요?"

"납기가 계속 지연되고 있습니다. 원래 2주였던 리드타임이 지금은 6주로 늘어났습니다. 패스트 이노베이션 입장에서도 설비 증설을 고민하고 있겠지만, 우리만을 위해 투자를 하기는 쉽지 않을 겁니다."

◾◾ 수직계열화의 기로

최강혁 CFO가 차트를 띄우며 말했다.
"현시점에서 제안드리고 싶은 사항이 있습니다. 바로 수직계열화입니다."

"공장을 직접 짓자는 얘기인가요?"
류강준이 놀란 표정을 지었다.

"맞습니다. 초기 투자비는 350억 원 정도 소요될 예정입니다. 완공 후 가동까지는 24개월이 필요합니다."

"CFO님, 그런데 350억 원이면... 우리에게는 상당한 금액 아닌가요?"

순간 최강혁이 심각한 표정으로 말했다.
"지금 상황부터 솔직히 말씀드릴게요. 작년 영업손실이 47억 원이었고, 올해도 비슷할 것 같습니다."

류강준이 반문했다.
"하지만 매출은 계속 늘고 있잖습니까?"

최강혁은 차트를 가리켰다.
"매출이 늘어도 소용없습니다. 생산비 비중이 너무 높습니다. 패스트 이노베이션과 협업하지만, 그들 역시 제조업체라 마진을 챙겨야 합니다. 현재 매출 대비 생산비가 78%입니다. 여기에 인건비와 마케팅비까지 합치면... 적자를 피할 수가 없습니다."

잠시 말을 멈춘 그는 차트의 또 다른 그래프를 가리켰다.
"하지만, 수직계열화를 하면 상황이 달라집니다. 24개월 뒤부터 생산비를 55%까지 낮출 수 있습니다."

■■ 기술 내재화의 필요성

서유진이 잠시 생각에 잠겼다.

"사실 저도 외주 생산 때문에 고민이 있었습니다."

류강준이 고개를 끄덕이며 물었다.

"어떤 부분인지 좀 더 자세히 말씀해 주시겠어요?"

"품질관리와 커뮤니케이션에 제약이 있습니다. 패스트 이노베이션도 최선을 다하지만, 우리 제품이 그들 전체 생산량의 일부에 불과하다 보니 세밀한 조정이 어렵습니다. 작은 오류 하나를 바로잡는 데에도 시간이 걸리죠."

그녀는 차트를 넘기며 설명을 이어갔다.

"더 중요한 건 기술입니다. AI 알고리즘을 하드웨어에 최적화하려면 생산 과정에 직접 개입해야 합니다. 지금처럼 외주를 거치면 중간 단계를 한 번 더 거쳐야 하니, 결국 반응 속도와 완성도가 떨어질 수밖에 없습니다."

"기술적으로도 내재화가 필요하다는 말이네요."

"맞습니다. 단순히 비용 절감 차원이 아니라, 기술의 진화를 위해서라도 생산을 직접 관리할 필요가 있습니다."

■■ 전략적 고민

"그런데 350억 원을 투자해서 생산 능력을 확장하는 것이 최선일까요?"

"사실 다른 방법도 있습니다. 패스트 이노베이션과의 전략적 파트너십을 더 확대하거나, 보다 적극적인 협력 방안도 고려해 볼 수 있겠죠."

"구체적으로 어떤 걸 말하는 건가요?"

"패스트 이노베이션과 좀 더 깊은 논의가 필요할 것 같습니다. 그들도 우리와의 협력 확대를 원할 텐데... OEM 관계를 넘어선 새로운 모델이 필요한 시점이죠."

"맞습니다. 우리 기술과 그들의 제조 역량이 합쳐지면 스마트팜 생산 공장이나 건설 및 물류용 제품, 스마트팩토리 제품 라인까지 확장할 수 있을 텐데, 지금보다 훨씬 체계적으로 접근할 필요가 있습니다."

류강준은 책상을 두드리며 생각을 정리했다.
"그럼 일단 패스트 이노베이션과 전략적 협력 방안부터 논의해 보는 게 어떨까요?"

"좋은 접근이라고 생각합니다. 동시에 Series B 투자 유치도 준비해야겠어요. 어떤 방향으로 가든 자금은 필요하니까요."

■: 스케일업의 시작

류강준은 모니터에 보인 빨간 경고 메시지를 다시 한번 바라봤다. 매출은 늘고 있지만 적자가 지속되는 상황이었다.

"결정했습니다."
류강준이 말했다.

"생산 역량 확보 프로젝트를 본격 시작하겠습니다. 패스트 이노베이션과의 관계 방안도 함께 검토하면서요."

서유진이 기대에 찬 표정으로 말했다.
"드디어 우리 기술을 제대로 된 규모로 생산할 수 있겠네요."
"그리고 패스트 이노베이션과 더 좋은 관계를 구축할 수 있을 것 같습니다."

최강혁이 덧붙였다.
"어떤 방향으로 가든 양쪽 모두에게 도움이 될 거라고 봅니다."

새로운 도전이 시작되는 순간이었다.
류강준은 설랙에 전사 공지를 올렸다.

🔊 전사 공지

AURION 스케일업을 시작합니다.
더 큰 규모로 세상에 기술을 전하는 새로운 여정이 시작됩니다.
모든 팀원의 적극적인 참여와 아이디어를 기다립니다.

#새로운 출발 #AURION 스케일업

AURION의 다음 성장 단계가 시작되었다.

34 공급사슬관리(Supply Chain Management, SCM) 정의와 전략적 실행

기업이 성장하면서 원자재 조달부터 최종 고객 배송까지 전체 공급 흐름을 효율적으로 관리하는 것이 경쟁력의 핵심이 된다. 공급사슬관리는 비용 절감뿐 아니라 고객 만족, 예측 정확성, 경영 활동의 세계화에 직접적인 영향을 미친다.

공급사슬관리의 핵심 개념과 실행 전략

1. 공급사슬의 정의와 범위

- **전 과정 통합 관리**: 공급사슬은 원자재 공급자, 부품 제조업체, 완제품 제조업체, 물류업체, 유통업체, 판매업체 등으로 이루어지며, 제품생산이나 서비스 제공의 모든 일련의 활동과 기능을 포함한다.

- **공급 네트워크 개념**: 많은 기업들과 활동이 사슬처럼 꽂혀지지 않고 유기적으로 연결되어 있기 때문에 '공급사슬'이란 표현보다 '공급 네트워크'라는 표현을 사용하기도 한다.

2. 공급사슬관리의 목적

- 공급사슬관리는 고객 서비스 수준을 만족시키면서 시스템의 전반적인 비용을 최소화할 수 있도록 제품이 정확한 수량으로, 정확한 장소에, 정확한 시간에 생산과 유통이 가능하게 하기 위해 공급자, 제조업자, 유통업자, 판매업자, 물류업자 등을 효율적으로 통합하는 데 이용되는 경영학적 접근 방법이다.

3. 공급사슬관리의 4대 관점

1) 가치사슬 관점

- 공급자에서 고객까지의 모든 프로세스에 걸쳐 가치사슬의 최적화 및 이를 통합하는 노력을 강조한다.
- 가치의 흐름을 통합하고 시스템으로 분석하여 전체 최적화를 추구한다.

2) 흐름 관점

- 재화, 정보, 자금의 흐름을 효율적으로 관리한다.
- 공급망 전체에 걸쳐 정보의 실시간 공유와 투명성 확보가 핵심이다.

3) 프로세스 관점

- 속도와 확신성, 가시성 보장을 위해 프로세스를 연계하여 가치를 극대화한다.
- 주문-생산-배송의 리드타임을 단축하고 병목 구간을 제거한다.

4) 정보기술 관점

- 구매, 생산, 물류의 모든 계획과 의사 결정 차원에서 소프트웨어의 지원을 활용한다.
- 전사적 자원관리(Enterprise Resource Planning, ERP), 제조 실행 시스템(Manufacturing Execution System, MES), 창고관리시스템(Warehouse Management System, WMS) 등 통합 시스템 구축이 필수적이다.

4. 공급사슬관리의 중요성

1) 기업 경쟁의 심화

- 글로벌 경쟁이 가속화되면서 원가 절감과 품질 향상이 생존의 조건이 되었다.

2) 높은 물류비용

- 물류비용이 매출의 10~15%를 차지하며, 이를 효율화하면 직접적인 수익

개선으로 이어진다.

3) 예측의 불확실성

- 수요 변동성이 커지면서 정확한 수요예측과 재고 최적화가 중요해졌다.

4) 경영 활동의 세계화

- 글로벌 소싱과 다국적 생산 체제에서 복잡한 공급망을 통합 관리해야 한다.

5) 대량 고객화

- 고객 맞춤형 생산(Mass Customization)이 확대되면서 유연한 공급 체계 구축이 필수다.

5. 공급사슬 전략의 4가지 유형

1) 효율적 공급사슬

- **적용 대상** : 수요의 불확실성이 낮은 기능성 상품과 공급의 불확실성이 낮은 안정적 프로세스
- **특징** : 식료품, 기본의류, 휘발유 등 수요예측이 가능한 제품
- **목표** : 비용 최소화를 통한 효율성 극대화
- **전략** : 차별화 지연(Postponement), 재고 최소화, 규모의 경제 추구

2) 반응적 공급사슬

- **적용 대상** : 수요의 불확실성이 높은 혁신성 상품과 공급의 불확실성이 낮은 안정적 프로세스
- **특징** : 패션의류, PC, 신제품 등 수요예측이 어려운 제품
- **목표** : 시장 변화에 대한 신속한 대응
- **전략** : 공급 리드타임 단축, 유연한 생산 능력 확보, 전략적 재고 보유

3) 위험회피 공급사슬

- **적용 대상** : 수요의 불확실성이 낮은 기능성 상품과 공급의 불확실성이 높은 진화적 프로세스
- **특징** : 수력발전, 태양력 및 풍력발전, 일부 희귀 식품(예 : 수입 농산물)
- **목표** : 공급 안정성 확보
- **전략** : 복수 공급선 확보, 안전 재고 유지, 공급자와의 장기계약

4) 민첩 공급사슬

- **적용 대상** : 수요의 불확실성이 높은 혁신성 상품과 공급의 불확실성이 높은 진화적 프로세스
- **특징** : 텔레콤, 반도체, 스마트폰, 첨단 컴퓨터 등 기술 변화가 빠른 제품
- **목표** : 불확실성에 대한 동시 대응
- **전략** : 모듈화 설계, 전략적 파트너십, 실시간 정보 공유 시스템

6. 채찍 효과(Bullwhip Effect)와 대응

공급망 상류인 공급업체 쪽으로 올라갈수록 수요의 변동 폭이 증폭되어 나타나는 현상을 채찍 효과라고 한다.

1) 발생 원인

- **수요예측의 갱신** : 각 단계에서 독립적으로 예측하면서 오차 누적
- **일괄 주문** : 주문 비용 절감을 위해 대량 주문하면서 변동 폭 증가
- **가격 변동의 영향** : 프로모션 시 과다 구매로 인한 왜곡
- **할당과 부족분 게임** : 품귀 시 과다 주문으로 실제 수요 왜곡

2) 해결 방안

- **정보 공유 강화** : POS 데이터, 판매 예측 정보를 실시간 공유
- **주문 프로세스 개선** : VMI(Vendor Managed Inventory), CPFR(Collaborative

Planning Forecasting & Replenishment, 협업적 계획·예측·보충)

- **가격 안정화** : 일상 저가격(Every Day Low Pricing, EDLP) 정책으로 프로
모션 최소화
- **전략적 파트너십** : 장기계약과 신뢰 구축으로 과다 주문 방지

7. 공급사슬관리의 목표 달성 과제

- **전체 공급사슬의 최적화** : 개별 기업이 아닌 전체 공급망 관점에서 의사 결정
- **공급사슬로부터 생성되는 총가치의 극대화** : 최종 고객에게 전달되는 가치
증대
- **다양한 고객 필요와 제품 공급 과정의 효율적인 일치** : 고객 맞춤형 대응과
효율성 동시 추구
- **채찍 효과 최소화** : 정보 공유와 협업으로 수요 변동 왜곡 최소화
- **비용 절감과 고객 만족을 동시에 달성** : 상충되는 두 목표의 균형점 찾기

조언

공급사슬관리는 전사적 협력이 필요한 경영 전략이다. 제품 라인이 다양해지고
판매량이 증가하면 공급망 복잡도가 급격히 높아진다. 이 시점에서 ERP나 SCM
시스템 도입을 검토하고, 주요 공급자·물류사와 전략적 파트너십을 구축하며, 수
요예측 프로세스를 정교화해야 한다. 특히 기업은 초기에 유연성(반응적 공급사
슬)을 우선하되, 성장하면서 효율성도 함께 추구하는 하이브리드 전략으로 전환
하는 것이 효과적이다.

35 생산 CAPA 확장 전략과 수직계열화

생산 능력 부족에 직면한 기업은 생산 CAPA 확장 방식을 전략적으로 선택해야 한다. 직접 생산 확장(수직계열화)과 특징 및 장·단점을 정확히 파악하여 최적의 확장 전략을 수립하는 것이 중요하다.

기업 생산 CAPA 확장 및 수직계열화 전략 핵심

1. 수직계열화의 특징 및 장·단점

- **개념과 특징** : 수직계열화는 기업이 원재료 조달부터 최종 제품의 판매에 이르기까지 생산 과정의 다양한 단계를 통합하는 전략이다. 테슬라의 배터리 자체 생산, 한세실업의 중남미 수직계열화처럼 전체 가치 사슬을 통제하여 일관된 품질과 안정적인 공급을 확보한다.
- **주요 장점** : ① 생산비용 절감, ② 품질관리 향상, ③ 공급망 안정성 확보, ④ 기술 내재화
- **주요 단점** : ① 높은 초기 투자 비용, ② 경영 복잡성 증가, ③ 시장 변화 대응 유연성 저하, ④ 다양한 분야의 전문성 필요

2. 생산 CAPA 확장의 장·단점

- **직접 생산 확장의 장점** : ① 완전한 품질 통제권 확보, ② 납기 일정 자율 관리, ③ 생산원가 최적화를 통한 수익성 개선, ④ 고객 요구사항에 대한 신속한 대응, ⑤ 핵심 기술의 보안 유지, ⑥ 장기적 경쟁우위 확보

- **직접 생산 확장의 단점** : ① 막대한 초기 설비 투자비, ② 긴 구축 기간, ③ 생산 전문 인력 확보의 어려움, ④ 고정비 부담 증가, ⑤ 시장 변동 시 유연성 부족, ⑥ 다양한 생산 리스크 직접 부담

3. 생산 CAPA 확장 전략 선택 기준

- **자본력과 현금흐름** : 직접 투자 여력과 투자 회수 기간을 고려한 재무적 안정성 평가가 우선되어야 한다.
- **시장 성장성과 지속성** : 일시적 수요 증가인지 지속적 성장 트렌드인지 판단하여 적절한 확장 규모를 결정한다.
- **기술적 특수성** : 제품의 기술적 복잡성과 특허 보호 필요성에 따라 내재화 수준을 결정한다.
- **경쟁 환경** : 시장 내 경쟁사들의 생산 전략과 차별화 방안을 고려하여 최적의 생산 모델을 선택한다.

조언

생산 CAPA 확장은 지속 가능한 경쟁력 확보가 목표다. 자사의 재무 상황, 기술적 특성, 시장 환경을 종합적으로 고려하여 수직계열화와 협력 확대 중 최적의 조합을 찾아 단계적으로 추진해야 된다.

1,000억 원의 비전 :
자금조달 문을 두드리다

■ 대담한 계획

생산 역량 확보 프로젝트 결정이 내려진 다음 날, AURION 경영진은 다시 모였다. 이번에는 구체적인 실행 방안을 논의할 차례였다.

최강혁 CFO가 화이트보드 앞에 서서 굵은 펜으로 숫자를 적어 내려갔다.

"패스트 이노베이션 M&A에 600억 원, 해외 생산법인 설립에 300억 원, 운전 자금에 100억 원…" 그가 마지막 숫자를 적고 돌아섰다. "총 1,000억 원입니다."

류강준이 놀란 표정을 지으며 물었다.
"패스트 이노베이션을 M&A한다는 건가요?"

최강혁이 차분히 설명을 이어갔다.
"네. OEM 계약 전 받아둔 회사소개서와 프로세스 자료를 다시 분석했습니다. 외감 기업이라 전자공시를 통해 재무 현황을 면밀히 살펴봤는데, 생각보다 꽤 안정적이었습니다."

그는 다시 화이트보드를 가리켰다.
"중요한 건 시간입니다. 우리가 직접 공장을 신축하면 완공까지 최소 24개월이 걸립니다. 하지만 M&A를 통해선 바로 생산 능력을 흡수할 수 있습니다. 즉시 증산이 가능하다는 얘기죠."

류강준이 다시 입을 열었다.

"우리 현재 보유 현금이 23억 원인데, 그럼 977억 원을 새로 조달해야 한다는 얘기네요."

최강혁은 고개를 끄덕였다.

"맞습니다. 패스트 이노베이션의 가동률은 이미 95%까지 올라와 있고, 그들도 확장을 위해 자금이 필요할 겁니다. 지금이 서로에게 기회가 될 수 있습니다. AURION이 유니콘 기업으로 도약하기 위한 승부수입니다."

■■ 자금 조달 전략

그는 준비해 온 자료를 스크린에 띄웠다. 화면 안에는 복잡한 차트와 수치들이 가득했다.

"핵심은 자본비용을 최소화하는 구조입니다."

최강혁이 포인터로 첫 번째 그래프를 가리켰다.

"Series B 투자로 600억 원을 확보하고, 시설구매 및 설비투자 대출로 300억 원, 운전자금 대출로 100억 원을 조달하는 겁니다."

이아름 디렉터가 궁금해했다.

"현실적으로 가능한 계획인가요? 투자자들이 600억 원을 투자할 만큼 우리 회사가 매력적일까요?"

"그렇습니다."

최강혁이 다음 슬라이드로 넘어갔다.

"패스트 이노베이션과 합쳐지면 시너지 효과가 상당할 겁니다. 우리 기술과 그들의 제조 역량이 결합되면, 생산비를 현재 매출 대비 78%에서 55%로 낮출 수 있습니다."

"그럼 드디어 흑자 전환이 가능해지는 건가요?"
서유진이 물었다.

"맞습니다. 작년 47억 원 영업손실에서, M&A 후 5년 뒤에는 연간 150억 원 이상의 영업이익을 낼 수 있을 것으로 기대됩니다."

▰▰ 투자자와의 첫 번째 관문

서울 테헤란로, 퓨처벤처파트너스 10층 회의실. 정갈하게 정리된 테이블 위에 투자 제안서와 노트북이 놓여 있었다. 류강준과 최강혁은 준비해 온 IR 자료를 펼쳐놓고 있었다.

최민준은 셔츠 소매를 걷어 올리며 직설적으로 질문했다.
"AURION의 M&A 전략은 흥미롭습니다. 그런데 인수 후보 기업은 이미 선정하셨나요? 600억 원 투자라면 구체적인 대상이 있을 텐데요."

류강준이 대답했다.
"네, 패스트 이노베이션을 대상으로 하고 있습니다."
"현재 우리의 OEM 파트너이기도 하고요. 다만 아직 그들과 M&A에 대한 구체적인 논의는 하지 않은 상황입니다."

최민준은 고개를 끄덕이며 곧바로 다음 질문을 던졌다.

"패스트 이노베이션에 대해 알고 있습니다. 그런데 그들을 인수한 후 기업가치 상승 근거가 무엇인가요?"

최강혁이 준비된 자료를 보여주며 설명을 이어갔다.

"M&A로 수직계열화를 달성하면 생산비가 매출 대비 78%에서 55%로 하락합니다. 또, 당사의 AI 기술과 그들의 제조 노하우가 결합되면 신제품 개발 속도가 대폭 단축됩니다. 그 결과 현재 연간 47억 원 적자 구조에서, 5년 뒤에는 150억 원 이상의 영업이익을 실현할 수 있습니다."

"이를 기반으로 5년 내 IPO를 추진하고, 투자자들에게 엑시트(Exit) 전략을 제시하겠습니다."

최민준의 표정이 진지해졌다.

"만약 IPO가 지연되거나 실패할 경우는 어떻게 대응하시겠어요?"

최강혁이 잠시 멈칫했다. 예상했던 질문이지만 쉽지 않은 대답이었다.

최민준은 서류를 넘기며 말을 이었다.

"투자 후 1년 이내 패스트 이노베이션과의 합병이 이루어지지 않거나, 2027년 IPO가 무산될 경우를 대비해 풋옵션 조항을 포함하고자 합니다."

"그리고 회사 측이 투자원금에 연 8% 이자를 더해 지분을 다시 사들여야 합니다."

류강준은 당혹스러운 표정으로 추가 조건이 있는지 물어봤다.

최민준은 잠시 자료를 검토하더니, 새로운 서류를 꺼내며 설명했다.

"첫째, 재무 및 기술 실사가 필요합니다. 투자계약서를 작성하기 전에 회계법인과 기술평가 전문 기관을 통한 정밀 실사 과정을 거쳐야 합니다."

류강준이 물었다.

"어느 정도 기간이 걸릴까요?"

"보통 6~8주 정도 소요됩니다. 계약구조, 재무제표 검증, 특허 포트폴리오 분석, 기술적 차별성 평가 등을 진행할 예정입니다."

최민준은 계속 설명을 이어 나갔다.

류강준과 최강혁이 서로 눈을 마주쳤다. 생각보다 까다로운 조건이었다.

■ 실사 과정의 긴장감

1주일 후, AURION 사무실에는 코리아회계법인 실사팀과 미래기술연구원 전문가들이 들어왔다. 회의실마다 서류가 산더미처럼 쌓였고, 직원들은 연일 자료 준비에 매달렸다.

재무 실사는 특히 까다로웠다.

코리아회계법인 팀장이 최강혁을 불러 말했다.

"매출 인식 기준에 일부 모호한 부분이 있습니다. 계약 진행 중인 매출을 이미 인식한 케이스가 몇 건 보이는데, 이 부분 정리가 필요합니다."

그는 또 다른 서류를 넘기며 말을 이어갔다.

"3년간 매출 증명 자료, 계약구조, 재고자산 수불부까지 모든 재무 관련 문서를 재검토해야 합니다."

한편, 이아름 디렉터는 마케팅 실사 자료 준비로 분주했다.

"고객사 계약서, 마케팅 실적, 경쟁분석 자료까지 다 요구하고 있습니다."

이아름이 지친 표정으로 말했다.

기술 실사도 만만치 않았다.

미래기술연구원 전문가가 서유진에게 세부적인 질문을 던졌다.

"하드웨어 최적화 과정에서 발열 문제는 어떻게 해결했나요? 그리고 대량 생산 시 품질 일관성을 어떻게 보장할 수 있습니까? 기존 특허 회피 설계에 대한 구체적인 증빙자료도 필요합니다."

◼️ 풋옵션 조건 검토

실사가 진행되는 동안, 경영진은 풋옵션 조건을 놓고 치열한 내부 검토를 벌였다.

최강혁이 화이트보드에 계산식을 적으며 설명했다.

"만약 2027년에 IPO에 실패하면, 600억 원에 연 8% 복리로 계산해서 약 756억 원의 현금을 지급해야 합니다."

류강준이 한숨을 내쉬었다.

"그때까지 그 정도 현금을 보유할 수 있을까요?"

"그래서 더 신중해야 합니다. IPO 성공 확률을 높이는 게 우선이죠."

최강혁이 말했다.

"하지만 투자를 받지 않으면 패스트 이노베이션 인수도 불가능할 것이고, IPO 를 가기 위해서는 패스트 이노베이션 인수가 필요할 것 같습니다."

"그리고 다른 투자사들도 비슷한 조건을 제시할 겁니다. 요즘 자본시장 상황이 예전만 못하거든요."

최강혁이 덧붙였다.

■ 협상과 합의

며칠 간의 긴 고민 끝에, AURION은 마침내 결단을 내렸다. 류강준은 책상 위 에 놓인 전화기를 들었다. 수화기 너머로 최민준의 목소리가 들려왔다.

"풋옵션 조건에 동의하겠습니다. 다만, 몇 가지 수정안을 제안드리고 싶습니다."

"어떤 내용인가요?"

"첫째, M&A 실패 조건은 제외하고 'IPO 무산 시에만 행사 가능'하도록 조정을 부탁드립니다.", "둘째, 풋옵션 행사 시 이자율을 8%에서 6%로 인하하는 방안을 검토해 주셨으면 합니다."

최민준은 잠시 침묵하더니 답했다.

"내부 검토 후 답변드리겠습니다. 대신 실사 결과가 만족스러워야 한다는 조건 이 있습니다."

6주간의 실사와 협상 끝에 마침내 합의에 도달했다. 풋옵션 조건은 'IPO 무산 시에만 행사 가능, 연 6% 이자율'로 조정되었고, 실사 결과도 양호하다는 평가를 받았다.

퓨처벤처파트너스를 앵커 투자자로 하는 8개 투자사 컨소시엄이 Series B에 600억 원을 투자하기로 최종 결정했다. AURION의 기업가치는 4,000억 원으로 인정받았다.

이제 남은 과제는 해외 생산법인 설립을 위한 300억 원과 운전자금 100억 원이었다. 최강혁은 자금 조달 계획을 세웠다.

다행히 과거에 신규 취득했던 파주 공장 부지 가치가 상승하면서 현재 70억 원으로 평가되었다. 이를 담보로 시설자금 70억 원을 연 3.5% 금리로 확보할 수 있었다.

나머지 230억 원은 정책자금으로 신청했다.

"AURION의 기술은 탄소 배출량을 기존 대비 47% 감축하고, 재해 복구 시간을 62% 단축시킵니다."

최강혁은 정책자금 담당자에게 설명했다.
"해외 진출을 통해 국가 차원의 기후 대응 목표 달성에 기여할 계획입니다."

정책자금은 한국보증기금 80% 보증으로 연 2.8% 금리를 적용받을 수 있었다.
"36개월 내 신규 고용 150명, 3년 내 해외 수출 비중을 현재 8%에서 35%로 확대하겠습니다."

심사 결과 정책자금 승인이 떨어졌다.

마지막으로 운전자금 100억 원은 매출채권 담보대출로 확보했다. 연 4.2% 금리로 원자재 구매 자금으로 활용하게 되었다.

2022년 7월, AURION은 총 1,000억 원 규모의 자금 조달을 완료하였다.

■ 1,000억 원 자본 구조 완성

구분	금액(억 원)	조달방식	조건
M&A	600	CB(Convertible Bond, 전환사채)	기업가치 4,000억 인정, 풋옵션 조항
해외 생산법인 설립	70	파주 공장 담보대출	연 3.5% 담보
	230	정책자금	연 2.8%, 한국보증기금 80%
운전자금 (원자재 구매)	100	매출채권 담보대출	연 4.2%, 매출채권 담보
총계	1,000		

■ 새로운 시작

투자계약 체결식에서 최민준은 마지막 조언을 하였다.

"2022년 현재 투자 시장이 예전만큼 호황은 아닙니다. 그만큼 AURION의 투자는 의미가 큽니다."

최민준은 서류를 정리하며 말했다.

"다만 실제 성과 창출까지는 상당한 시간이 걸릴 텐데, 그 과정에서 시장 상황이나 경쟁 환경 변화에 민감하게 대응해야 할 것입니다."

류강준이 진지하게 답했다.

"조언 감사드립니다. 흑자 전환과 IPO 성공을 위해 최선을 다하겠습니다."

그의 손에는 이제 AURION의 미래를 직접 그려나갈 수 있는 도구가 쥐어져 있었다. 1,000억 원이라는 자본과 함께, 본격적인 도약이 시작되는 순간이었다. 하지만 동시에 더 큰 책임도 따라왔다. 투자자들과의 약속, 그리고 풋옵션이라는 위험을 안고 가야 하는 여정이었다.

**실무
가이드** **36** 자본비용 최적화와 자금조달 구조

대규모 투자와 확장을 계획하는 기업은 자본비용을 최소화하는 자금조달 구조 설계가 성공의 핵심이다. 투자자본과 차입자본의 적절한 조합을 통해 효율적인 자금조달 전략을 수립해야 한다.

기업 자본비용 최적화 및 자금조달 구조 핵심

1. 자본비용의 이해와 WACC(Weighted Average Cost of Capital) 산출

- **WACC 개념** : 가중평균자본비용(WACC)은 타인자본비용과 자기자본비용을 각각의 비중으로 가중평균한 할인율로, 기업가치 평가의 핵심 지표이다.
- **기업 WACC 특성** : 벤처기업이나 소규모 기업, 바이오 기업 등은 위험 프리미엄이 가산되어 15~25% 수준의 높은 WACC가 적용된다.

- **WACC 산출공식** : WACC = [Kd × (1-t) × D/V] + [Ke × E/V] (Kd : 타인자본비용, Ke : 자기자본비용, t : 유효법인세율, D : 타인자본, E : 자기자본, V : 총자본)
- **실무적 고려 사항** : 목표자본구조를 이용하여 영구가치 추정에 활용하며, 대상회사 신용등급을 고려한 장기 무보증 회사채 이자율을 적용한다.

2. 타인자본비용(Kd) 산출과 최적화

- **세후개념 적용** : Kd = After-tax Cost of Debt로, 타인자본비용은 세후 개념으로 산출한다. 이자 비용의 법인세 절감 효과를 반영하여 세율을 Terminal year 시점 한계 법인세로 적용한다.
- **산출공식** : Kd = 차입 금리 × (1 - 세율)로 계산되며, Kd가 무위험이자율(Rf)보다 낮아서는 안된다.
- **실무적 적용방법** : 대상 회사 신용등급을 고려한 장기 무보증 회사채 이자율을 사용하는 것이 합리적이다. 보통 3년 또는 5년 무보증 공모사채 수익률을 활용한다.
- **해외 자회사 고려** : 해외 자회사 등 신용등급이 어려운 경우, 모회사 신용등급에 해당하는 무보증 회사채 이자율이나 모회사의 가중 평균 차입 이자율을 활용한다.

3. 자기자본비용과 투자자 요구수익률

- **CAPM 모델 적용** : Ke = Rf + [(Rm - Rf) × beta] 공식을 사용하며, 무위험 수익률로 한국 3년, 5년, 10년 만기 국고채 수익률을 활용한다.
- **베타 산출** : 시장수익률 대비 개별주식 수익률의 민감도로, 보통 단순평균이나 중간값을 사용한다. 대상 회사가 상장사인 경우 Target 고유의 베타와

Peer베타의 평균치를 산정하여 활용한다.

- **리스크 프리미엄** : 시장위험 프리미엄으로 무위험 수익률에 추가적으로 요구되는 수익률을 의미한다. Rp = Rm – Rf임을 활용한다.
- **Unlevered Beta 활용** : Peer 기업의 자본구조를 이용하여 Unlevered Beta를 계산하고, 이를 평가 대상 회사의 영업/재무 위험에 반영한다.
- **기업 특수성** : 투자자가 자기자본 투자에 요구하는 기대수익률이 높아 일반적으로 25% 내외의 높은 자기자본비용이 산출된다.

4. 자본구조 설계 전략

- **세제혜택 활용** : 타인자본의 이자 비용은 세무상 손금 처리되어 절세효과를 통한 실질 자본비용 절감이 가능하다.
- **자본구조 최적화** : D/V와 E/V 비율을 조정하여 WACC를 최소화하는 목표 자본구조를 설정한다.

조언

기업의 자본비용 최적화는 단순한 저금리 추구가 아닌 사업 특성에 맞는 자금 조달 포트폴리오 구축이 핵심이다. WACC 이론을 바탕으로 자기자본과 타인자본의 적절한 조합을 통해 전체 자본비용을 최소화하고, 정책 자금과 담보대출 등 다양한 자금원을 활용하여 재무 안정성을 확보해야 된다.

M&A :
통합의 지휘자, 김민지

■■ 투자자의 조언

1,000억 원의 자금이 마련된 다음 날, 류강준은 최민준의 마지막 조언을 되새기고 있었다.

"패스트 이노베이션과의 통합 과정에서 예상치 못한 변수들이 많이 발생할 수 있습니다. 핵심 인력 이탈, 문화 충돌, 시스템 통합 등…"

그의 표정은 한층 무거워졌다.

"돈으로 회사를 사는 건 쉽습니다. 하지만 진짜 하나로 만드는 건 전혀 다른 문제입니다…"

이번 스케일업은 자금 확보를 넘어 AURION의 기술과 생산 경쟁력을 높이는 중요한 전환점이었다.

최강혁 CFO가 노트북의 자료를 검토하며 말했다.

"맞습니다. 패스트 이노베이션의 30년 노하우와 숙련 인력을 확보하면 품질관리와 납기 문제를 해결할 수 있습니다. 하지만 통합 과정에서 실수하면 오히려 역효과가 날 수 있습니다."

서유진 CTO도 동의했다.

"기술적 호환성은 이미 검증했지만, 사람 문제는 별개입니다. 각 기업의 문화 차이가 생각보다 클 거예요."

이아름 디렉터가 조심스럽게 말을 보탰다.

"실제로 M&A 후 핵심 인력이 대거 이탈하는 사례가 많아요. 특히 숙련된 베테랑들은 변화에 민감하거든요."

최강혁이 추가 자료를 찾아보며 말했다.

"통계를 보면 M&A의 70%가 통합 실패로 기대효과를 내지 못하고 있습니다. 인사, 보상, 조직 문화 문제를 제대로 해결하지 못하면 시너지가 아니라 갈등만 커집니다."

류강준은 모든 의견을 들은 뒤 결론을 내렸다.

"그렇다면 지금 우리에게 필요한 건 HR뿐만 아니라 M&A 통합 전문가인 것 같습니다."

■ 전문가 탐색

M&A 통합 전문가가 필요하다고 하니, 이아름이 이야기를 했다.

"혹시 대표님, 제가 아는 적임자가 있는데 추천을 드려도 될까요?"

"어떤 분이신가요?"

"김민지라는 분인데, 예전에 저희 브랜딩 컨설팅을 맡았던 에이전시를 통해 알게 되었습니다. 원래는 마케팅 협업으로 만났는데, 알고 보니 M&A 통합 전문가

셨습니다. HR 출신인데 조직 문화 설계와 변화 관리에 강점이 있으세요."

류강준은 관심을 보였다.
"그분의 경력에 대해 좀 더 알 수 있을까요?"

이아름이 스마트폰을 켜 확인하며 답했다.
"대기업 HR에서 8년, M&A 컨설팅에서 4년 경력을 가지고 있습니다. 최근에는 중견기업들의 인수·합병 통합 프로젝트를 주로 담당하고 있습니다."

"최근 그분의 링크인을 확인해 보니 몇 가지 성공 사례를 경험하신 것 같더라고요."

최강혁이 흥미로운 듯 물었다.
"그분이 패스트 이노베이션 같은 제조업체 경험도 있나요?"

"네, 제조업체 두 곳의 통합 프로젝트를 성공시켰다고 하네요. 특히 서로 다른 조직 문화를 연결해 내는 데 강점이 있다고 들었습니다."

■ 첫 만남

일주일 후, AURION 회의실 스크린에는 김민지의 얼굴이 떠올랐다. 40대 중반, 깔끔한 인상과 차분한 목소리로 시작부터 분위기를 장악했다.

"먼저 솔직히 말씀드리겠습니다. 아직 패스트 이노베이션과 구체적인 협상을 하지 않으셨죠? 그렇다면 통합 전략을 논하기 전에 M&A 협상 전략부터 세워야 합니다."

류강준이 고개를 끄덕이며 물었다.

"그럼 가장 중요한 포인트는 뭔가요?"

김민지는 서류를 넘기듯 손짓하며 설명을 이어갔다.

"패스트 이노베이션은 30년 전통의 제조업체입니다. 나름의 자부심과 방식이 있는 조직이죠. 현재 가동률이 95%에 이르렀다면, 사실 매각할 유인은 크지 않습니다. 지금 더 절실한 쪽은 AURION일 수도 있어요."

최강혁은 빠르게 메모를 하며 질문을 던졌다.

"그렇다면 어떻게 접근해야 할까요?"

잠시 뒤, 화면에 조직도가 띄워졌다. 김민지가 준비해 온 자료였다.

"제가 먼저 패스트 이노베이션의 조직 구조와 핵심 인재를 분석했습니다. 부서별 영향력이 큰 인물 15명, 그리고 기술 전문가 8명. 이들의 성향과 동기를 파악하는 것이 출발점입니다."

"단순히 인력을 흡수하는 게 아닙니다. 두 조직의 DNA를 섞어 전혀 새로운 문화를 만들어야 합니다. 그것이 성공적인 M&A 통합의 핵심입니다."

■■ 전문성 확인

이아름이 관심을 보였다.

"구체적으로 어떤 프로세스로 진행하는지 추가 설명을 해주실 수 있을까요?"

김민지가 다음 슬라이드를 넘기며 이야기를 이어갔다.

"3단계로 나눠 진행합니다. 1단계는 현황 분석과 핵심 인재 매핑, 2단계는 통합 시나리오 설계와 의사결정권자 설득, 3단계는 실행과 모니터링입니다."

서유진이 물었다.

"각 단계별 소요 기간은 어떻게 되나요?"

김민지가 자신 있게 답했다.

"총 12개월 정도로 예상하고 있습니다. 1단계 3개월, 2단계 3개월, 3단계 6개월 정도로 보시면 될 것 같습니다."

"다만 중요한 건 속도보다는 완성도입니다."

류강준은 핵심 질문을 하였다.

"성공 확률은 어느 정도로 예상하시나요?"

"패스트 이노베이션이 AURION과 이미 3년간 파트너십을 유지해 온 점이 큰 장점입니다. 서로를 모르는 관계가 아니라 신뢰 기반이 있으니까요." 김민지가 미소를 지었다.

"이런 조건이라면 대략 70% 이상 성공 가능하다고 봅니다."

■■ 합류 결정

회의가 끝난 후, 경영진은 만족스러워했다.

"전문성도 충분하고, 접근 방식도 체계적인 것 같습니다."

최강혁이 평가했다.

이아름이 추가 의견을 덧붙였다.

"패스트 이노베이션과의 기존 관계를 잘 활용한다는 점도 마음에 들었습니다."

며칠이 지난 후, 류강준은 조심스레 제안했다.

"김민지 님, AURION에 합류를 제안드립니다."

김민지가 잠시 생각에 잠긴 후, 차분히 입을 열었다.

"감사한 제안입니다. 다만 몇 가지 조건이 있습니다. 첫째, 통합 프로세스에 대한 전권을 주셔야 합니다. 인력 재배치부터 보상 체계 개편까지 제 설계대로 진행해야 성공할 수 있습니다. 둘째, 패스트 이노베이션 경영진과의 직접 소통 채널을 보장해 주세요."

류강준은 망설임 없이 답했다.

"두 조건 모두 수용하겠습니다."

김민지는 문득 궁금한 점이 생겼다.

"그런데 직책과 호칭은 어떻게 하면 될까요? M&A 통합이라는 특수한 업무다 보니..."

류강준이 잠시 고민하다 제안했다.

"CHO 포지션을 제안 드리고 싶습니다. 대기업 HR 8년과 M&A 컨설팅 4년 경력을 보면, 인사전략과 조직 통합 두 분야 모두 전문성을 갖추고 계시니까요. M&A 통합의 중요성을 고려하면 CHO 직책이 적절할 것 같습니다."

김민지가 약간 주저했다.

"부담스럽습니다. 저는 실무 중심의 일을 선호하거든요. 차라리 M&A 통합 전담 팀장이나 본부장 정도는 어떨까요?"

"그럼 '인사전략 본부장'은 어떠실까요? 전문성도 드러나고 권한도 적절할 것 같은데요."

"네, 그게 좋겠네요."

2022년 8월, 김민지의 합류가 확정되면서 AURION은 본격적인 M&A 협상 준비에 돌입했다.

"먼저 패스트 이노베이션 현 경영진의 입장부터 파악해야 합니다."

김민지가 첫 업무 계획을 설명했다.

"가동률 95% 상황에서 매각을 고려할 동기가 무엇인지 정확히 알아야 협상 전략을 세울 수 있습니다."

류강준이 답했다.

"그럼 김민지 본부장님이 패스트 이노베이션 측 사전 접촉을 담당해 주세요. 내부적으로는 인수 후 통합 시나리오를 구체화하겠습니다."

그 순간, 경영진 모두가 알았다. 이제는 더 이상 시뮬레이션이나 전략 논의가 아닌, 실제 협상의 세계로 들어섰다는 것을.

1,000억 원이라는 거대한 자본을 등에 업은 채, AURION의 운명을 바꿀 도전이 막 시작되고 있었다.

실무 가이드 37 HR의 중요성

기업의 성장은 사람에 의해 좌우된다. 기술과 자금이 충분하더라도, 핵심 인재를 확보하고 유지하지 못한다면 조직은 빠르게 한계에 부딪힌다. HR은 조직 문화 설계자이자 성장 촉진자의 역할을 수행해야 한다.

HR(Human Resources)의 핵심 역할과 필요 역량

1. HR의 정의와 변화된 역할

- **인사(HR)의 정의** : 구성원의 채용부터 퇴직까지 전반을 관리하며, 조직의 경쟁력을 좌우할 핵심 인재를 확보, 육성, 유지하여 지속적으로 성장하는 조직을 만드는 역할이다.
- **과거 HR** : 사람을 뽑는 절차, 교육 운영, 목표 수립 및 평가/보상 등 기능적 역할에 중점을 둔다.
- **현대 HR** : '인재를 확보하는 전략적 투자', '비즈니스 임팩트를 주는 학습 시스템 설계', '조직 혁신과 직원 성장 지원' 등 비즈니스에 직접적인 영향을 미치는 전략적 파트너로 진화했다.

2. HR 부서의 주요 업무

- **인력 계획** : 비즈니스 성장 전략과 정합성을 갖춘 인재 포트폴리오를 수립한다.
- **채용** : '적절한 사람을 적시에 찾는' 것을 넘어, 필요한 핵심 포지션과 인재를 확보하는 전략적 활동이다.
- **교육 및 인재 개발** : 비즈니스의 핵심 문제를 해결할 수 있는 역량을 만드는 과정으로, 단순히 교육을 운영하는 기능이 아니다.
- **평가와 보상** : 공정성을 기반으로 구성원의 몰입과 책임을 높여 조직 혁신과 직원 성장을 지원하는 영역이다.

3. HR/인사 직무의 필요 역량

- **비즈니스 감각** : 미래를 예측하고 회사의 사업에 대한 이해를 바탕으로 협업

리더 및 비즈니스에 대한 대화가 가능해야 한다.

- **데이터 기반 인사이트** : HRIS(Human Resource Information System, 인적 자원 정보 시스템)와 피플 애널리틱스(People Analytics)를 통한 데이터 해석 능력이 중요하다.
- **리더십과 커뮤니케이션** : 급변하는 시대에 변화의 필요성을 알리고, 효과적인 커뮤니케이션으로 조직 내 변화를 이끌어 내는 역량이 필요하다. 리더십 파트너십을 통해 리더의 아젠다를 이해하고 문제를 선제적으로 해결한다.
- **디지털 HR 감각** : AI, 자동화, 디지털 도구를 HR 업무에 적용할 수 있는 감각이 필요하다.

4. 인사팀이 중요한 이유

- 인사팀의 역량이 조직의 미래 경쟁력을 결정한다.
- HR은 단순 지원 부서가 아니라, 사람과 조직의 가능성을 현실로 만드는 부서이기 때문이다.
- 탁월한 인사팀은 조직을 위기에서도 무너지지 않게 하고, 리더를 성장시키며, 구성원의 잠재력을 실현시켜 조직 전체에 학습과 혁신의 DNA를 심어준다.

5. 팀 유형별 특징 요약

특징	기능적 팀	경량급 팀	중량급 팀	자율적 팀
프로젝트 관리자	없음	하급 또는 중간급 관리자	상급 관리자	상급 관리자
프로젝트 관리자의 권한	없음	낮음	높음	매우 높음
팀 활동에 대한 시간 배분	10%까지	25%까지	100%	100%
팀 구성원의 근무 장소	기능부서	기능부서	프로젝트 관리자와 같이 근무	프로젝트 관리자와 같이 근무

특징	기능적 팀	경량급 팀	중량급 팀	자율적 팀
팀 활동 기간	일시적	일시적	길지만 일시적임	영구적
팀 구성원의 평가	기능부서의 책임자	기능부서의 책임자	프로젝트 관리자와 기능부서의 책임자	프로젝트 관리자
팀과 기능부서 간의 잠재적 갈등 가능성	낮음	낮음	보통	높음
기능부서 간 통합의 정도	낮음	보통	높음	높음
기존 조직의 운영 절차와 일치 정도	높음	높음	보통	보통~낮음
적합한 유형의 프로젝트	일부 파생 프로젝트	파생 프로젝트	플랫폼 프로젝트 / 혁신 프로젝트	플랫폼 프로젝트 / 혁신 프로젝트

조언

HR은 직원을 채용하고 관리하는 기능을 넘어, 비즈니스 전략과 연동된 인재 확보 및 육성, 조직 문화 설계의 핵심 주체이다. 특히 M&A 시에는 두 조직의 문화적 충돌을 최소화하고 시너지를 극대화하는 데 결정적인 역할을 한다.

인수 vs 합병 :
전략적 선택

M&A 딜레마

M&A 자금 600억 원이 확보된 상황에서, AURION에게는 더 중요한 결정이 남아있었다. 어떤 방식으로 M&A를 진행할지가 관건이었다.

최강혁 CFO가 회의를 소집했고, 그의 노트북 화면에는 복잡한 재무 모델링 파일이 열려 있었다.

"자금은 준비되었고, 지금부터 본격적인 프로젝트가 시작됩니다."
"인수냐 합병이냐, 이 선택이 향후 통합 과정과 기업 구조를 결정할 것입니다."

"두 방식의 차이점이 그렇게 큰가요?"

"완전히 다른 접근입니다. 향후 5년간 우리가 어떤 조직 구조를 가질지 결정하는 문제입니다."

기업가치 분석과 지분 전략

최강혁이 본격적인 분석을 시작했다.
'M&A Structure Analysis : AURION vs Fast Innovation'이라는 제목의 EV/EBITDA 모델이 펼쳐졌다.

"먼저 기업가치를 검토해 보겠습니다."

최강혁의 손가락이 마우스를 빠르게 움직이며 자료를 제공하며 발표를 이어나
갔다.
"패스트 이노베이션 기업가치는 약 750~850억 원 범위가 적정할 것 같습니다.
우리는 패스트 이노베이션의 70~80%의 지분 취득을 목표로 합니다.

"그 정도 지분이면 경영권 확보가 확실한가요?"

"네. 주주총회 특별결의는 물론이고, 모든 핵심 의사결정을 우리가 통제할 수
있습니다."
최강혁이 계산을 확인하며 말했다.

"현실적으로 600억 원 예산 내에서 80% 확보가 가능할지는 협상에 달려 있
습니다. 우리 측 타깃 인수가치는 지분율 80% 수준인 약 600억 원으로 설정했
습니다."

최강혁이 다음 시트로 넘어가며 핵심 사항을 짚었다.
"그 다음 중요한 건 M&A 유형입니다."

합병 시나리오 : 위험한 올인

"흡수합병부터 보겠습니다."
최강혁이 빨간색으로 표시된 위험 요소들을 가리켰다.

"장점은 확실합니다. 완전 통합으로 연간 120억 원 비용 절감이 예상되고, 중복
부서 정리하면 EBITDA 마진이 현재 15%에서 22%까지 상승할 수 있습니다. 또

한 신주 발행으로 현금 지출을 줄일 수 있고, 완전한 의사 결정 통합으로 빠른 시너지 실현도 가능합니다. 세무상으로도 합병은 비과세 혜택을 받을 수 있어서 거래비용이 낮아집니다."

"단점은 어떤 것이 있을까요?"

"문제는 여기서부터입니다. 패스트 이노베이션의 부채 347억 원을 우리가 고스란히 떠안게 되고, AURION의 부채비율이 120%p가 오르게 됩니다. 더 큰 리스크는 잠재적 소송이나 환경오염 같은 우발 채무입니다. 만약 실사 과정에서 숨겨진 리스크가 발견되면 AURION이 모든 책임을 져야 합니다."

김민지가 통합 관점에서 추가로 제언했다.
"재무적 리스크 외에도 조직문화 충돌이 심각할 것으로 예상됩니다. AURION 평균 연령은 39세, 패스트 이노베이션은 49세입니다."

■ 인수 시나리오 : 스마트한 선택

최강혁이 녹색으로 표시된 인수 모델 자료를 공유했다.

"지분 70~80% 인수는 리스크를 관리하면서도 압도적 통제권을 확보할 수 있는 최적의 구조입니다. 법인이 분리되어 있으니 우발채무로부터 완전히 차단되고, 필요한 자산과 기술만 선택적으로 활용할 수 있습니다."

"장점에 대해 좀 더 구체적으로 설명해 주실 수 있을까요?"

"첫 번째는 리스크 관리입니다. AURION은 기존 회사 그대로 유지하면서, 필요한 기술과 인력만 전략적으로 끌어올 수 있습니다. 두 번째는 브랜드 전략입니다.

두 브랜드를 상황에 맞게 활용할 수 있고, 세 번째는 단계적 통합으로 문화적 충격을 최소화할 수 있다는 점입니다."

최강혁이 추가 설명을 덧붙였다.

"가장 중요한 것은 Exit 전략입니다. 만약 시너지가 기대만큼 나오지 않으면, 자회사 지분을 매각해서 손실을 제한할 수 있습니다. 합병은 되돌릴 수 없지만, 인수는 전략적 유연성을 유지할 수 있습니다."

"하지만 인수도 단점은 있습니다. 600억 원 현금 지출로 인한 유동성 부담, 그리고 자회사 형태로 인한 관리 복잡성입니다. 연결재무제표 관리, 이전가격세제 리스크, 배당 시 세무 부담 등 운영상 번거로움이 많습니다. 무엇보다 완전 통합 대비 시너지 실현 속도가 느릴 수 있습니다."

■ 현실적 검토

서유진이 태블릿에 메모를 하며 기술적 관점에서 질문했다.
"김도진 팀장 같은 핵심 인력 확보가 우선인데, 인수 구조에서도 기술 협력이 자유로울까요?"

최강혁이 즉답했다.
"자회사 관계에서는 오히려 더 자유롭습니다. 지적재산권 라이선스, 인력 파견, 공동 R&D 모두 세무상 유리한 조건으로 진행할 수 있습니다. 합병보다 훨씬 유용한 구조입니다."

이아름이 스마트폰으로 자료를 검색하며 마케팅 관점을 추가했다.
"요즘 MZ세대는 브랜드 스토리에 민감합니다. AURION의 혁신 이미지와 패스트 이노베이션의 장인정신을 각각 활용할 수 있다면 마케팅 포트폴리오가 훨씬 풍부해질 것입니다."

김민지가 실무적 관점을 제기했다.

"현금 600억 원 지출이 부담스럽긴 하지만, 지분 희석 없이 경영권을 확보할 수 있다는 점이 장기적으로 유리해 보입니다. 기존 주주들의 지분가치도 보호할 수 있고요."

류강준이 팀원들의 의견을 종합하여 정리했다.

"결국 단기적 현금 부담과 운영 복잡성을 감수하더라도, 장기적 리스크 관리와 전략적 유연성을 택하는 것이 더 나은 결정이라는 의견이군요."

데이터 기반 최종 결론

모든 논의를 종합한 최강혁 CFO가 결론을 제시했다.

"재무적 관점에서 인수를 추천합니다."
그가 최종 시뮬레이션 결과를 보여주었다.
"70~80% 지분 인수로 경영권을 확보하되, 단계별 통합 로드맵을 3단계로 나누어 진행하는 것입니다."

"1단계는 기술 협력과 인력교류, 2단계는 ERP 시스템 통합과 구매 시너지, 3단계는 조직 문화 융합과 브랜드 통합으로 순차적으로 진행할 수 있습니다."

류강준이 결정을 내렸다.
"분석 결과가 충분히 설득력이 있으므로, 70~80% 지분 인수를 통해 자회사로 편입하는 것으로 결정하겠습니다."

■■ 액션 플랜 수립

최강혁이 향후 계획을 정리했다.

"내부 전략은 확정되었으니, 이제 패스트 이노베이션 측에 접촉해야 합니다. 먼저 강철민 대표와의 비공식 미팅부터 시작해서 반응을 살펴보겠습니다."

"동시에 우리도 더 정밀한 실사를 준비해야 합니다. 재무제표 3년치 정밀 분석, 핵심인력 retention 계획, 현재 지분구조와 투자계약 조건 등을 파악해야 실제 협상 테이블에서 주도권을 잡을 수 있습니다. 특히 기존 투자자들의 계약 조건을 모르는 상황에서는 더욱 신중해야 합니다."

류강준이 오늘 회의 결과에 만족했다.

"CFO님 덕분에 명확한 방향을 잡았습니다. 이제 패스트 이노베이션과의 협상을 시작해 봅시다."

AURION의 새로운 도약을 위한 전략적 그림이 그려졌다. 이제 실제 M&A 협상이라는 진짜 승부가 기다리고 있었다.

실무 가이드 38 인수 vs. 합병

M&A에서 인수와 합병의 선택은 재무적 부담, 법적 리스크, 통합 복잡성을 종합적으로 고려한 전략적 결정이다. 각 방식의 특징과 장·단점을 명확히 이해하여 기업 상황에 최적화된 구조를 설계해야 한다.

인수 vs. 합병 전략적 선택

1. 인수와 합병의 기본 개념

- **인수(Acquisition)** : 한 기업이 다른 기업의 주식이나 자산의 상당 부분을 취득하여 경영권을 획득하되, 목표 기업이 독립 법인으로 존속하는 방식이다. 주식인수, 영업양수도, 자산양수도 등의 방법이 있다.

- **합병(Merger)** : 둘 이상의 기업이 법률적·사실적으로 하나의 단일 기업으로 결합되는 방식이다. 흡수합병(존속 합병)과 신설합병으로 구분되며, 피인수 기업은 법인격이 소멸된다.

- **핵심 차이점** : 인수는 별도 법인 유지로 지분율에 따른 통제, 합병은 완전 통합으로 단일 법인 운영이 특징이다.

2. 거래방식에 따른 특징 비교

- **Equity Transaction(주식거래)** : 주식양수도 거래 방식으로 회사의 모든 법적 권리와 책임 이전, 인수 지분율에 따른 경영권 인수, 장부 외 부채 존재 및 우발채무 발생 가능성이 있다.

- **Asset/Business Transaction(자산거래)** : 자산(부채)양수도에 의한 거래 방식으로 양수대상 자산·부채만이 이전되며, 경영진과 한 직원에 의한 거래, 자산소유권 이전 과정의 법적 문제 고려, 대출약정·담보현황 고려가 필요하다.

- **대표적 방법** : 구주 인수/신주 인수(Equity), 자산의 전부 또는 일부 취득/영업양수도(Asset)로 구분된다.

3. 합병의 장·단점 분석

- **장점** : ① 완전 통합으로 비용 절감 효과, ② 중복부서 정리로 EBITDA 마진

상승, ③ 신주 발행으로 현금 지출 최소화, ④ 완전한 의사결정 통합으로 빠른 시너지 실현, ⑤ 합병 시 비과세 혜택으로 거래비용 절약

- **단점** : ① 피인수기업 부채의 완전 승계, ② 부채비율 상승으로 재무구조 악화, ③ 잠재적 소송, 환경오염 등 우발채무 위험, ④ 조직문화 충돌 리스크, ⑤ 되돌릴 수 없는 비가역적 구조

4. 인수의 장·단점 분석

- **장점** : ① 법인 분리로 우발채무 완전 차단, ② 필요 자산·기술의 선택적 활용, ③ 두 브랜드의 전략적 활용 가능, ④ 단계적 통합으로 문화적 충격 최소화, ⑤ Exit 전략 유연성(지분 매각 가능), ⑥ 지적재산권 라이선스, 인력 파견 등 세무상 유리한 협력 구조
- **단점** : ① 현금 지출로 유동성 부담, ② 자회사 관리의 운영 복잡성, ③ 연결재무제표, 이전가격세제 등 관리 부담, ④ 배당 시 세무 부담, ⑤ 완전 통합 대비 시너지 실현 속도 지연

5. 실무적 고려사항

- **재무구조 관리** : 인수는 현금 부담이 크지만 부채 승계 리스크가 없어 안전한 구조이다.
- **통합 전략** : 3단계 통합 로드맵(① 기술협력·인력교류, ② ERP시스템 통합·구매시너지, ③ 조직문화 융합·브랜드 통합)을 단계별 추진이 효과적이다.
- **세무 최적화** : 인수구조에서 자회사 관계의 세무혜택(라이선스, 파견, 공동 R&D)을 적극 활용해야 한다.
- **리스크 관리** : 합병은 모든 리스크 승계, 인수는 선택적 리스크 관리가 가능하다.

조언

인수 vs. 합병 선택은 단기적 비용보다 장기적 전략적 유연성을 우선해야 한다. 특히 스타트업과 제조업체 간 문화 차이가 큰 경우, 인수를 통한 단계적 접근이 위험을 최소화하면서 시너지를 극대화할 수 있는 현실적 대안이다. 현금 부담과 운영 복잡성을 감수하더라도 되돌릴 수 있는 구조를 유지하는 것이 전략적으로 유리하다.

기술과 사람 :
인수의 조건

■ M&A 준비

Series B 투자 유치에 성공한 AURION은 더 이상 망설이지 않았다. 패스트 이노베이션 인수를 통한 완전 수직계열화, 이제 실행 단계였다.

패스트 이노베이션은 지난 3년간 AURION의 핵심 OEM 파트너였다. AURION 제품 생산량의 75%를 담당하며 긴밀한 협력관계를 유지해왔다. 하지만 글로벌 시장 진출과 IPO를 앞둔 상황에서 단순한 OEM 관계로는 한계가 있었다.

■ 전략적 접근과 제안

첫 움직임은 최강혁 CFO가 주도했다. M&A는 타이밍과 접근 방식이 생명이었다. 갑작스러운 제안보다는 자연스러운 대화 속에서 가능성을 타진하는 것이 중요했다.

최강혁은 먼저 강철민 대표와의 개별 면담을 진행했다. 장소는 패스트 이노베이션 평택 본사였다. 정기 품질 검토 미팅 후 개인적인 차담이라는 명목으로 자리를 마련했다.

"강 대표님, 오늘 공장라인 점검은 정말 인상적이었습니다."
최강혁이 운을 띄웠다.

"특히 패스트 이노베이션의 공정 최적화 시스템은 솔직히 업계에서도 보기 힘든 높은 수준이었습니다."

강철민 대표가 흡족한 표정을 지었다.

"30년 이 일 해오면서 가장 자랑스러운 것은 우리 회사의 인재들입니다."

최강혁이 조심스럽게 말을 이어갔다.

"AURION이 2027년 IPO를 준비하면서 여러 전략을 검토하고 있는데, 패스트 이노베이션과의 관계를 어떻게 발전 시켜나갈지 고민이 많습니다."

"어떤 점이 고민이신가요?"

강철민 대표가 호기심을 보였다.

최강혁이 조심스럽게 핵심적인 이야기를 시작했다.

"현재 OEM 관계로는 한계가 있어 보입니다. 해외 고객들이 요구하는 품질 일관성과 납기 준수율, 그리고 기술 보안 문제들을 생각하면 더 긴밀한 협력체계가 필요한 시점 같습니다."

"구체적으로 어떤 한계를 말씀하시는 건가요?"

최강혁이 자료를 제시하며 설명했다.

"글로벌 시장에서는 공급망 투명성이 핵심입니다. 특히 ISO 27001 보안 인증이나 IATF 16949 품질 시스템을 요구하는 고객들이 늘고 있거든요. 현재 OEM 구조로는 이런 요구사항들을 완벽하게 충족하기 어렵습니다."

강철민 대표가 진지하게 자료를 살펴보며 물었다.

"그럼 어떤 방안을 생각하고 계십니까?"

최강혁은 잠시 침묵한 후, 조심스럽게 본론을 꺼냈다.
"AURION이 패스트 이노베이션을 인수하는 방안입니다. 진정한 기술 통합을 통해 글로벌 경쟁력을 확보하는 전략적 M&A입니다."

강철민 대표의 표정이 순식간에 굳어졌다.
"인수요?"

"네. 다만, 일반적인 M&A와는 다릅니다. 저희가 제안하는 것은 상생형 인수입니다."

"그게 무슨 의미인가요?"

최강혁이 본격적인 설명을 시작했다.
"첫 번째, 패스트 이노베이션의 경영 독립성을 보장합니다. 강 대표님께서 계속 CEO로서 회사를 이끌어 주시고, 주요 의사결정에 대한 자율권도 그대로 유지됩니다."

"두 번째, 기술 통합과 시너지 창출입니다."
최강혁이 태블릿으로 시뮬레이션 자료를 보여주며 계속 이야기를 이어 나갔다.
"오히려 AURION의 설계 기술과 패스트 이노베이션의 생산 기술을 완전히 통합하면, 제품 개발 리드타임을 40% 단축할 수 있습니다. 품질도 현재보다 15% 이상 향상될 것으로 예상됩니다."

"세 번째, 글로벌 진출 기회입니다."

"AURION이 확보한 북미와 유럽 고객들에게 패스트 이노베이션의 기술력을 직접 어필할 수 있습니다. 김도진 총괄 같은 핵심 인력들도 더 큰 무대에서 역량을 발휘할 수 있을 거라 생각합니다."

"마지막으로, 임·직원 처우입니다."
"기존 임·직원 감축은 전혀 없을 뿐만 아니라, 강 대표님과 핵심 임·직원들의 처우는 현재보다 대폭 개선해 드릴 수 있습니다. 인수 후에도 모든 직원이 안정적으로 근무할 수 있도록 보장하겠습니다."

강철민 대표가 잠시 생각에 잠긴 후 말했다.
"흥미로운 제안이기는 하네요. 하지만 패스트 이노베이션은 제가 30년간 일군 회사입니다. 쉽게 결정할 수 있는 문제가 아닙니다."

"당연합니다."
최강혁이 이해한다는 표정으로 답했다.

"충분히 검토해 보시고 의견 부탁드립니다. AURION의 구체적인 비전과 조건들을 한번 살펴보시면 결정에 도움이 될 것 같습니다."

류강준의 직접 설득

3일 후, 최강혁으로부터 보고를 받은 류강준이 직접 나섰다. 강철민 대표의 망설임을 해소하려면 CEO 대 CEO의 진정성 있는 대화가 필요하다고 판단했기 때문이다.

"강 대표님, 바쁘신 중에 시간 내주셔서 감사합니다."

류강준이 패스트 이노베이션 본사 응접실에서 정중하게 인사했다.

"최강혁 이사로부터 말씀을 전해 들었는데, 솔직히 저도 이해합니다. 30년간 키워온 회사를 남에게 맡긴다는 것이 쉬운 결정은 아니죠."

강철민 대표가 진지한 표정으로 답했다.
"류 대표님이 직접 오셨다는 것은 그만큼 진정성이 있다는 뜻으로 받아들이겠습니다. 하지만 여전히 고민이 많습니다."

"어떤 부분이 가장 걱정되시나요?"
류강준이 진솔하게 물었다.

"패스트 이노베이션의 정체성과 직원들이죠."
강철민 대표가 창밖을 바라보며 말했다.
"30년 함께해온 직원들이 있고, 우리만의 기술 문화가 있습니다. AURION에 인수되면 이런 것들이 사라지지 않을까 걱정됩니다."

류강준이 강철민 대표 쪽으로 몸을 앞으로 기울이며 진심을 담아 말했다.
"강 대표님, 저희가 원하는 것은 패스트 이노베이션을 바꾸는 것이 아닙니다. 오히려 강 대표님이 30년간 쌓아온 그 가치들을 AURION과 함께 더 큰 무대에서 펼치는 것입니다."

"조건에 대해서 조금 더 구체적으로 말씀해 주실 수 있나요?"
강철민 대표가 물었다.

"첫째, 경영 독립성입니다."

"강 대표님께서 계속 CEO로 회사를 이끌어 주시고, 주요 의사결정은 자율권을 보장드립니다.

둘째, 직원 처우 개선입니다. 기존 연봉 10% 이상 인상은 기본이고, AURION 성장에 따른 인센티브도 함께 드리겠습니다."

류강준이 더욱 구체적으로 설명을 이어갔다.

"그리고 생산 전략 부분입니다. 현재 AURION 파주 생산라인의 CAPA 부족 문제와 해외 진출을 위한 생산법인 설립 계획이 있습니다. 패스트 이노베이션에서는 건설, 물류, 스마트팩토리 분야 위주로 생산하면서 내수와 해외 수출에 대응하고, AURION 파주 공장은 스마트팜, 지자체 물량을 담당하는 이원화 전략을 구상하고 있습니다."

강철민 대표가 관심을 보였다.

"사실 저희도 가동률이 95%에 육박하면서 추가 증설 계획을 검토하고 있었습니다. 하지만 자금 조달이 쉽지 않은 상황이었거든요."

"바로 그 부분입니다. 가장 중요한 것은, 김도진 팀장님 같은 핵심 인력분들에게 더 큰 기회를 드리고자 합니다. AURION이 해외 진출을 본격화하면, 패스트 이노베이션의 기술력을 전 세계에 알릴 수 있습니다. 이런 기회는 지금이 아니면 다시 오기 어려울 것입니다."

강철민 대표의 눈빛이 흔들리기 시작했다.

"해외 진출이라..." 강철민 대표는 패스트 이노베이션을 운영하면서 해외 진출에 대한 갈증을 품고 있었기 때문이었다.

"AURION의 기술력과 패스트 이노베이션의 생산 노하우가 만나면, 분명 글로벌 시장에서도 경쟁력을 인정받을 수 있을 것입니다. 특히 김도진 팀장님을 AURION 생산 본부장으로 모시면서 해외법인 설립도 함께 추진하려고 합니다."

강철민 대표는 잠시 숙고한 뒤 말했다.
"류 대표님 말씀을 들으니 정말 동반 성장을 생각하고 계시는군요."

"그렇습니다."
류강준이 진심을 담아 말했다.

"저희는 패스트 이노베이션을 필요로 하지만, 패스트 이노베이션도 AURION을 통해 더 큰 꿈을 실현할 수 있다고 믿습니다."

강철민 대표가 잠시 침묵한 후 결정했다.
"좋습니다. 구체적인 조건을 검토해 보겠습니다."

이후 여러 차례의 예비 협의 끝에 양측은 긍정적인 검토 의사를 밝히고 2022년 9월 비밀유지계약서 및 양해각서를 체결하였다.

■ 전문가들의 실사 진행

최강혁은 즉시 TF팀을 구성했다. 서유진 CTO는 기술 실사, 이아름 디렉터는 시장 분석, 김민지 인사전략 본부장은 조직 통합 방안을 각각 담당했다.

패스트 이노베이션 재무 실사는 미래회계법인 한상진 공인회계사가 맡았다. 3년간의 재무제표와 관련 회계자료를 면밀히 검토한 결과 몇 가지 주요 이슈가 발견되었다.

"미수금 회전일수가 평균 67일로 업계 표준보다 23일 길고, IT 인프라 노후화로 인한 교체 비용이 12억 원 정도 예상됩니다."

한상진 회계사가 분석 결과를 정리했다.

법률 실사는 정의법무법인 박시현 변호사가 담당했다. 각종 계약서와 특허, 소송 이력을 검토하던 중 하나의 공급계약 조항에서 손을 멈췄다.

"이 독점 공급계약 조항이 문제가 될 수 있습니다."

박 변호사가 형광펜으로 해당 부분을 표시하며 말했다.

"10년간 특정 부품을 독점 공급받는 조건인데, 가격 조정 권한이 공급업체에 있습니다. 협상에서 반드시 재검토해야 할 것 같습니다."

■■ 예상치 못한 보물 발견

기술 실사에서 서유진이 직접 패스트 이노베이션 공장을 방문했다. 생산 공정, 품질관리 체계, AURION 기술과의 호환성에 대하여 하나씩 점검했다.

그러던 중, 예상치 못한 가치를 발견했다.

"패스트 이노베이션이 개발한 공정 최적화 알고리즘이 상당한 수준입니다. 이 공정 개발을 주도한 인물이 김도진 팀장입니다."

서유진이 태블릿에 메모를 하며 말했다.

"문서화되지 않은 암묵지이지만, 생산 효율을 27% 향상시키는 핵심 노하우입니다. 이것은 향후 AURION과 패스트 이노베이션 기업가치에 긍정적 영향을 미칠 요소입니다."

서유진은 즉시 최강혁에게 메시지를 보냈다.

"김도진 팀장은 반드시 확보해야 할 핵심 인재입니다. 협상 전략에 포함시켜 주세요."

실사 결과가 발표되었다.

1. 위험 요소

- IT 인프라 노후화 : 12억 원 투자 필요
- 불리한 독점 공급계약 : 재협상 필요
- 미수금 회수 지연 : 23억 원 규모

2. 핵심 자산

- 김도진의 생산 최적화 노하우 : 효율성 27% 향상
- 숙련된 핵심 인력 23명 : 평균 경력 12년
- 안정적 고객 기반 : 3년 이상 장기계약 85%

■ 복잡한 지분 구조의 발견

실사 과정에서 최강혁은 중요한 사실을 발견했다. 패스트 이노베이션의 주주 구성이었다.

"주주명부를 확인해 보니…"

최강혁이 엑셀 파일을 열며 팀원들에게 설명했다.

"강철민 대표 78%, 기관투자자(벤처캐피털) 15%, 소액주주 7%로 구성되어 있습니다."

"그럼 우리가 목표로 하는 70~80% 지분 확보가 가능한가요?"

"여기서 복잡해집니다."

최강혁이 투자계약서를 펼치며 말을 이어 나갔다.
"기관투자자 투자계약에 TAG ALONG 조항이 있습니다. 강철민 대표가 지분을 매도할 때, 기관투자자도 동일한 비율로 함께 매도할 권리를 갖고 있다는 뜻입니다."

"그럼 실제로는 어떻게 되는 건가요?"

"먼저 소액주주 7%를 전량 정리하면 59.5억 원이 필요하고, 잔여 540.5억 원으로 강철민 대표와 기관투자자 지분을 인수하는 구조입니다."
최강혁이 전자 칠판에 계산식을 그리며 설명했다.

김민지가 계산기를 두드리며 내용을 따라갔다.
"강철민 대표 78%와 기관투자자 15%를 합치면 93%인데, 이 비율대로 매도가 진행되는 것이군요."

최강혁이 상세하게 설명을 이어 나갔다.
"기업가치를 850억 원으로 산정했을 때, 600억 원으로 70.6% 지분 확보가 가능합니다. 강철민 대표 53.3%, 기관투자자 10.3%, 소액주주 7%를 합친 비율입니다."

서유진이 정리하며 물었다.
"600억 원으로 70.6% 지분 취득이니까 우리 목표 범위 70~80% 내에서 하한선이네요?"

"맞습니다."

최강혁이 답했다.

"인수 후 지분 구조는 AURION 70.6%, 강철민 대표 24.7%, 기관투자자 4.7%가 됩니다. 강철민 대표는 여전히 24.7% 지분을 보유하면서 경영에 참여하는 파트너십 구조입니다."

■ 협상 테이블의 긴장감

실사 완료 후 본격적인 인수 가격 협상이 AURION 본사에서 진행되었다.

류강준이 먼저 기업가치를 제시했다. 패스트 이노베이션의 기업가치를 850억 원 대신 750억 원으로 먼저 제안하였다.

"실사 결과를 종합해서 패스트 이노베이션의 기업가치를 750억 원으로 평가했습니다."

강철민 대표가 반박했다.

"AURION 측에서 제시한 750억 원은 패스트 이노베이션의 기업가치를 낮게 평가한 것 같습니다. 시장 상황과 우리의 성장 잠재력을 고려하면 1,000억 원이 적정 수준이라고 봅니다."

최강혁이 차분히 응답했다.

"강 대표님, 실사 결과를 바탕으로 산정한 가격입니다. IT 인프라 교체 비용 12억 원, 미수금 회수 지연 리스크 등을 고려한 현실적인 평가입니다."

"하지만 김도진 팀장의 생산 최적화 노하우나 3년 이상 장기계약 고객 85% 유지율 등 우리만의 경쟁력은 어떻게 평가하신 건가요?"

강철민 대표가 반박했다.

최강혁이 잠시 팀원들과 눈을 마주친 후 말했다.
"그 부분도 충분히 검토했습니다. 다만 1,000억 원과 750억 원의 차이는 너무 큽니다."

회의실에 긴장감이 흘렀다. 양측 모두 한 발씩 물러서지 않는 상황이었다.

류강준이 중재안을 제시했다.
"850억 원 기업가치로 조정하되, 옵션을 추가하는 것은 어떨까요? 경영성과 목표 달성 시 추가 보상을 드리는 구조로 말입니다."

강철민 대표가 잠시 고민한 후 답했다.
"850억 원에 성과 연동 옵션이라... 구체적인 조건을 들어보겠습니다."

류강준은 준비한 제안서를 펼쳤다.

▪▪ AURION의 종합 제안 패키지

1. 경영권 보장

- 강철민 대표, 패스트 이노베이션 CEO 보장(6년간)
- 주요 경영 의사결정 자율권 보장
- 경영성과 10% 상승 시 추가 상여금(연 최대 2억 원)
- 패스트 이노베이션 스톡옵션 부여(3%)

2. 핵심 인력 처우 개선

- 패스트 이노베이션 임·직원 감축 없음
- 기존 연봉 10% 이상 인상(즉시 적용)
- 경영성과 10% 상승 시 추가 상여금(연 최대 500만 원)
- 패스트 이노베이션 스톡옵션 부여(핵심 인력 10명 대상, 1%)

3. 김도진 팀장 특별 대우

- 6개월 후 AURION 생산 본부장 발탁
- 해외 생산법인 설립 프로젝트 총괄
- 연봉 30% 인상 및 해외 근무 수당 별도 지급

강철민 대표의 표정이 서서히 변화하기 시작했다. 패스트 이노베이션은 그의 30년 노력의 결실이었지만, AURION과 함께하면 더 큰 무대에서 기술을 펼칠 수 있다는 점을 충분히 이해하고 있었다.

"좋습니다."
강철민 대표가 잠시 고민 후 결정을 내렸다.
"그 조건으로 진행하겠습니다."

■■ 계약 체결과 통합 계획

몇 주간의 세부 조율 후 계약서에 양측 대표의 서명이 완료되었다.

〈최종 인수 조건〉

- 인수 가치 : 850억 원

- 지분 취득률 : 70.6%(TAG ALONG 조항 적용)
- 강철민 대표 : 경영권 보장 3년
- 김도진 팀장 : 6개월 후 AURION 합류, 생산 본부장 발탁

인수 후 PMI(Post-Merger Integration)는 김민지가 총책임자로 나섰다. 재무, 생산, IT, 마케팅 부문이 동시다발적으로 통합 작업을 시작했다.

가장 중요한 성과는 김도진 생산팀장의 전략적 활용 계획이었다.

"김도진 팀장님,"
류강준이 진지한 표정으로 제안을 전달했다.

"6개월 동안 패스트 이노베이션 시스템을 안정화하시고, 그 후에는 AURION에 합류해 주시길 부탁드립니다. 생산 본부장으로서 글로벌 생산 확장을 이끌어 주신다면, 우리 기술은 진정으로 세계로 뻗어 나갈 수 있을 것입니다."

김도진이 신중하게 답했다.
"사실 고민이 없었던 것은 아닙니다. 하지만 패스트 이노베이션에서 쌓은 경험을 AURION과 함께 더 큰 무대에서 활용할 수 있다면 의미 있는 도전이 될 것 같습니다."

2022년 12월, 이로써 AURION은 패스트 이노베이션 인수를 통한 완전 수직계열화를 달성했다.

39 M&A의 전략적 동기와 통합 유형

기업이 M&A를 추진하는 동기는 다양하지만, 궁극적으로는 기업가치 증대와 지속 가능한 성장을 위한 전략적 수단이다. 성공적인 M&A 실행을 위해서는 명확한 동기 설정과 적합한 통합 방식 선택이 핵심이다.

M&A의 주요 동기와 통합 전략 핵심 사항

1. M&A의 전략적 동기

- **시장지배력 강화** : 경쟁사와의 통합을 통해 시장 점유율을 확대하고 가격결정력을 높여 수익성을 개선한다. 특히 성숙한 시장에서 경쟁우위를 확보하는 효과적인 방법이다.

- **규모의 경제 실현** : 생산량 증가에 따른 단위당 고정비 절감, 원재료 구매력 증대, 중복 기능 통합을 통한 비용 효율성을 달성한다.

- **범위의 경제 추구** : 기존 자원과 역량을 활용하여 새로운 제품이나 시장으로 확장함으로써 시너지를 창출한다.

- **핵심역량 확보** : 기술, 특허, 브랜드, 인재 등 경쟁우위의 원천이 되는 무형자산을 빠르게 획득한다.

2. 수평적 통합(Horizontal Integration)

- **정의** : 동일한 산업 내에서 경쟁 관계에 있는 기업 간의 결합으로, 시장 점유율 확대와 경쟁 강도 완화가 주목적이다.

- **전략적 효과** : 중복 기능 제거를 통한 비용 절감, 협상력 강화, 브랜드 포트폴리오 다양화가 가능하다.

- **주의 사항** : 공정거래법상 경쟁 제한성 심사 대상이므로 사전 검토가 필수적이다. 허핀달-허쉬만 지수(Herfindahl-Hirschman index, HHI)와 시장 점유율을 고려한 공정위 심사를 거쳐야 한다.

3. 수직적 통합(Vertical Integration)

- **전방통합** : 유통 업체나 최종 소비자에게 더 가까운 단계로의 통합으로, 마진 확대와 고객 접근성 향상을 목표로 한다.

- **후방통합** : 원재료나 부품 공급업체와의 통합으로, 공급망 안정성 확보와 원가 절감을 추구한다.

- **장점** : 거래비용 절감, 품질 통제력 강화, 공급망 리스크 감소가 가능하다.

- **단점** : 투자 부담 증가, 경영 복잡성 확대, 시장 변화에 대한 대응력 저하 위험이 있다.

4. 사업다각화 전략

- **관련 다각화** : 기존 사업과 연관성이 있는 분야로의 확장으로, 기술이나 마케팅 시너지를 활용할 수 있다.

- **비관련 다각화** : 기존 사업과 무관한 새로운 사업 영역 진출로, 포트폴리오 리스크 분산 효과를 얻을 수 있다.

- **실행 고려사항** : 다각화 성공을 위해서는 경영 자원과 핵심 역량의 공유 및 이전이 활발하게 이루어져야 한다.

5. 사업구조조정 동기

- **선택과 집중** : 핵심 사업에 자원을 집중하기 위해 비핵심 부문을 매각하거나 분리한다.
- **재무 구조 개선** : 부실 자산 정리를 통한 재무건전성 회복과 현금흐름 개선을 도모한다.
- **구조조정 전략** : 한국에서는 정부 주도의 구조조정 과정에서 M&A가 활발하게 활용되고 있다.

조언

M&A의 성공은 명확한 전략적 목적 설정에서 시작된다. 시장 상황과 기업 역량을 종합적으로 분석하여 최적의 통합 방식을 선택하고, 충분한 사전 검토를 통해 리스크를 최소화하는 것이 핵심이다.

실무 가이드 40 M&A 실사, 협상, 그리고 PMI

M&A는 기업이 빠르게 성장하고 핵심 역량을 확보하는 강력한 수단이지만, 그 과정은 매우 복잡하고 위험할 수 있다. 철저한 준비와 실행이 필요하다.

M&A 진행 시 주요 단계와 핵심 고려 사항

1. M&A 전략 수립 및 대상 선정

- **목적 명확화** : 왜 M&A가 필요한지(시장지배력 증대, 수직계열화, 기술 확

보, 인재 영입 등) 분명히 해야 한다.

- **후보 기업 평가** : 재무 성과, 자산 가치, 시장지위, 제품 라인, 경영진의 자질, 필요 자본 등을 종합적으로 평가하여 최적의 대상을 선정한다.

2. 실사(Due Diligence, DD)

- **정의** : 대상 기업의 숨겨진 위험과 가치를 파악하기 위한 종합적인 검증 과정이다.
- **주요 종류**
  - **재무 실사(Financial DD)** : 수익성, 자산, 부채(우발 채무 포함) 등을 분석
  - **법률 실사(Legal DD)** : 계약, 소송, 지적재산권, 규제 준수 여부 등 법률적 위험 검토
  - **상업/기술 실사(Commercial/Technical DD)** : 시장 환경, 사업 전망, 기술력, 생산 역량, 시너지 등을 평가
  - **IT 실사(IT DD), 세무 실사(Tax DD) 등** : IT 시스템, 세무 관련 이슈 등 특정 분야 심층 검토
- **이슈** : 실사 결과는 대상 기업의 최종 인수 가격과 거래 조건에 큰 영향을 미치며, '거래중단 요소(Deal Breaker)'를 발견할 수도 있다.

3. 협상(Negotiation) 및 거래 종결(Closing)

- **가치평가** : 실사 결과를 바탕으로 대상 기업의 최종 가치를 평가하고, 이를 기준으로 매도인과 협상을 진행한다.
- **치열한 줄다리기** : 가격뿐만 아니라 지분율, 계약 조건, 인수 후 역할 등 다양한 요소에 대해 양측의 이해관계가 첨예하게 대립한다.
- **본계약 체결** : 합의된 최종 조건에 따라 법적 효력을 갖는 본 계약을 체결하고 대금을 지급한다.

4. 인수 후 통합(PMI : Post-Merger Integration)

- **정의** : M&A의 성공 여부를 결정하는 가장 중요한 단계이다. 인수된 기업을 통합하여 기대했던 시너지를 실현하고, 효율적인 조직을 만드는 과정이다.
- **주요 통합 영역**
  - **조직/인사** : 조직 개편, 핵심 인력 관리, 고용/보상 정책, 조직 문화 통합
  - **생산/운영** : 생산 라인 통합, 공급망 관리, 품질 관리 시스템 통합
  - **재무/회계** : 재무 시스템 통합, 보고 체계 수립
  - **IT/시스템** : ERP 등 IT 시스템 통합
  - **전략/마케팅** : 통합된 비전, 마케팅 전략 재수립
- **주요 역기능 및 리스크** : 인수 자금 부담, 문화 통합 실패(가장 큰 실패 요인), 핵심 인력 이탈 위험, 예상 시너지의 불확실성

조언

M&A는 장기적인 성장 전략의 핵심이며, 특히 PMI는 복잡하고 어려운 과정이므로 철저한 계획과 실행, 그리고 최고 경영진의 강력한 리더십이 필수적이다. 성공적인 PMI만이 M&A의 진정한 가치를 창출한다.

실무
가이드 **41** **PMI 전략**

M&A에서 PMI(Post-Merger Integration)는 두 기업의 물리적 결합을 넘어 실질적 시너지를 창출하는 핵심 과정으로, M&A 가치 창출의 70% 이상이 이 단

계에서 결정된다. 성공적인 PMI는 체계적 계획과 전문적 실행이 필수다.

PMI 성공을 위한 핵심 실무 전략

1. PMI의 전략적 중요성

- **시너지 실현의 핵심** : 비용 절감(Cost Synergies)과 수익 증대(Revenue Synergies) 효과는 PMI에서 구체화 된다. 단순 합병이 아닌 화학적 결합을 통해 1+1 > 2의 효과를 창출해야 한다.
- **실패 방지** : PwC 조사에 따르면 M&A 실패 원인의 65%가 PMI 부족에서 기인한다. 조직문화 충돌, 핵심인력 이탈, 고객 이탈 등을 사전 예방해야 한다.
- **가치 극대화 시점** : 맥킨지 연구에 따르면 M&A 후 1-2년 내에 비용 절감 효과가 크게 나타나며, 이후 실패 가능성이 높아진다.

2. 비용절감 시너지 창출 전략

- **중복 기능 통합** : 재무, HR, IT, 구매 등 백오피스 기능의 체계적 통합을 통해 운영비 절감을 달성한다.
- **규모의 경제 실현** : 원재료 구매력 강화, 생산시설 효율화, 물류 최적화를 통한 단위당 비용 절감을 추진한다.
- **조직 재편** : 중복 인력 조정과 동시에 핵심 인재 유지를 위한 세심한 인력 관리가 필요하다.

3. 수익증대 시너지 확보 방안

- **교차판매(Cross-selling)** : 기존 고객에게 확장된 제품/서비스 포트폴리오를 제공하여 고객당 수익을 증대한다.

- **시장 확대** : 상호 판매망과 고객 기반을 활용한 지리적, 고객군 확장을 도모한다.
- **기술 융합** : 양사의 기술 자산을 결합하여 혁신적 제품 개발과 경쟁력 강화를 추진한다.

4. 단계별 PMI 실행 프레임 워크

- **Pre-closing** : 거래 완료 전 단계에서 통합 계획 수립, 전담 조직 구성, 핵심 이슈 파악을 완료한다.
- **Day 1 준비** : 거래 완료 즉시 운영 연속성 확보, 주요 이해관계자 커뮤니케이션, 기본 통합 작업 착수한다.
- **100일 계획** : 초기 Quick Win 달성, 중장기 통합 로드맵 실행, 문화 통합 프로그램 가동한다.
- **장기 통합** : 완전한 운영 통합, 시너지 목표 달성, 성과 측정 및 지속적 개선을 수행한다.

5. 핵심 성공 요인

- **전담 조직 운영** : PMI Office 설치를 통한 전사적 통합 관리와 의사결정 체계를 확립한다.
- **커뮤니케이션 강화** : 임·직원, 고객, 투자자에게 투명하고 지속적인 소통을 통해 불확실성을 해소한다.
- **문화 통합** : 양사의 조직문화를 이해하고 새로운 통합 문화를 창조하여 구성원의 몰입도를 높인다.
- **고객 관계 유지** : PMI 과정에서 발생할 수 있는 서비스 중단을 최소화하고 고객 이탈을 방지한다.

6. 주요 위험 요소와 대응책

- **핵심인력 이탈** : 조기 리텐션 프로그램, 역할 명확화, 경력 발전 기회 제공으로 대응한다.
- **IT 시스템 통합** : 단계적 시스템 통합, 데이터 마이그레이션 계획, 백업 시스템 운영으로 리스크를 관리한다.
- **법규 준수** : 공정거래법, 노동법 등 관련 법규 검토와 준수 체계를 구축한다.

조언

PMI는 M&A의 진정한 성패를 결정하는 단계다. 거래 완료 전부터 체계적 계획을 수립하고, 전문가와 함께 단계별로 실행하며, 무엇보다 '사람'을 중심으로 한 통합에 집중해야 한다. 성급한 통합보다는 지속 가능한 화학적 결합을 추구하는 것이 핵심이다.

국경 너머의 도전 :
글로벌 진출

■■ 통합의 성과와 새로운 도전

패스트 이노베이션 인수 3개월 후, AURION은 예상을 뛰어넘는 시너지를 창출하고 있었다. 김민지가 주도한 PMI 프로젝트가 성공적으로 마무리되면서, 두 회사의 기술력이 완벽하게 결합되었다.

가장 큰 성과는 김도진의 AURION 합류였다. 약속한 대로 6개월 후 AURION 생산본부장으로 취임한 그는, 패스트 이노베이션의 정밀 제조 노하우를 AURION 전체 생산라인에 적용했다. 이현수 영업 디렉터가 전국 현장을 누비며 대형 계약을 확보했고, 이아름 디렉터는 정확한 시장 분석으로 브랜드 포지셔닝을 강화했다.

"생산 효율이 27% 향상되었고, 불량률은 0.3%까지 낮췄습니다."
김도진이 월간 경영진 미팅에서 보고했다.

"이제 우리 제품 품질은 독일 기업들과 동등한 수준입니다."

숫자가 성과를 증명했다. 분기 매출 312억 원, 신규 계약 47건, 통합 생산라인 가동률 60%. AURION은 국내 기후테크 시장에서 뚜렷한 존재감을 드러냈다. 하지만 류강준의 시선은 이미 더 큰 무대를 향하고 있었다.

◨ 글로벌 시장의 현실

"국내 성장만으로는 한계가 명확합니다."

류강준이 전략 회의에서 단호하게 말했다.

"진짜 게임 체인저가 되려면 미국 시장 진출이 필수입니다."

최강혁이 준비한 시장 분석 자료가 대형 디스플레이에 나타났다.

"미국 에너지 관리 시스템 시장 규모가 408억 달러에 달합니다. 그중 AI 기반 에너지 효율 솔루션 부문은 연평균 34% 성장하고 있습니다. AURION의 핵심 사업 영역이지요."

서유진이 기술적 관점을 제시했다.

"미국 고객들의 기술 요구 수준이 국내보다 훨씬 높습니다. AI 예측 정확도 97% 이상, 실시간 데이터 처리 속도도 밀리초 단위를 요구합니다. 특히 2023년 부터는 AI와 디지털 트윈 기술 통합이 필수 조건이 되었습니다."

이아름이 마케팅 현실을 지적했다.

"문제는 경쟁 환경입니다. 독일의 Climate Solutions은 이미 텍사스와 캘리포니아에 현지 생산기지를 확보했습니다. 한국에서 수출하면 관세 15%에 물류비 8%까지 더해져서 가격 경쟁력을 완전히 잃게 됩니다."

김도진이 제조업체 관점에서 내용을 보완했다.

"납기도 문제입니다. 한국에서 생산해서 미국까지 운송하면 45일이 걸리는데, 현지 경쟁사들은 12일 안에 납품이 가능합니다. 이것은 기술력으로 극복할 수 있는 차이가 아닙니다."

■ L-에너지와의 전략적 제휴

회의실에 잠시 고민의 시간이 흘렀다. 그러던 중, 류강준이 전혀 다른 관점을 제시했다.

"제가 L-에너지에서 근무했던 경험을 활용해 보면 어떨까요?"
그가 조심스럽게 말했다.

"L-에너지는 이미 미국에서 10년간 사업을 해온 경험이 있고, 현지 네트워크도 확고합니다."

"구체적으로 어떤 협력 방안을 생각하고 계시나요?"

"3자 조인트벤처를 제안해 보겠습니다."
류강준이 자신감 있는 목소리로 말했다.

"AURION의 기술력, L-에너지의 자본력과 네트워크, 현지 기업의 인프라를 결합하는 것입니다."

최강혁이 즉시 전략적 가치를 파악했다.
"IPO를 목표로 둔 상황에서 해외 자회사를 포함시킬 수 있다면 기업가치 평가에도 큰 도움이 될 것입니다."

■ L-에너지 본사 미팅

일주일 후, 류강준은 AURION 팀원들과 함께 L-에너지 본사를 방문했다.

L-에너지 측에서는 김태호 전략기획실장, 이수정 신사업팀장, 장민석 재무팀

장, 박성진 기술팀장이 미팅에 참석했다.

"류 대표님이 AURION에서 이런 성과를 내실 줄 알았습니다."
김태호 전략기획실장이 반가운 표정으로 인사했다.

"미국 진출 제안을 들었는데, 흥미로운 아이디어네요."

류강준이 본격적인 제안을 시작했다.
"AURION이 50%, L-에너지가 25%, 미국 현지 기업이 25% 지분을 갖는 JV를 제안합니다. 총 투자 규모는 600억 원이고, AURION이 300억 원, L-에너지가 150억 원, 현지 기업이 150억 원을 출자하는 구조입니다."

장민석 재무팀장이 관심을 보였다.
"L-에너지 입장에서는 초기 투자 대비 안정적인 수익을 기대할 수 있겠네요. AURION의 기술력은 이미 검증되었고요."

최강혁이 투자 계획을 설명했다.
"AURION은 300억 원의 자금을 투입할 예정입니다. L-에너지는 150억 원을 참여해 주시면 좋을 것 같습니다."

박성진 기술팀장이 기술적 시너지를 언급했다.
"L-에너지의 에너지 저장 기술과 AURION의 AI 예측 시스템을 결합하면 차별화된 통합 솔루션을 만들 수 있을 것 같습니다. 특히 2025년 트렌드인 AI 기반 에너지 최적화가 핵심입니다."

■ JV 구조 논의

이수정 신사업팀장이 핵심 이슈를 제기했다.

"경영진 구성과 의사결정 구조는 어떻게 할 건가요?"

김민지가 준비된 답변을 제시했다.

"등기이사 5명 중 AURION 3명, L-에너지와 현지 기업이 각각 1명씩 참여하는 구조를 제안합니다. AURION이 기술과 운영에 대한 책임을 가장 많이 지기 때문입니다."

김태호 실장이 전략적 관점을 제시했다.

"IFRS 연결재무제표 관점에서도 AURION이 지배력을 갖는 구조네요. IPO 시 해외 매출을 연결재무제표에 포함시킬 수 있겠습니다. L-에너지 입장에서도 이전 AURION 전략적 투자가 이번 글로벌 확장으로 이어지면 의미가 있을 것 같습니다."

"맞습니다."
최강혁이 회계적 이점과 기업가치 측면에서 김태호 실장의 의견에 공감했다.

박성진 팀장이 현지 기업에 대한 정보를 제공했다.

"L-에너지가 아이오와에서 협력하고 있는 MidWestern Energy라는 기업이 있습니다. 캐나다와 유럽에서 15년간 에너지 인프라 사업을 해온 회사입니다. 특히 유럽 시장 진출 경험이 풍부해서 향후 글로벌 확장에도 도움이 될 것입니다."

■ 아이오와주 현장 실사

2주 후, 양측은 공동으로 아이오와주 현장 실사에 나섰다. AURION에서는 류강준, 김도진, 이현수, 최강혁이, L-에너지에서는 김태호 실장, 박성진 팀장이 참여했다.

데모인 근처의 공업단지에서 MidWestern Energy의 CEO John Martinez와 만났다.

"L-에너지와는 5년간 협력 해온 믿을 만한 파트너죠."
John Martinez가 꽤나 유창한 한국어로 인사했다.

"AURION의 기술력에 대해서도 이미 들어봤어요. 상당히 인상적이더군요."

최강혁이 입지 선정에 대한 궁금증을 표했다.
"아이오와주를 선택한 이유가 있을까요?"

John이 자세히 설명했다.
"아이오와주는 미국 중서부의 물류 허브입니다. 동부의 뉴욕에서 서부의 로스 앤젤레스까지 24시간 내 트럭 운송이 가능한 지역이죠. 더 중요한 건 풍력 에너지 비중이 전체 전력의 62%라는 점입니다. AI 기반 기후테크 기업에게는 최적의 조건이지요."

김도진은 제조업에 대한 이점을 덧붙였다.
"아이오와주 정부에서 제조업 유치를 위해 파격적인 인센티브를 제공합니다. 10년간 재산세 50% 감면, 고용 창출 시 1인당 300만 원 지원, 그리고 R&D 투자에 대한 세액공제 25%까지 제공합니다."
김태호 실장이 추가 정보를 제공했다.
"아이오와 대학교와 아이오와 주립대학교에서 우수한 공학 인재들을 배출해 냅니다. L-에너지가 이 지역에서 5년간 사업하면서 확인한 바로는, 인건비도 동·서부 대비 30% 저렴하면서도 기술 수준은 매우 높습니다.”

이현수가 기술영업 관점에서 질문했다.
“MidWestern Energy의 유럽 시장 경험을 활용해서 미국 내 유럽계 기업들에게 어필할 수 있을까요?”

“물론이죠.”
John이 자신있게 답했다.
“독일 Kiemens Energy, 네덜란드 Shellee 등과 직접 거래 경험이 있습니다. 이들 기업의 미국 법인들이 바로 우리의 타깃 고객이 될 수 있습니다.”

실사팀이 기존 공장 부지를 둘러보며 김도진이 제조 인프라를 점검했다.
“기존 공장 부지 2만 평방미터와 전력 인프라가 우리 생산라인 구축에 최적화되어 있네요. 6개월 안에 양산 체제를 갖출 수 있을 것 같아요.”

박성진 팀장이 기술적 시너지를 확인했다.
“MidWestern Energy의 에너지 저장 시설과 AURION의 AI 시스템을 연동하면 실시간 최적화가 가능할 것 같습니다.”

■ 3자 JV 최종 합의

현장 실사 후 데모인 시티 호텔에서 최종 협상이 진행되었다.

□ AURION – L 에너지 – MidWestern JV 최종 조건

〈투자 구조〉

- 총 투자 : 600억 원
- AURION : 300억 원(50%)
- L-에너지 : 150억 원(25%)
- MidWestern : 150억 원(25%)

〈경영 구조〉

- 등기이사 5명 : AURION 3명, L-에너지 1명, MidWestern Energy 1명
- CEO : 김동영(AURION & L-에너지에서 공동 선출)
- 이사진 : 최강혁 이사, 김도진 이사 및 경영진 1명 신규 영입

〈사업 계획〉

- 1년차 : 법인 설립, 공장 건설, 장비 도입
- 2년차 : 본격 양산 및 매출 창출
- 목표 : 연매출 250억 원, 미국 AI 에너지 효율 솔루션 시장 점유율 1.5%

류강준은 최종 결론을 내렸다.

"3자 Win-Win 구조네요. 진행하겠습니다."

■ 건설 과정

JV 법인 'AURION Americas Inc.' 설립 후 본격적인 건설이 시작되었다.

김동영이 현지 CEO로 부임해서 한국 기술진 5명과 함께 아이오와주에 상주했

다. L-에너지에서도 에너지 시스템 전문가 2명을 파견했다.

4개월 차 진행 상황 점검에서 김동영이 화상으로 상황을 공유했다.
"공장 건설 진척률 85%, 핵심 장비 설치 완료, 현지 직원 28명 채용을 완료했습니다. 내년 1월부터 시 운전 시작 예정입니다."

이현수는 한국에서 미국 고객 개발에 집중했다.
"Kiemens Energy USA, Shellee America, Fard Motor Company에서 테스트 프로젝트 의향서를 받았습니다. 내년 하반기 본격 계약 체결이 가능할 것 같습니다."

■■ 2년 후 경영 성과와 시장 분석

2024년 12월, JV 설립 2년 후, 첫 번째 정식 성과 발표가 있었다.

김동영 CEO가 아이오와주에서 화상으로 성과를 공유했다.

"AURION Americas 2년차 성과입니다."
- 연 매출 : 247억 원
- 주요 고객 : 12개사(Kiemens Energy USA, Shellee America 포함)
- 현지 고용 : 45명
- 생산가동률 : 89%

최강혁이 시장 점유율 분석을 제시했다.
"미국 AI 기반 에너지 효율 솔루션 시장이 163억 달러 규모인데, 우리 JV가 1.5% 시장 점유율을 확보했습니다. 신생 기업 2년 차로는 상당히 의미있는 성과입니다."

이현수가 영업 성과를 설명했다.

"MidWestern의 유럽 네트워크 덕분에 Shellee America와 장기계약 체결에 성공했습니다. 향후 3년간 연 80억 원 규모의 안정적 매출을 확보했습니다. AI 기반 예측 분석 솔루션이 핵심 차별화 요소였습니다."

L-에너지 김태호 실장도 만족감을 표했다.
"예상보다 좋은 성과네요."

■: 글로벌 기업으로의 도약

AURION 본사 임원진이 모인 전략 세션에서 류강준이 글로벌 확장의 성과를 정리했다.

"AURION 전체 실적입니다."
- **국내 매출 : 823억 원**
- **미국 JV 지분법 반영 매출 : 124억 원(247억 원 × 50%)**
- **연결 기준 총매출 : 947억 원**

"드디어, 1,000억 원 클럽 진입을 앞두고 있습니다."

화상 연결 너머로 보이는 아이오와주 공장의 야경을 바라보며, 류강준이 말했다.
"L-에너지와의 협력, MidWestern와의 파트너십을 통해 AURION은 이제 진정한 글로벌 기후테크 기업이 되었습니다. 태평양을 넘나드는 기업, 이제 IPO 준비를 본격화할 때입니다."

42 경쟁우위 확보를 위한 전략적 제휴

전략적 제휴는 독립성을 유지하면서도 상호 이익을 추구하는 기업 간 협력 방식이다. 급변하는 경영 환경에서 기업들은 자원 한계를 극복하고 시너지를 창출하기 위해 전략적 제휴를 적극 활용하고 있다. 성공적인 제휴를 위해서는 명확한 목적과 체계적인 파트너 선정이 핵심이다.

전략적 제휴 성공을 위한 핵심 실무 전략

1. 전략적 제휴의 유형별 특징

- **조인트 벤처(Joint Venture)** : 두 기업이 50%씩 투자하여 독립된 회사를 설립하는 방식으로, 가장 긴밀한 협력 형태다. LG필립스LCD(현 LG디스플레이)가 대표적 성공 사례다.
- **지분 참여형 제휴** : 한 기업이 상대방의 지분을 소유하여 전략적 영향력을 확보하는 방식이다.
- **비 지분형 제휴** : 계약 기반으로 R&D나 마케팅을 공동 수행하는 방식으로, 가장 유연하고 널리 활용되는 형태다.

2. 시장 상황에 따른 제휴 동기

- **저성장 시장** : 기존 시장 점유율 확대와 새로운 시장 진출을 위한 협력이 중심이다. 프랜차이즈 설립이나 시장 인정성 확보가 주요 목적이다.
- **평준 성장 시장** : 시장지배력 확대와 상품 차별화를 통한 경쟁우위 확보에 집중한다. 공동의 적과 싸우기 위한 전략적 연합도 활발하다.

- **빠른 성장 시장** : 신제품 개발과 신시장 진입에 필요한 속도 확보가 핵심이다. 기술혁신과 글로벌 확장을 위한 제휴가 증가한다.

3. 목적별 제휴 전략

- **경쟁 완화** : OPEC과 같은 가격 고정화를 통한 과당경쟁 방지 전략이다.
- **불확실성 극복** : 신기술 개발이나 신시장 진출 시 리스크를 분산하고 학습효과를 높이는 전략이다.

4. 성공적인 제휴 파트너 선정 기준

- **상호 공감(Compatibility)** : 제휴 목표가 명확하게 정의되고 전략적 상호 배치가 없어야 한다. 양 기업의 제휴 현황과 기업문화 적합성을 면밀히 검토한다.
- **파트너 능력(Capability)** : 상대방의 경영 자원과 핵심 역량을 정확히 파악해야 한다. 제휴를 통해 우리 약점과 상대방 약점이 보완되고 서로 강점이 더 강해지는 것이 가장 이상적이다.
- **제휴 몰입(Commitment)** : 공통의 목표와 파트너 간 능력이 충족되어도 제휴 당사자의 실질적인 실행 시간과 노력에 자원 투입이 실제로 이뤄져야 한다.

5. 제휴에 따른 위험 요소

- **과다한 의존도** : 제휴 파트너에 대한 과도한 의존은 자사의 독립성을 훼손할 수 있다.
- **목표 불일치** : 사전 계약이 명확하게 작성되지 않거나 상대방의 역량을 과대평가한 경우 문제가 발생한다.

- **보안 문제** : 상대방의 보안 자원을 잘못 측정하거나 막대한 공동 투자를 통해 그 투자의 포로가 되는 위험이 있다.

6. 실무 체크포인트

- **아웃소싱과의 차이점 인식** : 전략적 제휴는 단순 외주가 아닌 상호 기여를 통한 가치 창출이 목적이다.
- **국제적 제휴 고려 사항** : 공동 투자를 통한 위험 분산과 현지 시장 정보 확보가 핵심이다. 파트너의 전략적 의도를 정확히 파악하되, 핵심 기술 유출에 주의해야 한다.
- **성과측정 체계** : 제휴 성과를 계약 단계에서 미리 상호 간의 목표 설정과 중간 평가 시점을 정하는 것이 중요하다.

조언

전략적 제휴는 혼자서 모든 것을 해결하려는 것보다 협력을 통해 더 큰 가치를 창출하는 전략이다. 성공의 핵심은 명확한 목표 설정, 적합한 파트너 선정, 그리고 지속적인 관계 관리에 있다. 단기적 이익보다는 장기적 관점에서 상호 윈-윈할 수 있는 제휴 구조를 만드는 것이 중요하다.

글로벌 대전환 :
비상

▪ Pre-IPO 투자 유치

미국 생산 거점 확보로 네오테크를 능가하는 가격 경쟁력을 갖춘 AURION에게 새로운 기회가 찾아왔다.

뉴욕 월스트리트의 대형 펀드 US Global Funds의 마이클 리 매니저가 AURION의 성과에 주목한 것이다. 그는 기후테크 분야에서 파괴적 혁신을 보여주는 기업에 과감한 투자를 하는 것으로 유명했다. 특히 2025년 들어 AI 기반 기후 솔루션 분야가 전년 대비 240% 성장하면서 투자자들의 관심이 폭증하고 있었다.

AURION의 미국 현지 성과와 기후 대응 기술에 대한 시장 분석 결과, 그의 투자팀은 흥미로운 결론에 도달했다.

'이 한국 기업이 기후테크 시장의 판도를 바꾸고 있다.'

며칠 후 류강준의 휴대폰이 울렸다.

"류강준 대표님, 마이클 리 매니저께서 AURION에 깊은 관심을 표하며 뉴욕에서 면담을 요청하셨습니다."

일반적인 투자 방식과 달리 세계적 펀드가 먼저 접촉해 온 것은 AURION의 성장세를 증빙하는 증거였다.

뉴욕 맨해튼 29층, 마이클 리의 집무실 거대한 유리창 너머로 펼쳐진 도시 전경이 한눈에 들어오는 공간에서 류강준은 차분한 목소리로 AURION의 비전을 설명했다.

"AURION은 AI 기반 기후테크 솔루션 기업입니다."
류강준이 자신감 넘치는 어조로 시작했다.

"이미 미국에서 입증된 AI 예측 기술로 전 세계 기후 대응 시장을 선도하겠습니다."
대형 스크린에 나타난 성과 지표들이 그의 말을 뒷받침했다. 연 매출 947억 원, 미국 AI 에너지 효율 솔루션 시장 점유율 1.5%에서 3.2%로 상승, 글로벌 고객 포트폴리오 확대 등 구체적 성과와 함께 글로벌 확장 계획을 제시했다.

마이클 리가 자료를 검토한 후 입을 열었다.
"AURION의 성장세와 기술력이 인상적입니다."

그가 진지한 표정으로 말했다.
"특히 AI와 기후테크의 융합 부분에서 차별화가 명확하네요.
당사는 AURION에 투자를 진행하고 싶습니다."

■■ **Due Diligence와 투자 결정**

실사 과정에서 AURION의 재무 상태, 기술 경쟁력, 시장 전망이 모두 긍정적으로 평가되었다.

US Global Funds의 실사팀은 특히 AURION의 AI 기반 예측 알고리즘의 정확도와 미국 현지에서의 실제 성과에 주목했다. Shellee와의 장기계약, Kiemens Energy USA와의 기술 파트너십, Fard Motor Company와의 테스트 프로젝트 등이 높은 점수를 받았다.

두 달 후 마이클 리가 직접 류강준에게 연락했다.
"US Global Funds는 AURION의 Pre-IPO 라운드에 650억 원을 투자하겠습니다."
그의 목소리에서 확신이 묻어났다.

"기업가치는 7,200억 원으로 평가합니다. 2025년 기후테크 투자 트렌드를 고려할 때 적정한 기업가치라고 봅니다."

글로벌 확장 계획

2025년 3월, 650억 원의 Pre-IPO 투자 확정 소식에 AURION은 활기로 넘쳤다.

다음 날 아침, 최강혁 CFO가 투자금 운용 계획을 발표했다.
"1차 300억 원은 유럽 R&D센터 구축에, 2차 150억 원은 현지 인력 충원과 글로벌 마케팅에, 3차 200억 원은 유럽 내 M&A 기회 발굴에 사용하겠습니다."

현재 AURION의 직원 수는 247명으로 늘어났다. 본사 156명, 미국 법인 91명의 규모였다. 글로벌 기업다운 면모를 갖추기 시작한 것이다.

이아름 디렉터가 브랜딩 전략을 설명했다.
"AURION의 글로벌 메시지를 '기후 대응의 혁신적 해답'으로 정리했습니다. 지속가능성은 이제 선택이 아닌 필수입니다. 특히 2025년부터는 AI 통합 솔루션이 기후테크의 핵심 차별화 요소가 되고 있습니다."

팀원들이 동의를 표했다.

■■ 경쟁사의 대응

같은 시각 네오테크 본사에서는 긴급 임원진 전략 세션이 열렸다.

"미국 시장에서 AURION의 점유율이 1.5%까지 올라왔습니다."
전략팀장이 심각한 표정으로 데이터를 제시하자 경영진들 사이에 긴장감이 흘렀다.

"Pre-IPO 투자 650억 원 유치로 이제 본격적인 IPO 준비에 돌입할 것으로 보입니다."

오윤서 대표가 차분히 말했다.
"드디어 우리 계획을 실행할 때가 왔군."

정태수 전무가 조심스럽게 물었다.
"이전에 준비했던... 그 방안을 말씀하시는 건가요?"

"맞아."
"AURION이 IPO를 준비하는 지금이 바로 그들이 가장 취약해지는 순간이야. 특히 분쟁은 상장 예정 기업에게 치명적인 리스크거든."

김 법무이사를 향해 오윤서가 지시했다.

"이전에 준비했던 특허 소송 준비를 본격 가동해. AURION의 IPO 일정에 맞춰 우리 특허 출원과 침해 소송 시기를 정확히 설계 해야 돼."

"네, 이미 관련 특허 출원 서류는 95% 완성된 상태입니다."
김 이사가 답변을 했다.

"핵심 기술 내용을 일부 변형하여 우리가 원천 기술을 보유하고 있고, AURION이 이를 무단으로 도용했다는 논리로 구성했습니다. 상장예비심사청구서 제출 후 심사 과정 중에 침해 소송을 제기하는 것이 가장 효과적일 것 같습니다."

오윤서가 만족스러운 표정을 지었다.
"그래. 심사 과정에서 특허 분쟁이 터지면 거래소에서도 상장 승인을 미룰 수밖에 없을 테니까. 투자자들과 주관사 모두 패닉 상태가 될 거야."

오윤서가 최종 목표를 재확인했다.
"IPO가 실패하고 특허 소송으로 불확실성이 커지면, AURION의 기업가치는 급락할 거야. 투자자들이 발을 빼고, 자금 조달이 어려워지면서 회사는 심각한 경영난에 빠지게 되겠지. 그때 AURION을 헐값에 인수할 계획이야. 그들의 핵심 기술과 우수한 인재들을 모두 흡수하면서 말이지."

그리고 시계를 보았다.
"김 이사, 내일까지 특허 출원 서류 최종 검토 완료하고, 정 전무는 AURION IPO 일정 모니터링 체계 구축해."

"알겠습니다."
정태수가 바로 답했다.

오윤서가 마지막으로 덧붙였다.

"그리고 이 내용은 이 자리에 있는 사람들만 알고 있어야 해. 외부 유출되면 우리가 더 곤란해질 수 있거든."

회의가 끝나고 사람들이 나간 후, 정태수는 잠시 혼자 남아 스마트폰의 녹음을 정지했다. 그는 깊은 한숨을 내쉬며 생각했다.

'이런 불법적인 계획에 연루되다니... 나중에 문제가 생겼을 때 내가 단순히 지시를 받았을 뿐이라는 걸 증명해야겠어.'

정태수는 녹음 파일을 안전한 클라우드 저장소에 백업했다. 오윤서의 지시를 거부할 수는 없었지만, 최소한 자신을 보호할 방법은 마련해 두어야 했다.

■ IPO 준비 착수

한편 AURION에서는 상장 실무팀이 구성되며 IPO 준비에 박차를 가하고 있었다.

최강혁 CFO가 IPO 추진 일정을 정리했다.

"Pre-IPO 투자 완료 후 2년 이내에 상장예비심사신청을 목표로 하겠습니다. 현재 상장 시장에서 기후테크 기업들이 높은 관심을 받고 있어서 타이밍이 좋습니다."

류강준이 전체 상황을 정리했다.

"미국 JV 성과, Pre-IPO 투자 유치, 그리고 글로벌 확장 계획까지 모든 조각이 맞아떨어지고 있습니다. 이제 IPO를 준비할 때입니다."

아직 경쟁사의 견제 움직임을 알지 못한 채, AURION은 상장이라는 새로운 도전을 향해 전진하고 있었다. 하지만 시장에서의 성공이 클수록 더 큰 위험이 다가오고 있다는 사실을 간과하고 있었다.

실무 가이드 43 해외 진출을 위한 접근

국경 없는 디지털 시대에서 기업도 글로벌 시장 진출이 생존 전략이 되었다. 성공적인 해외 진출을 위해서는 명확한 동기 설정부터 체계적인 진입방법 선택까지 단계별 접근이 필수이다.

글로벌화 성공을 위한 핵심 실무 전략

1. 해외 진출 동기와 기대효과 분석

- **시장 다변화** : 내수시장 한계 극복과 새로운 성장 동력 확보가 핵심이다. 투자대비 수익(ROI) 개선을 위해 글로벌 시장 진출이 필수적이다.
- **규모의 경제** : 해외 진출을 통한 품질 물량 증가로 단위당 지출을 정당화하고 비용 효율성을 달성한다. 항공기 제조업(보잉, 에어버스)이 대표적 사례이다.
- **장소의 이점** : 원재료 확보, 낮은 인건비, 주요 공급자, 감산 에너지, 지하자원, 유능한 인재와 인프라 등 현지 특화 자원을 활용할 수 있다.

2. 포터의 다이아몬드 모델 적용

- **요소 조건** : 기본요소(부존자원, 노동력)와 고급 요소(전문적 기술, R&D 투자 및 역량)를 종합 평가한다.
- **수요조건** : 내수시장의 성장이 빠르고 소비자의 안목이 높을 경우 기업혁신의 실질적 가능성이 높다.
- **연관 및 지원산업** : 업스트림과 다운스트림 인프라를 통해 세계적 수준의 역량을 확보할 수 있다.
- **전략 구조와 경쟁** : 내수시장에서의 치열한 경쟁이 글로벌 경쟁력의 밑받침이 될 수 있다.

3. 사업부 수준의 국제전략

- **International Low Cost 전략** : 주로 저임금, 저비용 국가에서 많이 사용된다. 저부가가치 사업에서 특히 많이 사용되지만 반드시 그런 것만은 아니다. TATA 모터스가 대표 사례다.
- **International Differentiation 전략** : 발전되거나 특화된 생산요소를 가진 국가들은 차별화 전략을 주로 사용한다. 미국 영국의 반도체 설계회사, 독일 고급차 회사들, 글로벌 부품사들이 해당한다.

4. 세 가지 국제전략 모델

- **Multidomestic 전략(다국적 전략)** : 전략 및 업무 의사 결정을 각 국가의 사업장인 전략사업단위(Strategic Business Unit, SBU)에서 이뤄진다. 제품과 서비스는 각 국가에 맞춰 제작, 실행되며 각 국가의 사업장은 서로 독립적이다. 네슬레가 대표 사례다.
- **Global 전략** : 제품은 규격화되어 전 세계 시장에서 팔리고 상부 수준의 의사

결정은 업무의 헤드쿼터에서 이뤄진다. 화이자, 에어버스, 보잉이 대표적이다.

- **Transnational 전략(초국적 전략)** : 글로벌 전략의 효율성과 각 나라 취향에 맞춘 전략을 동시에 추구한다. 운영생산과 학습조직을 통한 유연한 경영력을 갖추는 것이 이 전략을 성공적으로 수행하는 비결이다. 스타벅스, 유니레버, P&G가 해당한다.

5. 해외진입 방법별 특징

- **수출(Exporting)** : 해외시장에 들어갈 때 가장 흔한 방법으로 외국에 지점을 둘 필요가 없어 계약을 통해 현지 업체에 들어감을 판다. 운송비가 높거나 관세가 높을 경우 문제가 될 수 있다.

- **라이선싱(Licensing)** : 외국의 파트너에게 로열티를 받고 제품생산을 허가하는 방법이다. 가장 안전하게 외국 시장에 진출하는 방법이지만 상대적으로 수익이 낮고 제품 품질과 유통관리에 통제가 불가능하다.

- **전략적 제휴** : 외국 현지 기업과 위험과 투자를 공유하는 방법으로 진출 기업은 신기술과 노하우를 전수하고 현지 기업은 그 나라 시장에 대한 정보와 지식 제공하여 외국인비용 문제 해결에 도움을 줄 수 있다.

6. 신설 자회사의 장점과 고려 사항

- **완전 통제** : 고비용과 복잡한 절차가 따르는 진출 방법이지만, 기업의 통제가 가능하다.

- **수익성 극대화** : 장기적으로 가장 수익성이 높은(성공할 경우) 진입 방법이다.

- **리스크 관리** : 기술, 마케팅 및 유통에 대한 완벽한 통제와 진출 국가에 대한 정확한 정보와 지식이 필수 조건이며 현지 전문가나 컨설턴트의 도움이 필요할 수도 있다.

7. 실무 체크포인트

- **제품 수명 주기와 국제화** : 한 제품의 수명주기에서 필연적으로 등장하는 하나의 단계로, 국내 시장에서 성숙기에 접어든 제품도 해외에서는 성장기를 맞이할 수 있다.
- **무역장벽 대응** : 불확실성과 상호연결성이 커진 경제통합과 과세 제도 FDI(Foreign Direct Investment)가 이뤄지는 이유이다.
- **포터 다이아몬드** : 특정 국가와 특정 산업에서 글로벌 경쟁력을 갖는 이유를 설명할 때 유용하다.

8. 성공 요인과 위험 관리

- **단계적 접근** : 수출부터 시작하여 점진적으로 투자 수준을 높이는 것이 위험을 최소화하는 방법이다.
- **현지화 전략** : 글로벌 통합의 필요성과 현지 시장 적응의 필요성을 균형 있게 고려해야 한다.
- **파트너십 활용** : 현지 유통업체나 서비스 제공업체와 협력해 네트워크를 확장하고 시장 내 입지를 강화한다.

조언

글로벌화는 단순한 시장 확장이 아닌 기업의 경쟁력 강화 전략이다. 성공의 핵심은 명확한 목표 설정, 체계적인 시장 분석, 그리고 단계적 진출을 통한 위험 관리에 있다. 무엇보다 현지 시장의 특성을 이해하고 적절한 진입 전략을 선택하는 것이 중요하다.

함께 만든 이름 :
스톡옵션, 그리고 우리의 회사

■ 중대 발표

2025년 4월, AURION 본사 대회의실 오전 10시, 창업 멤버들이 하나둘 자리에 앉았다. 서유진 CTO, 최강혁 CFO, 이아름 디렉터, 이현수 기술영업 디렉터, 김도진 생산본부장, 그리고 김민지 인사전략 본부장, 모두 한자리에 모였다.

류강준이 먼저 발표를 시작했다.
"오늘 중요한 소식들을 전하겠습니다."
그가 기대에 찬 목소리로 말했다.

"먼저 승진 발령부터 하겠습니다. 이현수 디렉터를 기술영업 본부장으로 승진 발령합니다. 미국 진출과 글로벌 영업 확대에서 보여준 탁월한 성과를 인정받은 결과입니다."

박수가 터져 나왔고, 이현수가 겸손한 미소를 지으며 인사했다.
"팀원들과 함께 이뤄낸 성과입니다. 본부장으로서 더 큰 책임을 지고 AURION의 글로벌 확장을 이끌겠습니다."

류강준이 계속해서 말했다.
"그리고 이아름 디렉터를 CMO로 승진 발령합니다."

그가 이아름을 향해 미안한 표정을 지었다.

"사실 이미 CMO급 업무를 해 주셨는데 직급이 따라가지 못한 부분이 있었습니다. 늦어서 죄송합니다."

이아름이 고개를 저으며 답했다.

"아닙니다. 회사 성장에 맞춰 자연스럽게 이뤄진 것 같습니다."

대형 스크린에는 간단한 문구가 있었다.

[AURION 2025 Stock Option]

"함께 만든 우리의 회사"

류강준이 입을 열었다.

"그리고 마지막은 특별한 발표입니다."
그의 목소리는 평소보다 진지했다.

"창업 초기부터 지금까지 함께해 온 여러분에게 감사의 마음을 전하고 싶습니다."
화면이 바뀌자 스톡옵션 배정 내역이 나타났다.

■ 스톡옵션 배정 내역

이름	직책	행사가격	옵션 수량
서유진	CTO	10,000원	200,000주
최강혁	CFO	20,000원	100,000주
이아름	CMO	30,000원	80,000주
이현수	기술영업 본부장	30,000원	80,000주
김도진	생산 본부장	32,000원	45,000주
김민지	인사전략 본부장	35,000원	35,000주

대회의실에 순간적으로 정적이 흘렀다. 각자가 화면의 숫자를 확인하며 그 의미를 곱씹고 있었다.

"대표님, 이 수치가... 정확한 건가요?"

"네, 맞습니다."
류강준이 답했다.

"Pre-IPO 투자로 기업가치가 7,200억 원까지 평가받은 만큼, 여러분이 받으실 스톡옵션도 그에 상응하는 가치를 갖게 되었습니다."

서유진이 계산기를 두드리며 말했다.
"행사가격과 현재 기업가치를 고려하면..."

"상당한 금액이 될 것 같네요."
김도진이 조심스럽게 말했다.

류강준이 고개를 끄덕였다.
"IPO가 성공적으로 마무리되면 더욱 그렇겠죠. 다만 아직 갈 길이 멀고, 함께 노력해야 할 일들이 많습니다."

팀원들의 반응

서유진이 화면의 숫자를 다시 한번 확인하며 말했다.

"밤을 새어가며 코드 디버깅과 기술개발에 매달렸던 시간들이 헛되지 않았네요."

그녀의 목소리는 차분했지만, 깊은 만족감이 묻어났다.

"이런 기회를 주셔서 정말 감사합니다."

이아름이 환한 미소를 지으며 답했다.

"처음 AURION 마케팅 전략을 세울 때가 생각나네요. 이제 정말 당당하게 우리 회사라고 말할 수 있겠어요."

이현수가 과거를 회상하며 말했다.

"첫 고객사 미팅에서 몇 시간씩 기다렸던 기억이 납니다. 그때의 노력이 본부장 승진과 이런 결과를 만들어 낸 거군요. 글로벌 시장에서 AURION의 위상을 더욱 높이겠습니다."

김도진은 잠시 생각에 잠겨 있다가 말했다.

"생산라인 불량률을 줄이려고 현장에서 고민했던 모든 시간이 의미 있었다는 걸 느낍니다. 앞으로도 최고 품질을 위해 더 노력하겠습니다."

김민지가 마지막으로 말했다.

"조직 통합과 인재 관리에서 보이지 않는 노력들이 인정받는 것 같아 기쁩니다. 더 좋은 조직 문화를 만들어 가겠습니다. 그리고 정말 감사합니다."

베스팅 조건과 IPO 연계

모두 소감을 전한 후, 이아름이 실질적인 질문을 했다.

"혹시 행사 조건은 어떻게 되나요?"

"4년 베스팅, 1년 클리프 조건입니다."

류강준이 체계적으로 설명했다.

"IPO 후 1년이 지나야 25%를 행사할 수 있고, 그 이후 매년 25%씩 추가로 행사가능합니다. 다만 IPO가 예상보다 지연될 경우를 대비해, 상장 승인일로부터 기산하는 조건도 포함했습니다."

최강혁이 이해했다는 표정을 지었다.
"합리적인 조건이네요. 장기적으로 회사와 함께 성장하라는 의미이군요."

이아름이 추가 질문을 했다.
"행사가격이 Pre-IPO 투자 가격보다 낮게 책정된 이유가 있나요?"

"여러분이 합류한 시점과 기여도를 고려했습니다."
류강준이 기준을 설명했다.

"서유진 CTO는 창업 멤버로서 가장 낮은 행사가격을, 최강혁 CFO는 설립 6년 후 합류해서 Series A 투자 유치에 핵심 역할을 했고, 이아름 CMO와 이현수 본부장은 설립 7년 후 브랜딩과 영업 확장 시기, 김민지 인사전략 본부장은 설립 9년 차 조직 확장 시기에, 김도진 본부장은 설립 10년 차 패스트 이노베이션 인수 시점에 합류하셨죠. 특히 이현수 본부장의 경우 글로벌 영업 성과를 인정해 본부장 승진과 함께 스톡옵션을 배정합니다."

■ 새로운 출발점

류강준이 모든 팀원의 얼굴을 찬찬히 둘러보며 말했다.
"IPO 상장까지 얼마 남지 않았습니다. 하지만 그것은 끝이 아닌 여러분 모두가 기업 소유자로서 시작하는 새로운 출발점입니다."

김민지가 궁금증을 표했다.
"혹시 상장 과정에서 변동 요인이 있다면 어떻게 되나요?"

"상장 일정이나 조건에 변화가 있더라도 여러분의 스톡옵션 조건은 변하지 않습니다."
류강준이 답했다.

"이는 여러분에 대한 신뢰와 함께 성장하겠다는 약속입니다."

최강혁이 감사를 표했다.
"대표님뿐만 아니라 우리 모두가 함께 이뤄낸 성과라고 생각합니다."

■ 공동체 의식의 완성

류강준이 마무리하며 말했다.
"여러분과 함께 여기까지 올 수 있어서 정말 다행입니다. AURION은 우리 모두가 만든 회사입니다."

미팅이 끝나고 팀원들이 하나씩 자리를 떠났다. 각자의 얼굴에는 새로운 책임감과 깊은 소속감이 어우러진 표정이 가득했다.

류강준은 스톡옵션 계약서를 정리하며 생각했다. 창업 초기의 어려움을 함께 이겨낸 동료들과 성공의 열매를 나누는 것이 진정한 기업가 정신이라고 여겨졌다.

44 스톡옵션 부여 및 활용

기업에게 스톡옵션은 보상을 넘어 인재 유치와 동기 부여, 그리고 '우리 회사'라는 공동체 의식을 강화하는 강력한 수단이다. 하지만 스톡옵션 부여에는 법적, 실무적 고려 사항이 많으므로 철저한 이해가 필요하다.

스톡옵션(주식매수선택권)의 개념과 기업 활용 핵심

1. 스톡옵션이란?

- 회사의 설립·경영, 기술혁신에 기여하거나 기여할 수 있는 임·직원에게 회사의 주식을 '미리 정한 가액'으로 인수할 수 있는 권리이다.
- 행사 시점의 주식 시가와 미리 정한 행사가액의 차액이 임·직원의 이익(행사 이익)이 된다.

2. 누가 스톡옵션을 받을 수 있는가?

- **부여 적격 대상** : 회사의 이사, 집행임원, 감사 또는 피용자(직원) 중 회사의 설립·경영 및 기술혁신 등에 기여하거나 기여할 수 있는 자이다. 벤처기업의 경우 변호사, 공인회계사, 변리사, 의사, 기술사, 연구원 등 전문 인력도 포함될 수 있다.
- **부여 부적격 대상**
  - 발행주식총수의 10% 이상 주식을 가진 주주
  - 회사의 주요 경영사항에 사실상 영향력을 행사하는 자(실질 소유주)
  - 위 각 사람의 배우자 및 직계존비속

3. 스톡옵션 부여 절차

- **부여 부적격 대상**
  - **정관 규정 확인** : 정관에 주식매수선택권 부여에 대한 근거 규정이 반드시 존재해야 한다.(주식 종류 및 수, 자격요건, 행사 기간, 취소 사유 등 명시)
  - **주주총회 특별 결의** : 출석 주주의 의결권 3분의 2 이상, 발행주식총수의 3분의 1 이상의 수에 의한 특별 결의를 거쳐야 한다.(부여받을 자의 성명, 부여 방법, 행사가액, 주식 종류와 수 등 결정)
  - **부여 계약서 작성** : 주주총회 결의 후 스톡옵션을 부여받은 자와 계약을 체결하고 계약서를 작성해야 한다. 이 계약서는 본점에 비치하여 주주가 열람할 수 있도록 해야 한다.

4. 스톡옵션 행사 요건

- **재임/재직 기간** : 주주총회 결의일로부터 2년 이상 재임 또는 재직해야 행사가 가능하다.
- **양도 금지** : 스톡옵션은 원칙적으로 양도할 수 없다. 단, 부여받은 자가 사망한 경우 상속인이 행사할 수 있다.
- **벤처기업 특례** : 벤처기업의 경우 임·직원이 사망하거나, 정년, 또는 자신에게 책임 없는 사유(귀책 사유 없는 비자발적 퇴직)로 퇴임/퇴직한 경우에도 행사할 수 있도록 해야 하며, 퇴직일로부터 3개월 이상의 행사 기간을 추가 부여해야 한다. 일반 상법상으로는 본인 귀책 사유가 아닌 비자발적 퇴직이라도 2년 미만 재직 시 행사가 불가능할 수 있다는 대법원 판례가 있다.

5. 스톡옵션 행사 요건

- **벤처기업 스톡옵션 특례(세금 혜택)**
  - **부여 한도 상향** : 벤처기업은 스톡옵션 부여 한도가 일반 기업보다 높다

(발행주식총수의 50%까지 가능).

- **시가 이하 행사가액**: 특정 요건을 갖춘 경우 부여 당시 시가보다 낮은 가액(권면액 이상, 개인당 5억 원 이하)으로 행사가액을 정할 수 있다.
- **행사이익 비과세 특례**: 벤처기업 임·직원이 스톡옵션 행사로 얻은 이익 중 연간 5천만 원 이내의 금액에 대해서는 소득세가 과세되지 않는다(2024년 12월 31일 이전 부여분).
- **행사이익 납부 특례**: 행사 이익에 대한 소득세를 5년간 분할 납부할 수 있는 특례가 있다.
- **행사이익 과세 특례**: 특정 요건을 갖춘 경우 스톡옵션 행사 시 소득세를 과세하지 않고, 추후 주식 양도 시 양도소득세로 과세하는 특례가 있다.

조언

스톡옵션은 기업의 핵심 인재를 유치하고 장기적인 동기 부여를 제공하는 강력한 무기이다. 특히 초기 단계에서는 현금 보상의 한계를 극복하는 데 필수적이다. 하지만 복잡한 법규와 세금, 그리고 향후 기업가치 변화에 따른 지분 희석 문제 등이 얽혀 있으므로, 초기부터 법률 및 회계 전문가와 긴밀히 협력하여 신중하게 설계하고 관리해야 한다. 팀원들에게 스톡옵션의 가치와 행사 요건, 세금 혜택 등을 투명하게 설명하여 신뢰를 구축하고, 그들이 진정한 '공동의 주인' 의식을 가질 수 있도록 지원해야 한다. M&A 또는 IPO 시 스톡옵션의 일괄 행사 조건 등도 미리 고려하는 것이 좋다.

45 우리사주제도 도입 및 활용

IPO를 앞두고 스톡옵션과 더불어 우리사주조합 설립을 고려하는 것처럼, 우리 사주제도는 임·직원의 재산 형성 및 노사협력 증진을 통해 기업의 성장을 함께 도모하는 중요한 제도이다. 특히 상장 과정에서 임·직원 지분 참여를 확대하고 유대감을 높이는 데 효과적이다.

우리사주제도의 핵심과 기업 활용 방안

- **우리사주제도란?**
  - 근로자가 우리사주조합을 통해 자신이 속한 회사의 주식을 취득·보유하게 함으로써 근로자의 경제·사회적 지위 향상과 노사협력 증진을 목적으로 하는 제도이다.
  - **우리사주조합** : 회사의 소속 근로자가 주식을 취득·관리하기 위해 법에서 정한 요건을 갖춰 설립한 단체이다. 법적 성격은 비법인 사단으로, 단체 명의로 법률 행위가 가능하다.
- **우리사주제도 도입의 필요성(기업/사용자 관점)**
  - **근로 보상 탄력성 제공** : 임·직원에게 주식을 통한 보상 기회를 제공한다.
  - **기업 근로복지 증진** : 임·직원 복지 향상에 기여한다.
  - **경영권 안정** : 임·직원이 주주가 됨으로써 경영권 방어에 도움이 될 수 있다.
  - **생산성 및 경영 효율성 제고** : 근로자의 주인의식 고취로 생산성 향상 및 경영 효율 증대를 기대할 수 있다.
  - **기업가치 상승 및 신뢰도 상승** : 주주/투자자 관점에서 기업가치 상승 및

투명 경영을 통한 신뢰도 상승에 기여한다.

- **우리사주조합 설립 절차**
  - **설립 준비 위원회 구성** : 적격 근로자 2인 이상 동의 및 회사와 협의, 조합 규약(안) 작성, 조합원 모집
  - **창립총회 개최** : 적격 근로자 과반수 이상 참석 및 과반수 이상 동의로 조합규약 확정 및 조합 임원 선출(총회 7일 전 공고 필수)
  - **위탁 계약 체결** : 창립총회 개최 후 3주 이내 한국증권금융과 위탁 계약 체결(한국증권금융은 우리사주 수탁기관으로서 자사주 보관·관리, 조합 결성·운영 지도, 자금 지원 등 역할 수행)
  - **설립 신고** : 위탁 계약 체결 후 3주 이내 관할 지방고용노동관서에 설립 신고

- **우리사주 취득 방법**
  - **우선배정** : 회사가 유상증자를 할 때, 그 주식의 일정 부분(0~20% 범위 내)을 우리사주조합원에게 우선하여 배정하는 제도이다.
  - **시장 매입** : 조합이 시장(장내/장외)에서 직접 주식을 매입하여 우리사주를 취득하는 방법이다.
  - **무상 출연** : 회사 또는 주주 등이 무상으로 금전이나 주식을 출연하여 우리사주를 취득한다.
  - **우리사주매수선택권** : 일정 기간 경과 후 미리 정한 행사가격으로 회사로부터 신주를 인수하거나 자기주식을 매수할 수 있는 권리이다(정관 기재 필수).
  - **차입금** : 조합이 차입기관(회사, 주주, 금융기관 등)으로부터 자금을 차입하여 우리사주를 취득할 수 있다.

- **의무 예탁 기간 및 인출**
  - 취득한 우리사주는 취득기준일부터 1개월 이내에 한국증권금융에 의무

예탁 기간 동안 예탁해야 한다.

- 의무 예탁 기간은 취득 재원에 따라 1년에서 8년까지 다양하다(조합원 출연 1년, 회사·주주 무상 출연 4~8년 등).
- 조합원 계정 보유 우리사주는 의무 예탁 기간 만료 후 자유롭게 인출 가능하다. 특별한 사유(퇴직, 사망, 상장폐지 등)가 있는 경우 예외적으로 조기 인출이 가능하다.
- 조합원은 반드시 조합을 통하여 인출해야 하며, 한국증권금융에 직접 인출 청구는 불가하다.

- **세제 지원(조세특례제한법)**
- **조합원 혜택**
  - **소득공제 및 과세이연** : 우리사주 취득을 위한 출연금에 대해 연간 400만 원(벤처기업 등은 1,500만원)까지 소득공제 혜택이 있으며, 해당 금액은 주식 인출 시 근로소득으로 과세 이연된다.
  - **장기 예탁 시 세제 혜택** : 의무 예탁 기간 경과 후 2년 이상 보유 시 인출금의 일부(2~4년 보유 시 50%, 4년 이상 보유 시 75%, 중소기업은 6년 이상 보유 시 100%)가 감면된다.
  - **저가 취득 비과세** : 일정 한도(400만 원, 벤처기업은 1,500만 원) 이내에서 주식을 시가보다 저가로 취득한 경우 그 차액에 대해 비과세 혜택이 주어진다.
  - **양도차익 비과세** : 조합원이 퇴직을 원인으로 조합에 양도하는 경우, 양도차익 3천만 원까지 비과세 특례가 있다.(특정 요건 충족 시)
  - **배당소득 비과세** : 특정 요건을 모두 갖춘 경우 배당소득에 대해서 비과세 혜택을 받을 수 있다.
- **회사 혜택** : 조합에 출연한 자사주의 장부가액 및 금품은 전액 손금 산입되고, 조합 운영비 지원액도 복리후생비로 손금산입된다.

- **조합 혜택** : 조합 계정에 예탁된 우리사주에 대한 배당금 및 조합기금에서 발생하는 이자 등 수입은 비과세 대상이다.

조언

우리사주제도는 임·직원의 주인의식을 고취하고 장기근속을 유도하는 데 효과적인 제도이다. 특히 IPO를 준비하는 기업의 경우, 임·직원 지분 참여를 통한 경영권 안정에도 기여할 수 있다. 스톡옵션과 함께 임·직원 보상 시스템의 중요한 축을 형성하지만, 설립 및 운영 절차가 다소 복잡하고 다양한 세제 혜택이 얽혀 있으므로, 한국증권금융 우리사주지원센터 등 전문 기관의 컨설팅을 적극적으로 활용하여 규정 준수와 함께 최적의 설계 및 운영 방안을 모색하는 것이 필수적이다.

용어 정리표

Chapter	용어	설 명
1	데이터 파이프라인 (Data Pipeline)	데이터를 수집·처리·저장·분석하는 일련의 자동화된 흐름
	IP65 (Ingress Protection 65)	먼지로부터 완전 차단(6) + 모든 방향의 분사되는 저압수로부터 보호(5)
	IP67 (Ingress Protection 67)	먼지로부터 완전 차단(6) + 최대 1m 수심에서 30분간 침수 보호(7)
	프로토타입 (Prototype)	제품이나 서비스의 초기 시제품으로, 아이디어 검증 및 개선점 확인에 활용
	시제품 (Commercial Prototype)	상용화 직전 단계의 제품. 초기 프로토타입보다 훨씬 고도화되어 실제 환경에서 PoC를 실행하고 시장에 출시될 준비를 마친 형태
2	엔젤 투자	스타트업의 매우 초기 단계(아이디어 구체화, 초기 제품 개발 등)에 개인 투자자(엔젤투자자)나 액셀러레이터로부터 받는 소규모 투자
	개념검증 (POC, Proof of Concept)	아이디어·기술이 실제 환경에서 구현 가능한지 시험하는 단계
	TIPS	중소벤처기업부에서 운영하는 대표적인 민관협력 스타트업 육성 프로그램
	온프레미스 (On-Premise)	기업 자체 서버·데이터센터에 직접 설치·운영하는 방식의 IT 인프라
	상환전환우선주 (RCPS, Redeemable Convertible Preferred Stock)	전환 또는 상환 선택권이 있는 우선주로 투자자가 안정성과 수익성을 동시에 확보
	전환가액 조정	전환사채·RCPS 등에서 주가 변동이나 희석 상황에 맞추어 전환가격을 조정하는 제도
	텀싯 (Term Sheet)	투자자와 스타트업 간의 투자 조건에 대한 비구속적 합의 문서. 지분율, 투자금액, 이사회 구성 등 주요 내용을 담고 있어 본 계약서 작성 전 협상의 기반이 됨.
	센서 보정 (Sensor Calibration)	센서 측정값을 실제값과 일치시키도록 조정하는 과정
	센서 드리프트 (Sensor Drift)	시간 경과에 따라 센서 출력값이 실제값에서 점차 벗어나는 현상

Chapter	용어	설 명
2	페라이트 코어 (Ferrite Core)	전자파 간섭(EMI)을 억제하기 위해 전선·코일 등에 사용되는 자성 소재
	ESG	Environmental, Social, Governance(환경, 사회, 지배구조). 기업의 비재무적 성과를 측정하는 지표로, 기업의 지속가능성을 평가하는 데 중요한 요소
	오픈 이노베이션 (Open Innovation)	기업이 외부의 아이디어, 기술, 자원 등을 적극적으로 활용하여 혁신을 창출하는 전략. 대기업과 스타트업의 협력이 대표적
	PMF (Product-Market Fit)	제품-시장 적합성. 개발한 제품이나 서비스가 목표 시장의 고객들에게 실제로 필요하고 만족스러운지를 증명하는 것
	MVP (Minimum Viable Product)	최소 기능 제품. 최소한의 핵심 기능만을 담아 시장에 빠르게 출시하여 고객 피드백을 받고 개선해 나가는 제품
	IR 피칭	투자자들에게 사업 모델과 비전을 설명하고 투자를 유치하기 위한 발표
	데모데이 (Demo Day)	액셀러레이터 프로그램 중 하나로 스타트업들이 투자자 및 언론 앞에서 사업 모델과 성과를 발표하는 행사
3	번 레이트 (Burn rate)	시간이 지남에 따라 현금을 얼마나 빠르게 소비하는지를 나타내며 매월 지출하는 비용을 의미
	브릿지 투자	투자 라운드 사이의 중간 단계의 투자를 의미. 충분한 자금을 조달하기보다 일시적으로 필요한 자금만을 확보
	RE100 (Renewable Energy 100)	기업이 2050년까지 사용 전력의 100%를 태양광, 풍력 등 재생에너지로 충당하겠다고 약속하는 자발적인 글로벌 캠페인
	전략적 투자자 (Strategic Investor)	재무적 수익뿐 아니라 사업적 시너지를 목적으로 투자하는 기업
	Pre-A 투자	시드(Seed) 투자와 Series A 투자 사이에서 이루어지는 투자 단계. 주로 기술 고도화를 위한 R&D를 위한 자금을 확보할 때 유치
	런웨이 (Runway)	스타트업이 현재 보유 자금으로 버틸 수 있는 기간
	데스밸리 (Death Valley)	스타트업이 연구개발 이후 시장 적응 전까지 자금난으로 어려움을 겪는 구간
	PMF (Product-Market Fit)	제품-시장 적합성. 개발한 제품이나 서비스가 목표 시장의 고객들에게 실제로 필요하고 만족스러운지를 증명하는 것
	시장진입전략 (GTM Strategy, Go-To-Market Strategy)	제품·서비스를 시장에 출시하여 고객에게 도달하고 매출을 창출하기 위한 실행 전략

Chapter	용어	설 명
3	단위 경제학 (Unit Economics)	고객 1명 또는 거래 1건 단위로 수익성과 비용 구조를 분석하는 지표
	그린뉴딜	기후 위기에 대응하는 동시에 경제 성장과 일자리 창출을 목표로 하는 정책
	EV/Sales	기업가치를 매출액으로 나눈 비율로, 적자기업이나 성장기업 평가에 활용
	투자 전 가치 (Pre-Value, Pre-Money Valuation)	투자 유치 직전의 기업가치
	투자 후 가치 (Post-Value, Post-Money Valuation)	투자금 유입 이후의 기업가치 = Pre-Value + 신규 투자금
	순현재가치 (NPV, Net Present Value)	미래 현금흐름의 현재가치 합에서 초기 투자비용을 뺀 값으로, 투자 타당성 판단 지표
	ROI (Return On Investment)	투자한 자본 대비 얼마나 많은 수익을 얻었는지 나타내는 지표
	Series A 투자	초기 시장 검증 및 제품 시장 적합성(PMF) 입증 후, 본격적으로 시장 진출해서 자금을 확보하는 단계
	SI (Strategic Investor)	전략적 투자자. 단순히 재무적 수익을 넘어, 피투자 기업과의 사업적 시너지를 목적으로 투자하는 기업
4	딥러닝 (Deep Learning)	인공신경망은 생물학적 신경망을 모방하여 이를 수학적으로 모델링한 구조
	STP 전략	Segmentation(시장 세분화), Targeting(목표 고객 선정), Positioning(포지셔닝)을 의미하며, 마케팅 전략 수립의 가장 기본적인 틀
	4P 믹스 전략	Product(제품), Price(가격), Place(유통), Promotion(홍보)의 네 가지 핵심 요소를 조합하여 마케팅 전략을 실행하는 방법
	실증 테스트	기술·제품이 실제 환경에서 성능·효과를 발휘하는지 검증하는 테스트
	사물인터넷 (IoT, Internet of Things)	사물에 센서·네트워크를 연결해 데이터를 주고받는 기술
	응용프로그램 인터페이스(API, Application Programming Interface)	소프트웨어 간 기능과 데이터를 연결·호출할 수 있도록 규정된 인터페이스
	온보딩 (Onboarding)	신규 사용자·고객이 제품이나 서비스에 적응하도록 지원하는 과정

 맨땅에서 상장까지 : AURION의 우당탕탕 생존기

Chapter	용어	설 명
4	알고리즘 (Algorithm)	문제를 해결하거나 작업을 수행하기 위한 절차적 규칙·계산 방법
	스마트 팩토리 (Smart Factory)	IoT·AI·빅데이터를 활용해 생산 공정을 자동화·최적화한 공장
	OEM (Original Equipment Manufacturer)	주문자 상표 부착 생산. 주문자의 설계도나 요구사항에 따라 제품을 생산하고, 주문자의 브랜드로 판매하는 방식
	ODM (Original Development Manufacturer)	제조업자 개발 생산 방식. 주문자가 요구하는 제품을 단순히 생산만 하는 OEM과 달리, 제조업체가 제품의 개발, 설계부터 생산까지 모든 과정을 주도하여 자체 기술력을 바탕으로 제품을 생산하고 주문자의 상표를 붙여 판매하는 방식임
	테스트베드 (Test Bed)	신기술·신제품을 시험·실증하기 위한 환경이나 플랫폼
5	인공 신경망	인공신경망은 생물학적 신경망을 모방하여 이를 수학적으로 모델링한 구조
6	M&A (Mergers&Acquisitions)	인수합병. 기업의 성장 전략 중 하나로, 다른 기업을 인수하거나 합병하여 사업 규모를 확장하고 시너지를 창출하는 것
	정부 융자 자금	정부 기관을 통해 저금리로 대출받는 기술자금. 지분 희석 없이 기술 개발, 대규모 시설/설비 투자 자금으로 활용될 수 있음
	자본비용 (Cost of Capital)	기업이 자금을 조달하기 위해 지불해야 하는 비용. 자기자본비용과 타인자본비용으로 나뉜다. 최소화 전략은 기업의 재무 효율성 핵심
	자기자본비용 (Cost of Equity)	주식 발행을 통해 투자받을 때 투자자가 요구하는 최소 수익률. 높은 기업가치로 투자 유치 시 비용을 줄일 수 있음
	타인자본비용 (Cost of Debt)	대출이나 채권 발행 시 발생하는 이자 비용. 낮은 이자율로 조달하는 것이 중요
	Series B 투자	Series A 투자 이후 사업 확장, M&A, 신제품 개발 등 스케일업을 가속화하기 위한 대규모 투자
	PMI (Post-Merger Integration)	인수 후 통합. M&A 계약 체결 후, 통합된 조직이 시너지를 창출할 수 있도록 모든 기능과 프로세스를 조정하는 과정. 특히 HR 통합이 중요
	Pre-IPO 투자	IPO 직전 마지막 투자. 상장 전 기업가치를 극대화하고, IPO 시 높은 공모가를 형성하며, 글로벌 확장 등 대규모 전략 실행 자금을 확보하는 데 목적
	CAPA (Capacity)	생산 능력. 기업이 일정 기간 동안 생산할 수 있는 최대 물량
	CAPEX (Capital Expenditure)	자본적 지출. 기업이 생산 능력 증대나 새로운 사업 확장을 위해 토지, 건물, 기계 등 장기 자산에 투자하는 비용

Chapter	용어	설 명
6	합작투자 (Joint Venture)	두 개 이상의 기업이 공동 출자하여 설립·운영하는 기업 형태
	수직계열화 (Vertical Integration)	원재료 조달 → 생산 → 유통까지 기업이 직접 통제하는 통합 전략
	내부수익률 (IRR, Internal Rate of Return)	투자로부터 발생하는 미래의 현금 수입액의 현재가치와 초기 투자액이 같아지는 할인율로, 투자의 수익성을 나타내는 핵심 지표
	풋옵션 (Put Option)	특정 자산을 미래의 일정 가격에 매도할 권리를 부여하는 옵션
	재고자산수불부	재고 품목별로 기간 내 입고(받은 것)와 출고(나간 것) 거래 내역을 기록하고 집계하는 장부
	앵커 투자자 (Anchor Investor)	펀드·IPO 등에서 초기 신뢰를 구축하기 위해 먼저 참여하는 핵심 투자자
	부채비율 (Debt Ratio)	부채총액 ÷ 자기자본 × 100으로 계산하는 재무건전성 지표
	연결재무제표(Consolidated Financial Statements)	지배회사와 종속회사의 재무제표를 하나로 통합 작성한 재무제표
	이전가격 (Transfer Pricing)	기업, 특히 대기업이나 다국적기업에서 공통의 목적이나 이해를 위해서(주로 절세등의 목적) 기업내부에서 임의적으로 결정한 가격.
	ISO 27001	국제 표준화 기구(ISO)와 국제 전기 기술 위원회(IEC)가 제정한 정보보안 관리 시스템(ISMS)에 대한 국제 표준으로, 조직이 정보 자산을 보호하기 위한 정보보안 관리 체계를 구축, 구현, 유지 및 지속적으로 개선하는 데 필요한 요구사항을 규정
	IATF 16949	국제자동차전담기구(IATF)에서 제정한 자동차 산업에 특화된 품질경영시스템(QMS) 국제 표준으로, ISO 9001을 기반으로 함
	비밀유지계약 (NDA, Non-Disclosure Agreement)	당사자 간 특정 정보의 비밀유지 의무를 규정한 계약
	양해각서 (MOU, Memorandum of Understanding)	본계약 전 상호 협력 의사를 문서화한 합의서
	Tag Along	대주주가 지분 매각 시 소수주주도 같은 조건으로 매도할 수 있는 권리
	디지털 트윈 (Digital Twin)	물리적 사물·공정을 가상공간에 디지털 모델로 구현해 시뮬레이션하는 기술
	K-IFRS (한국채택국제회계기준)	국내 상장 기업들이 의무적으로 적용해야 하는 국제회계기준. 재무제표의 국제적 통용성을 높임

Chapter	용어	설 명
6	FI (Financial Investor)	재무적 투자자. 투자 수익 회수를 목적으로 기업에 투자하는 기관
	스톡옵션 (Stock Options)	임·직원이 일정 기간 후 미리 정한 가격으로 회사 주식을 매수할 수 있는 권리
	클리프 (Cliff)	스톡옵션 부여 시, 최초 일정 기간(보통 1년) 동안 권리가 전혀 발생하지 않는 조건
	베스팅 (Vesting)	스톡옵션이 일정 기간 근속 또는 조건 충족 시점에 따라 점진적으로 행사 가능해지는 구조
	엑시트 (Exit)	투자자들이 투자금을 회수하는 방법. IPO, M&A 등이 대표적임
	GP (General Partner)	무한책임조합원. 사모펀드나 벤처 캐피탈에서 펀드 운용의 모든 책임을 지고 투자 결정을 내리는 주체
	LP (Limited Partner)	유한책임조합원. 사모펀드나 벤처 캐피탈에 자금을 출자하고, 출자 지분만큼만 책임을 지는 투자자(예: 연기금, 기관투자자)
	볼트온(Bolt-on) 전략	기존 사업에 부가적인 기술이나 기능을 가진 기업을 인수하여 가치를 상승시키고, 시장 진입 속도를 높이는 인수합병(M&A) 전략임. 이는 주력 사업의 경쟁력을 강화하고 새로운 성장 동력을 빠르게 확보하는 데 효과적임
	PEST 분석	기업의 외부 환경을 거시적인 관점에서 분석하는 방법. Political(정치), Economical(경제), Social(사회), Technological(기술) 요소를 통해 시장 기회와 위협을 파악함
	Five Forces Model	마이클포터가 제시한 산업 분석 모델. 산업 내 경쟁 강도와 수익성을 결정하는 다섯 가지 요소(기존 경쟁자, 신규 진입자 위협, 대체재 위협, 구매자 교섭력, 공급자 교섭력)를 분석함

1. 정부 및 공공기관 자료

- 중소벤처기업부, K-Startup 창업지원정책
- 특허청, 영업비밀 보호제도
- 금융위원회, IPO 제도개선 발표(2025)
- 통계청, 한국표준산업분류(KSIC)
- 과학기술정보통신부, 클라우드 보안 인증제도(CSAP)
- 한국인터넷진흥원(KISA), 중소기업 정보보호 가이드라인
- 한국무역협회, 스타트업 실증 PoC 조사(2021)
- 한국산업인력공단, 국가직무능력표준(NCS) 활용 패키지
- 한국생산성본부, 공급사슬관리(SCM) 실무 가이드
- 한국상장회사협의회, 사외이사제도 가이드
- 한국거래소, "2025 코스닥 상장 이해와 실무", 젠컴퍼니(2025)
- 한국증권금융 우리사주지원센터, "우리사주제도의 이해"(2021)

2. 국내 학술 자료

- 한국지식재산연구원, "특허 보유 스타트업 성장 가능성 분석"(2019)
- 한국지식재산보호원, 영업비밀 보호지원
- 한국산학기술학회, "국가연구개발사업의 Stage-Gate 프로세스 도입 및 운영 연구"(2020)
- 한국경영학회, "조직 설계와 구조 선택"
- KDB미래전략연구소, 이대원, "기후기술 지원 선진사례 및 시사점"(2018)
- 연세법학, "ESG 경영과 사외이사 역할"

- 유통연구, "B2B 관계에서 공급자의 두 가지 판매 행동이 구매자의 신뢰에 미치는 영향"
- 한국정보기술학회, "센서 드리프트 보상 방법"

3. 해외 학술 자료

- Porter, M. E., "Competitive Advantage : Creating and Sustaining Superior Performance"(1985)
- Cooper, R. G., "Stage-gate systems : a new tool for managing new products", Business Horizons(1990)
- Cooper, R. G., "Winning at New Products : Creating Value Through Innovation", Basic Books(2017)
- Osterwalder, A., & Pigneur, Y., "Business Model Generation", Wiley(2010)
- Ries, E., "The Lean Startup", Crown Business(2011)
- Blank, S., & Dorf, B., "The Startup Owner's Manual", K&S Ranch(2012)
- Damodaran, A., "Investment Valuation"(2012)
- McGrath, R. G., "The End of Competitive Advantage", Harvard Business Review Press(2013)
- Galbraith, J., "Designing Organizations : Strategy, Structure, and Process"(2014)
- Chopra, S. & Meindl, P., "Supply Chain Management : Strategy, Planning, and Operation"(2016)
- Mintzberg, H., "The Structuring of Organizations"(1979)

- Lee, H., "Aligning Supply Chain Strategies with Product Uncertainties" (2002)
- Harvard Business Review, "Spark Innovation Through Empathic Design", Leonard, D., & Rayport, J. F.(1997)
- Harvard Business Review, "Know Your Customers' Jobs to Be Done", Christensen, C. M., et al.(2016)
- Harvard Business Review, "Embracing Agile"(2016)
- TQM Journal, "Design for Lean Six Sigma"

4. 대학 강의 자료

- 서강대학교 경영학과 전성률 교수, 브랜드 관리
- 서강대학교 경영학과 정재학 교수, 마케팅 관리
- 서강대학교 경영학과 김길선, 김민균 교수, 제품과 서비스의 가치 창조 프로세스
- 서강대학교 경영학과 서정일, 박종훈, 김양민 교수, 경영전략
- 서강대학교 경영학과 민재형 교수, 경영활동의 순환고리
- 서강대학교 경영학과 최장호 교수, 인사조직
- 서강대학교 경영학과 김길선 교수, 기술경영과 혁신전략

5. 기타

- Gartner, "Future of Sales 2025" 보고서
- McKinsey & Company, "The Five Trademarks of Agile Organizations" (2017)
- BCG, "Post-Merger Integration Framework"

- Deloitte, "M&A 트렌드 조사"
- Deloitte, "CMO의 성공 방정식 : 데이터, 인사이트, 창의성", Deloitte Our Thinking(2025)
- 초기투자액셀러레이터협회, 정보마당 각종 자료
- 한국인사관리협회, "역량모델링 실무 가이드"
- 강찬영 외 5명, "기후기술 보고서, 기후테크, 벤처캐피털의 다음 목적지", 삼일 PWC(2021)
- 임지훈, "기후테크 산업 동향 및 우수 기업 사례를 통해 본 성공 전략", 한국무역협회(2024)
- 한국벤처투자, 투자유치 가이드북
- 한국투자액셀러레이터, 프로그램 가이드
- 플래텀, "미디어 관점으로 바라본 스타트업 홍보/PR"(2021)
- 플래텀, "투자 실무"
- 브런치, "스타트업 공동창업자 구하는 방법"
- 코드스테이츠, "PMF(Product Market Fit) 정의와 측정 지표"
- 스타트업엔, "밸류체인(Value Chain) 의미와 중요성"(2023)
- 위시켓, "POC란 무엇인가?(정의, 필요한 이유, 진행 과정)"(2025)
- 스냅툴, "SaaS POC 기술 검증 가이드"
- ZUZU, "공동창업 지분 분배 가이드"
- ZUZU, "스타트업 IR 가이드"
- 매쉬업벤처스, "IR 자료 작성법"
- EventX, "데모데이 진행 가이드"
- 소풍벤처스, "기자·출신 PR이 조언하는 스타트업 PR법"
- SK Networks, "Car After Market Strategy Report"(2010)
- CJ그룹, "직무정보 | 인재채용", CJ그룹 채용포털

- 센드버드, "스타트업의 성공적인 영업조직 설계를 위한 3가지 접근법"
- 세일즈포스, "B2B 영업의 정의 및 전략과 모범 사례"
- Scrum Alliance, "Scrum Guide"
- 삼일회계법인, PMI 가이드
- 삼일PWC, M&A지원센터 가이드북 법무법인 세움, 텀시트 가이드
- 바로운파트너스, M&A 및 IPO 교안 자료(2024-2025)
- DKL 파트너스, 주주간계약서 작성 실무
- Balawn Partners, DCF 평가 자료
- 스타로, "투자라운드 가이드"
- 테크42, "투자 계약 조항"
- JRK, "전략적 투자자(SI)와 재무적 투자자(FI)의 개념 알아보기"(2023)
- M&A 거래소, "전략적 파트너십 가이드"
- 브릿지코드, "M&A 인사이트"
- 브릿지코드, "M&A 예비실사 가이드"
- 리버티랩스, "PMI 인사이트"
- 제이씨이너스, "인수합병"
- 품질관리 학습토론장, "TQM과 6시그마 요약"
- 한국전자기술, "OEM ODM 제조, 어떤 생산방식이 나에게 적합할까?"
- Project HR, "HRM 전문가가 되기 위한 역량 강화와 자격증 가이드", Project Cloud(2025)
- 캐치시큐, "개인정보 내부 관리계획"
- 개인정보보호 관련 법령
- KT Enterprise, "DLP 솔루션"
- 소만사, "화상회의 보안"
- ISO/IEC 27001, 정보보호 관리체계 인증 기준

- K-RND, Element Korea, "IP 등급 완벽 가이드"
- 미래에셋증권 IPO 가이드
- NH투자증권 IPO 가이드
- 대신증권 IPO 가이드

6. 뉴스

- 한국경제, "스타트업 B2B 영업, 한국식 신뢰관계와 논리력 섞어라"
- 한국경제, "제조 유니콘 키우는 스타트업 도우미가 뜬다"
- K글로벌타임스, "PoC 진행 가이드"
- ZDNet, "AI 프로젝트 PoC 가이드"
- ZDNet, "스타트업 기술"
- 팍스경제TV, "M&A 뉴스"
- 손인호 변리사, "주문자 상표 부착 생산, OEM과 ODM은 무엇일까?"
- 파인특허법률사무소, "스타트업의 성장 엔진, 특허와 지식재산권 전략 완벽 가이드"
- 전호상, "스타트업 CTO의 역할", POP IT(2021)
- 정두용, "CTO가 되려면. 기술을 제품·서비스에 접목하는 응용력 중요", 이코노미스트(2024)
- 이준택, "M&A 관련 법률문제"
- IBM, "가치사슬 분석이란 무엇인가요"
- 성장마케팅, "ESG 콘텐츠 마케팅"
- Asana, "프로젝트 리스크 관리"
- 스타트업세일즈연구소, "고객 발굴 방법"
- 스타트업세일즈연구소, "영업조직 구축 노하우"

- 페이퍼프로그램, "제조 스타트업을 위한 OEM과 ODM의 차이점과 선택 방법"
- 페이퍼프로그램, "제조 스타트업"
- 히든스카우트, "기술영업 헤드헌팅, B2B 기술기업이 꼭 참고해야 할 전략" (2025)
- 재능넷, "스타트업 조직문화"
- TIPS, TIPS 프로그램

이재준

서강대학교 재무 전공 박사과정에 재학 중이며, 현재 바로운파트너스에서 액셀러레이터 및 경영 컨설턴트로 활동하고 있다.

증권사 PB, 투자자문사 애널리스트, 경영 컨설턴트를 거치며 투자, 기업금융, IPO 전반에 걸친 실무 역량을 쌓았다. 한국거래소, 산업은행, 한국액셀러레이터협회, 삼일아카데미, 서울회생법원 등에서 재무 및 전략 관련 전문 강의를 진행해 왔으며, 현장에서 직접 체득한 인사이트를 실무자와 예비 창업가들에게 전하고 있다.
기업의 본질적 가치를 꿰뚫는 통찰력을 바탕으로, 기업 투자·기업가치 평가·재무제표 분석·자금조달·M&A·IPO·IR 등 기업 성장 전략 전반에 대한 명확한 솔루션을 제시한다.

복잡한 자본시장에서 기업이 성공적으로 상장에 이르는 여정의 든든한 동반자가 되고자 한다.

바로운파트너스 BGM